国际信息传播秩序

变迁、行为与机制

赵晓航　著

International Information and
Communication Order:
History, Strategy and
Influencing Mechanisms

中国社会科学出版社

图书在版编目(CIP)数据

国际信息传播秩序：变迁、行为与机制／赵晓航著．—北京：中国社会科学出版社，2022.6

ISBN 978-7-5227-0527-9

Ⅰ.①国… Ⅱ.①赵… Ⅲ.①传播学—研究 Ⅳ.①G206

中国版本图书馆 CIP 数据核字(2022)第 128677 号

出 版 人 赵剑英
责任编辑 田 文
责任校对 张 婷
责任印制 王 超

出 版 中国社会科学出版社
社 址 北京鼓楼西大街甲 158 号
邮 编 100720
网 址 http://www.csspw.cn
发 行 部 010-84083685
门 市 部 010-84029450
经 销 新华书店及其他书店

印 刷 北京君升印刷有限公司
装 订 廊坊市广阳区广增装订厂
版 次 2022 年 6 月第 1 版
印 次 2022 年 6 月第 1 次印刷

开 本 710×1000 1/16
印 张 17
字 数 270 千字
定 价 89.00 元

凡购买中国社会科学出版社图书，如有质量问题请与本社营销中心联系调换
电话:010-84083683

序　言

关于国际信息传播秩序的论争由来已久，上可追溯到19世纪中后期欧洲诸国签订的电报管理公约，下可寻访至20世纪七八十年代第三世界国家提出建立世界信息传播新秩序的诉求。

今天，在互联网快速发展的环境下，信息传播手段现代化程度日益提高、各类媒介跨国经营程度日渐加深，信息全球化进程不断推进。这反映了社会发展的内在逻辑——开放性、多元性必将取代封闭性；同时，由于传播资源占有量的不均衡，也暗含着弱肉强食的不平等竞争的意味在里面。可以说，信息全球化的发展就像一柄双刃剑，一方面在世界范围内形成全方位的沟通、联系、交流与互动，另一方面也衍生出政治、经济、文化等方面的支配倾向，正所谓“善亦进化，恶亦进化，乐亦进化，苦亦进化，双方并进，如影随形”。

“信息传播秩序”并非新话题，尤其是对于我辈学人来说。我们最初涉足新闻传播研究的年代恰逢世界信息传播新秩序的讨论如火如荼展开之时；国内正值改革开放初期，无论信息传播技术还是新闻传播学科都呈现出空前发展的局面。我国早期国际传播研究是围绕着对外宣传工作实践展开的，随着1994年我国实现与互联网的全功能连接、2001年正式加入世界贸易组织，国际传播研究逐渐发展成为独立的学科领域，关于国际传播权力边界、国家形象建构等方面的研究也如雨后春笋般出现，取得了丰硕成果。

然而令人感到遗憾的是，关于国际传播秩序的研究仍然比较薄弱。究其原因，一是学科主体性的缺位。信息传播秩序是一个跨学科的概念，新闻之于信息、新闻传播之于信息传播关系的背后，隐藏着与新闻传播学科主体性相关的问题，而技术的变迁也对这一主体性的研究充满期待。二是宏观与微观的断层。在以往的研究中，信息传播秩序常常作为政治、经济、文化秩序的子集，或被纳入国际格局和国际秩序的宏观讨论中，或被简单归入霸权理论分析框架，加之研究者往往从微观角度出发聚焦于新闻文本分析，不免让人有隔靴搔痒之感。三是研究手段的限制。早期对比研究的设计框架具有合理性，同时也具有一定的局限性，或过于突出中国视角，或陷入二元论框架，难以充分展现全球视域和反映国际传播秩序更多层面的问题。

国际信息传播秩序作为信息全球化的伴生物，也处于不断的变化中，需要一代代学人倾注心力，持续观察、思考与研究。当然，相对于实践发展而言，理论本身具有一定的滞后性，加上人们在社会发展某些时间节点上的彷徨犹疑和焦虑，理论建设的滞后性进一步凸显出来。唯其如此，更需要新一代研究者具有责任意识和开拓精神，不仅研究现实问题，也要对过去的“老问题”作出新时代的阐释。

作为一名国际新闻传播领域的青年学者，赵晓航将博士学位论文的主题聚焦于此，令我感到欣慰。从最初对这一话题的感性认识，到资料的不断积累、研究设计的不断完善，思路的逐渐清晰，对问题的理解与把握的逐步深入，我看到了她的成长成熟；论文最终被评为北京大学优秀博士学位论文，也在意料之中。赵晓航先后在北京大学获得英语文学和国际关系双学士，此后在新闻传播学院攻读硕士、博士学位，并长期从事网络管理和舆情研究方面的工作。在学习、工作中，她注重理论与实践的结合，时常带着问题意识进行理论思考，形成了不少颇有新意的研究成果，这是非常难能可贵的。

本书是在赵晓航博士论文的基础上补充修订而成。作为一本学位论文，这篇论文已可称为佳作，但作者并未止步于此，在原始论文的基础上做了大量的补充和完善。尤其是对互联网治理、语言文化与国家传播战略的关系等方面内容的补充，使全书在历史纵深上的关联更为严谨；而关于中国经验的讨论，也跳出了文本层面和话语层面，从全球视野探讨了技术层和制度层的关联与作用。诸如此类的修改增强了本书对部分关键议题的解释度，使得整部作品逻辑更为缜密、丰满。本书采用马克思主义关于世界体系的研究框架，从核心国家、半边缘（半核心）国家和边缘国家入手，分析它们在国际传播秩序中的基础设施建设、传播战略设计、媒体建设和传播活动，并对其中的影响因素和作用机制进行了考察，探讨了互联网时代国际传播新格局的特点与规律。本书还拓展了世界体系理论关于后发国家权力位置变迁的理论假设，丰富了这一理论关于全球网络格局的定量研究成果，进一步论证了发展中国家在互联网治理和扩大国际话语权方面的现实可能性。对于新时代中国的国际传播而言，这些分析论证具有显而易见的参考价值。

当然，作为青年学者的阶段性研究成果，这本书不可能做到尽善尽美，比如，理论阐释的全面性、成熟度等还有进一步提升的空间。希望本书不仅仅是赵晓航博士生涯的一份阶段性答卷，也能成为她从事国际传播理论研究的新起点。愿她在未来的研究中不断开拓进取，贡献更多的优秀成果。

程曼丽

2022 年 5 月

目　　录

第一部分　世界体系理论视角下的国际信息传播秩序

第二部分　国际信息传播秩序的历史变迁及周期演进

第四部分　中国参与互联网国际信息传播秩序构建的成就与作为

第一部分

世界体系理论视角下的国际信息传播秩序

第一章　导言

国际信息传播秩序具有双重属性，从信息本体角度看，国际信息传播秩序是关于“意义”的跨国传播活动所应遵守的规则公约，受到场域语境、技术媒介、符号载体等因素影响；从网络国际社会的角度看，国际信息传播秩序则是国际政治经济乃至军事秩序在传播场域的延伸，是各主权国家基于权力对比和本国利益而达成的共识。

第一节　变迁中审视国际信息传播秩序

纵观历史，国际信息传播秩序并非天然有之，它是随着现代国际传播发展而逐渐形成的。最早具有全球影响力的国际传播秩序可以追溯到19世纪，在此后的百余年间，国际信息传播秩序跌宕起伏，它的内在形式、外在表现、控制要素、作用机制都在发生这样或那样的变化，其中蕴含着特点、变化和规律。

18—19世纪，欧洲借助较西半球、非洲、近东和远东地区更为先进的战争技术，逐步完成了全球扩张[①]，现代意义上的全球传播格局伴随着资本主义殖民格局逐步形成。19世纪中期，海底电缆联通世界，国际电报联盟成立，欧洲各国签署《国际电报公约》。至19世纪末，随着无线电报技术发展，通信信息的传播频次、传播效率不断提高，传播范围进一步扩大，为新闻、商业等各类信息的全球流动提供了更大可能。此后，“三社

① ［美］汉斯·摩根索：《国家间政治：权力斗争与和平》，徐昕等译，北京大学出版社2012年版，第160页。

四边”协定形成，英国路透社（Reuters Ltd.）、法国哈瓦斯通讯社（Agence Havas）、德国沃尔夫通讯社（Wolff Telegraphisches Bureau）达成“联环同盟”协定（Ring Combination），将世界划分为三大专属区域，各国向自己所划分到的区域提供新闻和其他商贸信息服务。美国联合通讯社（Associated Press，以下简称“美联社”）随后也作为一“边”加入“联环同盟”，成为三大通讯社的“小兄弟”。按照规定，美联社采集的新闻只能经由伦敦转给欧洲三社，欧洲三社发往美国的消息也只供给美联社。“三社四边”协定规制了第一次世界大战前的全球信息传播秩序，虽然在执行层面是欧洲三大通讯社和美国之间的一个新闻交换协议，但其基础包括了作为传输渠道的海底电缆和作为需求基础的日渐融合的世界一体化进程。我们从中既能看到欧洲均势秩序的影子，也能看到欧洲殖民势力的全球分布，甚至可以说，“三社四边”协定本质上是欧洲秩序在电报传播初期的全球延伸。

“三社四边”协定的瓦解发生于第一次世界大战，战争中由于海底电缆损坏、新闻审查、经济凋敝、专业人员缺失等诸多原因，各大通讯社的全球新闻网络被破坏，“三社四边”从事实上被瓦解。一战后，美国总统托马斯·伍德罗·威尔逊（Thomas Woodrow Wilson）在国际联盟提出“十四点主张”，呼吁建立多边机制以实现世界的民主和安全。[①] 当然，在那一时期，国家力量尚未达到顶峰的美国并无能力将其对信息传播秩序的设计推广至全球。

经历了两次世界大战之间近三十年的动荡变迁，以欧洲为中心的国际信息传播秩序随着第二次世界大战而结束。第二次世界大战后，美国致力于在全球打造自由主义世界秩序，然而，在战后初期，信息传播领域的国际秩序还可以清晰地看到第一阶段国际信息传播秩序的影子——法国、英国的通讯社仍旧占据“半壁江山”，其“势力范围”基本与其所属国家的殖民地范围一致；另外，苏联通讯社塔斯社影响力不断增强，成为与路透

① Nye, Joseph S., “The Rise and Fall of American Hegemony from Wilson to Trump”, *International Affairs* (*London*), Vol. 95, No. 1, 2019, pp. 63 – 80.

社、法新社[①]、美联社齐名的通讯社，战后新闻传播领域逐渐形成了美、英、法三国同苏联的两极格局。

彼时，美国试图建立的国际秩序由“安全框架和一系列松散的多边机构”构成，本质上是威尔逊主义和权力均衡现实主义的结合[②]，集体安全、经济发展、全球公共领域以及自由主义价值观成为自由主义国际秩序的基础。第三世界民族民主国家先后获得独立，纷纷要求重建世界经济贸易秩序和新闻传播秩序，这无疑对美国试图建立的自由主义全球秩序形成冲击。仿佛成为第一次世界大战后的历史重演，新兴国家要求发展电信基础设施，自主采编新闻，获得新闻话语的平等地位，最终促成了20世纪70—80年代的世界信息传播新秩序（New world information and communication order，简称NWICO）之争。在两极格局下，新闻传播新秩序的论争演化成美国为首的西方国家同苏联为首的第三世界国家之间的对峙，一方要求遵循自由市场原则鼓励新闻自由流动，一方要求遵循主权原则确保国家对新闻传播的控制权力，这表面上是商品逻辑与权力逻辑之争，本质上却是国家核心控制力的差异和竞争。这一争论以美国、英国退出联合国教科文组织、苏联解体而告终，主导大国的退出和分崩离析最终导致了新秩序之争不了了之。

紧随其后的是网络传播技术的升级和全球信息化时代的到来。美国依托网络和终端的绝对技术优势，在互联网时代再一次“先到先得”，获得了互联网时代信息全球治理的主导权。包括主根在内的大多数全球根服务器均在美国，甚至一度有“世界是美国互联网的局域网”的说法，20世纪80年代新闻传播新秩序之争未能解决的问题，到了互联网时代再次出现。2003年和2005年信息社会世界首脑会议（World Summit on the Information Society，简称WSIS）召开，采取“多方利益攸关者”的准则讨论缩小横亘在全球贫富国家之间的数字鸿沟、网络管理和域名分配等问题，这些议题在此后数年间一直是各国讨论的热点；直到互联网治理论坛（Inter-

① 1940年，哈瓦斯通讯社瓦解，1944年，在哈瓦斯社原址基础上成立了法新社。

② Nye, Joseph S., “The Rise and Fall of American Hegemony from Wilson to Trump”, *International Affairs* (*London*), Vol. 95, No. 1, 2019, pp. 63-80.

net Governance Forum，简称 IGF）上，讨论的议题仍旧围绕多边主义下的全球规范制定、网络安全与网络威胁治理、人工智能、假新闻、关键网络资源、网络接入展开。同时，技术的更迭，欧盟、北美自由贸易协定等区域性组织的发展，美国国内政策的变化，新兴国家的迅速壮大等使这些议题更为复杂。

时至今日，民粹主义、极端主义、逆全球化为世界秩序带来诸多挑战，尤其是美国于 2016 年选出“第一次世界大战后首位反对自由主义秩序”的总统，以及 2019 年底新冠肺炎疫情肆虐全球，正所谓世界百年未有之大变局下，世界秩序何去何从成为中外学者共同关心的问题。

纵观历史，全球信息传播秩序的变迁跟随并略滞后于全球政治秩序，那么全球格局的变迁折射在信息传播领域，将促成信息传播秩序如何变化？全球信息传播秩序的变迁与全球秩序同频共振，此外，它还有哪些特点？这些特殊性又是如何反作用于全球格局的？

一方面，从国际社会的角度看，国际信息传播秩序是全球格局在信息传播领域的折射。自 1618 年至 1648 年爆发欧洲三十年战争，战后签署《斯威特伐利亚和约》，到 19 世纪初期拿破仑战争后确立了维也纳秩序，及至一战后的凡尔赛—华盛顿体系、二战后的雅尔塔体系，在现代国际关系中，新旧秩序的演变往往伴随着战争更迭，“从 18 世纪开始，每一场战争之后，强国都会相互协调，努力重建体系，以使他们避免再次进入战争”①。跨国信息流动作为国家参与国际事务的载体之一，是与国家之间政治、经济、军事的互动同频共振的。与战后其他领域的利益协调一样，权力分配对世界信息传播秩序的建立也起到了关键作用，某种程度上说，国际信息传播秩序是国际秩序尤其是国际政治秩序的一部分，遵循国际秩序更迭的一般规律。

另一方面，从信息作为意义载体的角度看，信息是非物质的，但同时又构建着现实世界，信息本身具有流动性、空间性等特征，因此，信息跨国位移的过程遵循自身的时空定律，不可能完全等同于国际秩序的其他领

① ［美］约翰·伊肯伯里：《自由主义利维坦美利坚世界秩序的起源、危机和转型》，赵明昊译，上海人民出版社 2013 年版，第 9 页。

域，这些特征也决定了信息传播秩序有着自为的一面。从技术的角度看，从15—16世纪依托远洋航运而出现的地理大发现，到19世纪中后期随海底电缆发展而出现的洲际电报通信，再到20世纪70年代兴起的卫星通信以及90年代的网络传播，我们看到了一条基于技术演进脉络的线性发展道路。在这条线性的道路上，随着技术的发展，信息的跨国流动所承载的信息量、流动速率、流动频次都不断增长，信息交互更为便捷频繁。理想主义状态下，依托技术和社会互动的逻辑，各国沟通交流也更为深入。然而，一方面是核心国家依靠技术和资源优势在传播场域上“跑马圈地”，并利用现代性和信息自由流动理论，构建其“先到先得”的合法性；另一方面是边缘国家和半边缘国家建立自身话语权力的需求越来越强烈，信息自由流动和信息主权的天然矛盾使得理想状态下的沟通交流愈显脆弱。传播技术和军事技术一样，如“坦克替代骑兵，飞机是另一种形式上的炮兵，战舰是另一种形式的堡垒，航空母舰是另一种形式的飞机炮弹……新技术演进最终会随着时间脉络融入以往的战略学说”①。历史行进至全球网络信息化的今天，互联网技术是否还能够融入以往的解释框架？网络传播赋予了信息秩序哪些自为的属性，使其作用于国际信息传播秩序的形成、解构和更迭？这些是国际传播领域应当探究的问题。

正如前面所说，19世纪中期到现在，传播秩序的前两次变迁均以战争作为节点，而最后一次变迁并未发生全球性战争，当然这一次变迁仍在进行之中，尚未形成稳定的秩序认同，国际信息传播秩序何去何从成为一个悬而未决的问题。带着这些疑问，笔者尝试进入具体问题进行拆析。信息传播新秩序构建的障碍节点在哪里？通过技术的线性发展或政治认同的构建能否解决新秩序的分歧？通信基础设施、网络关键技术与政治经济格局之间存在怎样的张力？如果我们只是把信息传播新秩序作为边缘国家对既有体系的反抗，就会简单化地将这场论争归因于国际政治和经济秩序在全球传播场域的延伸，而忽略了大众媒体信息传播秩序与媒介基础设施、关键技术、文化差异之间的深层次联系，同时也陷入了两难的死循环中。

中外学者从权力分配、技术演进、把关人、媒介帝国主义、网络社会等

---

① ［美］亨利·基辛格：《世界秩序》，胡利平等译，中信出版集团2016年版，第448页。

多个角度阐释以上这些问题和现象。无论是发展传播学对秩序的解释，媒介帝国主义理论对传播霸权的反思，还是世界体系、依附理论等对秩序的思考，都是国际信息传播秩序的重要课题，为后人研究提供了宝贵财富。

但既往研究主要着眼于 20 世纪七八十年代第三世界国家关于世界信息传播新秩序的论争，从此着手开启的研究有以下遗缺之处：一是将信息传播秩序看作权力分配的延伸，而忽视了信息本身的特性，早在 20 世纪 80 年代联合国教科文组织讨论信息传播新秩序时，苏联代表谢尔盖·洛谢夫就提出质疑，认为“传播/交流”（communication）一词的定义过于广泛，例如在俄语文本中，就将该词汇翻译为“消息情报”[①]。直到今天，我们关于国际信息传播秩序的定义仍未见清晰。二是依据技术发展的线性逻辑，探讨了技术与话语权之间的张力，但却往往忽略了一个根本事实，即在互联网时代之前，传播技术、军事技术都是战备资源的一部分，技术储备与权力分配之间本质上仍是因果逻辑的关系；在互联网时代，信息技术成为重要的生产力，传播渠道甚至信息本身都成为重要的生产资源，基于技术的脉络谈话语权，看似聚焦底层问题，实则并未区分技术之于每次权力变迁的作用差异，这就难免陷入现实主义的结构框架之中。

尤其是随着技术应用形态的不断更迭愈发超越以往经验，诸如大众自我传播（mass self-communication）的媒介语境、人工智能的应用场景、互联网治理中的对抗性问题、跨国公司对传播边界的影响、主流大众媒体的信任危机等等，这一系列问题并非简单的权力分配、技术发展所能解释。

因此，本书尝试着眼信息传播秩序变迁，聚焦信息传播秩序形成、解体、重构的过程，探寻权力分配、利益分配、技术演进、规则规范和文化认同等要素的作用机制，试图解答国际信息传播秩序变迁的规律和影响要素。

第二节　何为国际信息传播秩序

国际信息传播秩序，是指信息在跨国流动时所遵从的秩序，从其内涵

① 国际交流问题研究委员会：《多种声音，一个世界：交流与社会·现状和展望》，中国对外翻译出版公司第二编译室译，中国对外翻译出版公司 1981 年版，第 381 页。

来看，可以拆解为信息、信息的跨境流动、信息跨境流动中所遵循的秩序三个维度；从其外延看，可延伸为国际信息传播秩序的产生背景、依从规律和影响要素。

一　信息

（一）信息的基本概念

信息（information）又译为“通知”“消息”“情报”“知识”[①]，随着信息社会的不断发展，这一概念被广泛应用于各个学科，不同领域的学者也从各自的研究视角对信息进行了深入探讨。

信息论的创始人克劳德·艾尔伍德·香农（Claude Elwood Shannon）于1948年提出，信息是“有意义的或任何造成差别的事物”[②]，香农将物理学中的数学统计方法应用到了信息科学领域，使信息得以被界定为一个抽象的量。与香农生活在同一时代的控制论开创者诺伯特·维纳（Norbert Wiener）提出，信息是“人们在适应外部世界、控制外部世界的过程中同外部世界交换的内容”[③]。信息论和控制论将信息概念以一种抽象的形式纳入社会和文化理论中，强调了信息的“含义”属性，简言之，信息即意义。

此后，学者对信息概念也多有阐释。例如，大卫·麦凯（David Mackay）和格雷戈里·贝特森（Gregory Bateson）认为，信息是为“展示差异”[④]；格奥尔格·克劳斯（Georg Klaus）则提出，信息是“由物理载体和意义构成的统一整体”[⑤]，这里所说的“物理载体”就是我们常说的媒介，而意义即其所表征的内涵。

具体到传播学语境，信息的概念进一步具象。埃姆·格里芬（Em

① 《新英汉词典》，上海译文出版社2006年版，第662页。

② Shannon, Claude Elwood, “A Mathematical Theory of Communication”, *Bell Labs Technical Journal*, Vol. 27, No. 4, 1948, pp. 379 – 423.

③ Wiener, Norbert, *Cybernetics: Or the Control and Communication in the Animal and the Machin*, Beijing: Communication University of China Press, 2013, p. 5.

④ Logan, Robert K., “What is Information? Why is it Relativistic and What is its Relationsip to Materiality”, *Meaning and Organization*, *Information*, No. 3, 2012, pp. 68 – 91.

⑤ ［德］G. 克劳斯：《从哲学看控制论》，中国社会科学出版社1981年版，第68—69页。

Griffin）将信息定义为“可供他人分析的信息记录，比如一本书、一部电影、一张照片，任何手稿或对话及广播录音等”①。

不同学科背景和流派的学者从各自角度进行了阐释，但归而总之，各学科各流派都倾向于将信息进行模糊化处理②，将信息概念宏观处理为载体、符号和含义的统一体，遵循信息“既非物质，也非能量”③，“凡是能减少情况不确定性的东西就是信息”④。

（二）信息的分类

随着信息被应用在社会文化的各个领域，信息的分类也不断丰富和细化。

按信息内容划分，信息可以分为人类信息和非人类信息，其中，人类信息包括政治、经济、文化、军事、科技、教育、生活等各类社会活动所产生和彼此交流的信息；非人类信息指生物、自然等与人类社会无关的信息。

按信息加工深度划分，可以划分为一次信息、二次信息和三次信息，一次信息即原始信息，二次信息指对原始信息加工后所得的信息，三次信息是在前两种信息基础上，经过研究和进一步加工产生的信息。

按信息的存在形式，可以划分为内储信息和外化信息，二者区别在于是否以外物为载体，一般意义上的文献信息、电视信息、图片信息等是外化信息，其余为内储信息。

按信息的流通范围，可以划分为公开信息、内部信息和涉密信息。

按信息的载体形式，可划分为感官载体信息、语言载体信息、文字载体信息、电磁波载体信息、微缩载体信息等。

此外，信息还可以按照运动形态、加工程序、被人的感知方式、时态、信息管理组织等多种方式进行分类。

（三）新闻传播学视阈下的信息

信息也是新闻传播学的核心概念之一，具体到传播学领域，信息又可

---

① ［美］埃姆·格里芬：《初始传播学——在信息社会里正确认知自我、他人及世界》，北京联合出版公司2016年版，第7页。

② ［英］尼古拉斯·盖恩、戴维·比尔：《新媒介：关键概念》，刘君译，复旦大学出版社2015年版，第34—35、49页。

③ 杨学山：《论信息》，电子工业出版社2016年版，第4页。

④ ［美］威尔伯·施拉姆、威廉·波特：《传播学概论》，何道宽译，中国人民大学出版社2010年版，第36页。

以划分为文化信息、新闻信息和数据信息。[①] 其中，文化信息是指语言、文学和艺术等一切意识形态在内的精神产品；新闻信息传统上指“报纸、通讯社、广播电台、电视台、网站等机构对国内外新近发生的重要事务的报道”[②]；数据信息是指通过电信网络传递的可以加工、存储和调用的计算机数字化信息。[③]

需要指出的是，本书所聚焦的是具备新闻属性的信息资讯、传统的新闻信息，即指由报纸、通讯社、电视台等机构发布的信息。从印刷媒体、声像媒体到互联网融媒体，新闻信息概念的内涵和外延也得到了扩大，传统意义上大众媒体形态下的新闻信息，并不能囊括当下新闻信息资讯的特点。尤其是互联网时代，自 web1.0 到 web2.0 乃至 web3.0 的发展，新闻信息的内涵不断丰富，这不仅体现在载体形态方面，文本、音频、图像、视频不断融合；同时也体现在内容形态上，信息的载量不断增长，文化信息、新闻信息、数据信息深入融合。

在互联网时代，尤其是当传统的大众媒体形态逐渐被大众自我传播（mass self-communication）[④] 所取代，信息的意义性和流动性特点更为突出，意义的建构来源于对现实的记录、阐释，也来源于信息在不同节点之间流动及多次编解码的过程。因而，本书所关注的信息，既是大众传播、人际传播的综合，包含机构通过报纸、通讯社、广播电台、电视台、网站、社交媒体所发布的各类报道、信息和评议；也包含个人首发或经过二次加工发布的各类信息和评议。从意义上看，它囊括政治、经济、文化、教育、生活等各类信息的内涵；而从载体上看，它包含文本信息、图片信息、音视频信息、数据信息等；从存在形式上看，它又是各类内储信息和外化信息的整合。

二　信息的跨境流动

信息跨境流动即“超越国界并在两个或以上的国家和文化体系之间的

① 关世杰：《国际传播学》，北京大学出版社 2004 年版，第 195 页。

② 《新华词典》，商务印书馆 2001 年版，第 1093 页。

③ 关世杰：《国际传播学》，北京大学出版社 2004 年版，第 195 页。

④ 备注：大众自我传播概念由［美］曼纽尔·卡斯特在《传播力》中提出，强调大众传播与社交媒体传播相融合的传播环境中，受众的参与感和创造性不断增强，进而影响整个传播链路，具体分析将在第五章展开。

信息流动"[①]。这一定义实质上概括了国际传播活动的本体信息在流动中所依托的两大环境载体——跨国界或跨文化体系。

那么，何为跨境流动？这一活动所发生的环境是怎样的？

从前面的定义不难看出，信息的跨境流动包含两个方面：一是地缘政治中主权国家间的流动；二是地缘文化层面不同文化体之间的流动。

（一）地缘政治视角下的信息跨国流动

在地缘政治层面，信息的跨境流动是指信息在主权国家之间的流动。

国家作为具有一定地理区域的政治单元，它行使最高的国内权威，不承认有高于自身的合法外部权威存在。国家具有五个基本要素，即主权、领土、人口、外交承认、国内机构和国内支持，其中，主权是国家所具有的最重要的政治特征。[②]

传统的信息流动主要涉及的就是基于国家的领土、人口和外交活动而产生的信息流动。随着互联网时代的到来，国家主权已经延伸到网络空间领域。英国政治学家蒂姆·乔丹（Tim Jordan）最早系统提出网络权力（cyberpower）概念，认为网络权力是互联网上政治和文化权力的表现形式，分为个人、社会和想象三个层面。[③]

虽然国际社会对网络空间主权的解释和认同有所差异，但网络空间与政治、文化权力之间的关系越来越被关注。联合国于 2004 年成立了"国家安全视阈下的信息和电信领域发展政府专家组"（Group of Governmental Experts on Developments in the Field of Information and Telecommunications in the Context of International Security，简称 GGE），提出国际法特别是《联合国宪章》适用于维护和平、稳定、开放的信息通信技术环境。[④]《中华人民共和国网络安全法》第七条也同样规定，国家积极开展网络空间治理、网

---

① Mowlama，H.，*Global Information and World Communication*，London：Biddles Ltd. Guildford，Surrey，1997，p. 26.

② ［美］约翰·罗尔克：《世界舞台上的国际政治》，北京大学出版社 2005 年版，第 239 页。

③ Jordan，Tim，*Cyberpower*：*The Culture and Politics of Cyberspace and the Internet*，London：Routledge，1999，p. 5.

④ Report of the Group of Governmental Experts on Developments in the Field of Information and Telecommunications In the Context of International Security，http：//dar. aucegypt. edu/bitstream/handle/10526/4616/GGE%20Report%20as%20adopted%2026%20June%202015. pdf？sequence = 2.

络技术研发和标准制定、打击网络违法犯罪等方面的国际交流与合作，推动构建和平、安全、开放、合作的网络空间，建立多边、民主、透明的网络治理体系。

由此可见，信息在主权国家之间的流动是信息跨境流动的重要形式之一，随着信息技术的不断发展，主权国家与信息技术、信息流动之间的内在关系也愈发复杂和多样。

（二）地缘文化视角下的信息跨文化交流

在地缘文化层面，信息的跨境流动是指信息跨越文化体的流动。

跨文化交流学同样是传播学的一个重要分支[①]，因而“跨文化”也是信息跨境流动的一个重要领域，这里所说的“境”就不具备物理空间意义了。信息的跨文化流动涉及多个要素，如认知体系、规范体系、社会关系和社会组织、物质产品、语言和非语言符号系统等诸多内容，例如，认知体系包括“知识”和认识论的体系，规范体系囊括人们的行为准则，社会关系是人们在共同生活中彼此结成的关系[②]，语言和非语言符号体系则涉及信息的编解码问题。

信息跨文化流动涉及信息的位移、信息的编解码和二次加工、信息的落地多个环节，只有当一种文化的成员发出的信息为另一种文化的成员所接受，跨文化交流才得以产生[③]，否则就只是发生了信息的简单位移和传递。

三 信息跨国流动中所遵从的秩序

（一）秩序、国际秩序、国际信息传播秩序

古罗马帝国时期的教育思想家奥勒留·奥古斯汀（Aurelius Augustinus）最早对秩序进行了界定，提出秩序是事物不同组成部分位于自己的

---

① 关世杰：《跨文化交流学——提高涉外交流能力的学问》，北京大学出版社 2006 年版，第 13 页。

② 关世杰：《跨文化交流学——提高涉外交流能力的学问》，北京大学出版社 2006 年版，第 16—17 页。

③ ［美］拉里·A. 萨默瓦、理查德·E. 波特、艾德温·R. 麦克丹尼尔：《跨文化传播》，闵惠泉等译，中国人民大学出版社 2013 年版，第 6 页。

最佳位置并共同构成布局。后续诸多领域学者关于秩序的讨论都沿用此框架，例如，埃德加·博登海默（Edgar Bodenheimer）在《法理学—法哲学及其方法》一书中提出，秩序是“在自然界与社会进程运转中存在着某种程度的一致性、连续性和确定性的规则”。

国际秩序①是指“国际社会依一定准则行为规范化”②。国际秩序的建立和稳定，往往是以国际机制③规约之下的国际准则为纽带和依据。国际秩序变迁的根本逻辑在于权力转移和权力重新分配，例如国际冲突甚至世界大战后，国际权力发生大规模重新分配，进而引起国际秩序的变化；又如新兴国家快速崛起，这些国家出于对现有权力分配体系的不满，提出权力交换或缩小差距的诉求，将国家意志付诸国家实践进而推动国际秩序的变迁。

国际信息传播秩序，顾名思义，就是信息在国际流动中所遵从的准则和行为规范。它是国际秩序的重要组成部分，依从主权国家共同构建的机制、准则和规约；同时，由于信息和信息传播空间同社会、经济、文化的复杂关联，它也有着自身的规律与规则。

（二）秩序变迁的影响因素

首先，信息传播秩序是主权国家政治、经济、文化权力对比在信息传播领域的折射，因此，国际信息传播秩序的影响因素本质上同国际秩序的影响因素是相通的。在国际秩序的变迁中，作为参与国际秩序建构、解体和重构的重要主体之一，主权国家的意志和行为在秩序变迁中起到重要作用，主权国家参与国际秩序变迁的作用机制归纳如下：

---

① 关于世界秩序和国际秩序的区别，基辛格在讨论世界秩序与科技发展之间的关系时提出，世界秩序反映一个地区或一种文明对它认为放之四海而皆准的公正安排和实力分布的本质所持的理念；国际秩序是指在世界上很大一部分地区——大到足以影响全球均势——应用这些理念，区域秩序指同样的原则用于某一具体的地理区域。无论是世界秩序还是区域秩序都建立在两个因素之上：一是“明确规定了允许采取行动的界限且被各国接受的规则，二是规则受到破坏时强制各方自我克制的一种均势”。以往的秩序都是建立在战略学说框架之下的，然而，由于在互联网时代的信息传播秩序中，国家行动概念变得模糊，因此，互联网超越了以往关于秩序的战略认知。

② 梁守德、洪银娴：《国际政治学理论》，北京大学出版社 2008 年版，第 239—240 页。

③ 这里所说的国际机制与前文所说的作用机制不同，是指行为体以维护国际安全、防止事态恶化和冲突升级为目标，共同建立的相互关系和针对国际事务进行协商形成的制度化的组织机构、原则和程序，例如控制或协调机制，其基本功能是使行为体的国际行为规范化。

一是实力压制机制[①]，即主导国家依靠自身的实力优势压制其他群体，推广某种思潮和相应制度安排。在国际关系中，主导国家通过军事干涉、武力威胁、提供援助、制裁、提供公共产品，对持有不同政治理念的国家进行打压或说服。[②] 国际信息传播秩序的构建机制是主权国家根据其所面临的信息环境，基于共同的价值，通过斗争、妥协、权力压制、认同达成等一系列手段而形成的合法性认同规约。传播秩序是基于各方利益而形成的一种权力平衡状态。社会秩序作为"连接和维系人类社会关系的纽带"[③]，规约着权力归属、权利资源的配置和义务的分担等一系列社会现象有序地发生、存在和不息地运行。

二是主权国家基于共同价值或利益而形成的认同，亦被称为学习内化机制。总的来说，国际秩序是支配国际社会主要参与者的一套规则、规范和机制[④]，构成了国际社会有序运作的"软件"，一批独立或较为独立的政治实体按照大致规则相互作用。[⑤] 正如梁守德所言[⑥]，大国通过共同协商制定国际秩序，在秩序形成的背后，本质上构成国际秩序的规则符合各国利益，各国能够在此秩序下达到利益的平衡。雷蒙·阿隆（Ramond Aron）和赫德利·布尔（Hedley Bull）是最早在国际关系领域探讨国际秩序的学者，前者提出国际秩序是"国际社会成员国相互和平共存的最低条件"；后者则认为，国际秩序是人类社会作为一个整体为维持社会生活的基本或首要目标而采取的人类行为的模式或倾向，是对人类活动和国家行为所做的旨在维护人类社会合作、稳定与和平的一种合理安排。[⑦] 此后，斯坦利·霍夫曼（Stanley Hoffman）在阿隆和布尔的概念基础上，将国际秩序概述为"国家间保持和平关系的理想模式以及合理解决争端与冲突、开展

---

① 宋伟：《世界政治变迁的根本动力与作用机制》，《中国人民大学学报》2021 年第 1 期。

② 宋伟：《世界政治变迁的根本动力与作用机制》，《中国人民大学学报》2021 年第 1 期。

③ 周旺生：《法理学》，北京大学出版社 2006 年版，第 77 页。

④ Ikenberry, G. John, *Liberal Leviathan: The Origins, Crisis, and Transformation of the American World Order*, Princeton, N. J.: Princeton University Press, 2011, pp. 12 - 13.

⑤ 时殷弘：《现当代国际关系史：从 16 世纪到 20 世纪末》，中国人民大学出版社 2006 年版，第 55 页。

⑥ 梁守德、洪银娴：《国际政治学理论》，北京大学出版社 2008 年版，第 237—239 页。

⑦ Bull, Hedley, *The Anarchical Society: A Study of Order in World Politics*, New York: Columbia University Press, 1995, p. 8.

国际合作的有序状态"[①]，并强调稳定的国际秩序是"国家之间关系处于和睦状态的一种理想化模式"[②]。因此，国际秩序不是"和平或平衡"，亦非"失序的反义词"，而是"以国际机制为纽带，以国际准则为依据"[③]而形成的"成员国之间进行国际治理的互动"[④]，有形的机制和无形的准则规范着国际社会各行为体在实力对比和权力结构基础上形成了一套约束各自行为方式和彼此关系的行为规范和保障机制。[⑤]而当这一稳定平衡态被权力结构、利益分配等打破，就会出现"失序"的局面。

三是制衡与妥协机制，也有学者称之为政治妥协机制。国际问题专家、美国前国务卿亨利·艾尔弗雷德·基辛格（Henry Alfred Kissinger）认为，世界秩序反映一个地区或一种文明对它认为放之四海而皆准的公正安排和实力分布的本质所持的理念。国际秩序的有效运行依赖于世界上很大一部分地区（大到足以影响全球均势）应用这些理念。因此，无论是世界秩序还是区域秩序都建立在两个因素之上，一是"明确规定了允许采取行动的界限且被各国接受的规则，二是规则受到破坏时强制各方自我克制的一种均势"。我国国际关系学者梁守德[⑥]、祁怀高[⑦]等也认为，规则、机制强调国家在国际社会中的绝对位置和相对位置，具有相对稳定性，机制的有效运作也是基于某种共同利益和目标而达成的。

其次，回到信息传播的本质，由于新闻信息传播的核心在于"有意义"的内容，尤其在网络社会里，对大部分的社会行动者而言，意义是环绕着一个跨越时间和空间并自我维系的原初认同（Primary Identity）而建构，因而，正如曼纽尔·卡斯特（Manuel Castells）在《认同的力量》中提出，认同的构建并非基于个人认同，而是基于集体认同[⑧]，即使个体传

---

① Hoffman, Stanley, *Primacyor World Order: American Foreign Policy since the Cold War*, New York: McGraw Hall Book Company, 1978, p. 109.

② Hoffman, Stanley, *Primacyor World Order: American Foreign Policy since the Cold War*, New York: McGraw Hall Book Company, 1978, p. 109.

③ 梁守德、洪银娴：《国际政治学理论》，北京大学出版社 2008 年版，第 236 页。

④ Mearsheimer, J. J., "Bound to Fail: The Rise and Fall of the Liberal International Order", *International Security*, Vol. 43, No. 4, 2019, pp. 7 – 50.

⑤ 刘丰：《国际礼仪格局调整与国际秩序转型》，《外交评论》2015 年第 5 期。

⑥ 梁守德、洪银娴：《国际政治学理论》，北京大学出版社 2008 年版，第 244 页。

⑦ 祁怀高：《中国抗战与东亚国际秩序的演变研究》，复旦大学出版社 2010 年版，第 10 页。

⑧ ［美］曼纽尔·卡斯特：《认同的力量》，夏铸九等译，社会科学文献出版社 2003 年版，第 3 页。

播在 web3.0 时代扮演的角色越来越重要，但集体认同的形成往往与国家的传播战略、媒介管理体制、“把关”政策，乃至一国的地缘政治、历史文化传统密不可分。

四　国际信息传播秩序在中国的表述

本书研究的核心是国际信息传播秩序，即信息跨境位移过程中所遵循的规则、规范和机制。

“国际秩序”“国际新闻秩序”或“国际传播秩序”等概念久已有之，闻名遐迩的莫过于20世纪七八十年代的世界信息与传播秩序（New World Information and Communication Order，简称 NWICO）。然而，尽管联合国、联合国教科文组织的普遍叫法是“信息与传播秩序”（information and communication order），我国学界和业界对此翻译却莫衷一是——童兵教授编撰的《新闻传播学大辞典》中使用“世界信息与传播新秩序”；程曼丽教授在《外国新闻传播史导论》中使用定义“世界新闻传播新秩序”或“国际新闻新秩序”，在《新闻传播学辞典》中使用“世界新闻新秩序”；郭庆光教授在《传播学教程》中使用“新世界信息秩序”；陈力丹教授在《世界新闻传播史》中使用“世界新闻新秩序”；刘笑盈教授在《中外新闻传播史》中使用“国际信息与传播新秩序”或“世界信息与传播新秩序”。此外，翻译文献对此也表述不一，展江教授等人翻译《美国新闻史：大众传播媒介解释史》（第8版）时，使用了“世界新闻新秩序”，而中国对外翻译出版公司第二编译室在编译《多种声音，一个世界：交流与社会、现状与展望》时使用了“情报与传播新秩序”。对近年来的论文检索显示，国内学界在讨论传播秩序问题时使用的术语千差万别，通过“中国知网”关键词检索，结果显示，“传播秩序”占比58％、“世界新闻新秩序”占比21%、“国际传播秩序”为2.66%、“国际传播格局”为1.6%、“世界信息与传播新秩序”为1.6%等。[①] 不一致的翻译，侧面体现了信息载体的多样性的同时，也体现了“信息”随传播技术发展而出现的变迁。

① 通过 CNKI，使用“信息秩序”“传播秩序”“新闻秩序”“信息与传播秩序”主题词检索得来。

无论是第一次世界大战后巴黎和会上关于信息平等问题的讨论，还是20世纪80年代各国关于世界信息与传播新秩序的论争，都并不只限于以大众媒体为主的新闻业态和媒体运营，也囊括了传播媒介等基础设施和传播技术的议题。因此，本书遵从童兵教授在《新闻传播学大辞典》中的翻译，亦即联合国教科文组织相关英文版文件的直译，将信息传输的基础设施、内容生产特点和内容生产机制作为一个整体来考量，采取“信息与传播秩序”① 的表述。

第三节 国际信息传播秩序研究回顾

通过公开数据库统计，国内外关于国际秩序的研究年均超过5000篇，而专门就信息传播秩序开展的讨论相对较少。② 从既有的数据可以看出，关于国际信息传播秩序的研究呈现以下特点：一是与国际秩序研究存在时间差，即国际秩序的研究逐年增加，而关于信息传播秩序的研究却呈波动特点，尤其是近年来虽然国际秩序研究快速增多，而关于国际传播秩序的讨论却显低迷；二是国际传播秩序的研究围绕权力框架、帝国主义理论、新马克思主义理论展开，从理论视角和研究范式上均表现出跨学科的特点。

一 国外关于国际信息传播秩序的研究

早在第一次世界大战后，美国总统托马斯·伍德罗·威尔逊（Thomas Woodrow Wilson）就曾多次提出要通过制定新的电报费用来减少英国对电报信息的垄断，与此同时，一战后的欧洲新兴民族国家纷纷建立本国通讯社，试图获得信息传播的主动权。第二次世界大战后的局面与一战后有着惊人的相似，一面是新兴强国美国将“大众传播”理念写入联合国教科文

---

① 为行文方便，本书中还将该词表述简化为“信息传播秩序”。此外，正如前文所引基辛格对“国际秩序”与“世界秩序”的论述，国际秩序指世界上绝大多数地区所接受的制度安排，综上，本书采用“国际信息传播秩序”的表述。

② 笔者使用（NWICO OR “Information and Communication Order” or “Global Communication Order” or “International Communication Order”）检索式，利用 Webof Science 进行检索所得，共计47篇文章。

组织相关章程，并向全球推广，而另一面则是关于信息传播不平衡问题的反思与批评。由此可见，关于国际信息传播秩序不平衡以及秩序构建的问题由来已久，是根植于主权国家国际交往行为的重要命题。国外学界就这一议题的学术讨论主要围绕以下几个方面展开：

（一）关于国际信息传播秩序结构、影响因素的实证研究

信息自由流动是英国、美国等国家尝试主导并构建信息跨国流动秩序的理论基础。该理论源于“观点自由市场”，由英国学者约翰·弥尔顿（John Milton）最早提出，后来经美国政治家托马斯·杰斐逊（Thomas Jefferson）以及英国政治家约翰·密尔（John Stuart Mill）发展，本质上是将信息比作商品，由商品自由流动推演出信息自由流动的理论基础。

第二次世界大战后，美国则一直致力于构建一套基于现代化理论的传播学理论，宣扬美国道路可以为各国所效仿。发展传播学学者威尔伯·施拉姆（Wilbur Schramm）提出，国家之间的新闻流动秩序由该国的新闻发布机构、电信设施的距离远近、该国的财富科技状况决定。[①] 此外，诸如媒介效果研究范式下的“使用与满足”理论、“双向反馈”理论，都强调受众的自主性，并认为受众通过在新闻选择和新闻阐释中获得主动权，可以减轻从第一世界输出到第三世界的新闻节目的霸权主义潜力，这一逻辑也成为西方国家支持新闻自由流动的理论依据。

第二次世界大战后到20世纪60年代初期，由于二战时期的战时通信技术和宣传手段的普及运用，加之美国依托联合国教科文组织在全球范围内尝试推广大众传播理念和相关项目，媒体作为信息跨国流动的重要载体这一理念逐渐为越来越多的国家接受。也因为如此，这一阶段的讨论聚焦在媒介技术和内容生产上，主要围绕国际广播和国际通讯社的信息分发展开。[②] 例如，1965年，国际关系领域的重要学术期刊《和平研究期刊》（*Journal of Peace Research*）先后发表了两篇重量级的论文，被视为新闻信

---

① Kim, K. & G. A. Barnett, “The Determinants of International News Flow: A Network Analysis”, *Communication Research*, Vol. 23, No. 3, 1996, pp. 323 – 352.

② Iordache, C., L. Van Audenhove & J. Loisen, “Global Media Flows: A Qualitative Review of Research Methods in Audio-visual Flow Studies”, *International Communication Gazette*, Vol. 81, No. 6 – 8, 2019, pp. 748 – 767.

息跨国传播秩序定量研究的重要基石。埃纳·厄斯特加德（Einar Östgaard）最早将跨国新闻流动秩序的影响因素分为两个方面，一是宏观上的政治、经济因素，二是新闻的内在因素[①]；加尔通（Galtung）与鲁格（Ruge）将世界比喻成一个巨大的广播站，每一个广播站点都可以适当的波长发出连续的信号；基于全球广播站的结构隐喻[②]，加尔通与鲁格提出影响国际新闻信息流动格局的12个因素，包括信号是否清晰、信号的强弱、信号的清晰度、信号的意义、信号的一致性、信号的意外性、信号的持续性、信号调入与记录其他信号的多寡、信号与精英国家、信号与精英群体、信号的个性化、信号的负面性[③]，其中，前8个要素是去意识形态的，后4个是与意识形态相关的，这12个要素相互影响、共同作用。

进入20世纪70年代，实证研究学者基于前一阶段的研究成果，对国际信息流的内涵进行深入挖掘。加尔通1971年提出，国际传播关系由四个规则确定：国际传播往往在核心国家和边缘国家间发生；而边缘国家之间、半边缘国家和边缘国家之间均没有互动交流；整个交流都被核心国家垄断。[④] 海丝特（Hester）将形塑全球信息流动秩序的要素归纳为事件的冲突性、文化亲近、经济实力和国家联盟关系、全球各国等级制度四个方面。[⑤] 基于此框架，一些学者对塑造全球信息流动的影响要素进行了扩充，如格布纳（Gerbner）[⑥]、斯巴克斯（Sparkes）[⑦] 关于新闻编辑政策影响的

---

① Östgaard, E., "Factors Influencing the Flow of News", *Journal of Peace Research*, Vol. 2, No. 1, 1965, pp. 39 – 63.

② Galtung, J. & M. H. Ruge, "The Structure of Foreign News the Presentation of the Congo, Cuba and Cyprus Crises in Four Norwegian Newspapers", *Journal of Peace Research*, Vol. 2, No. 1, 1965, pp. 64 – 90.

③ Galtung, J. & M. H. Ruge, "The Structure of Foreign News the Presentation of the Congo, Cuba and Cyprus Crises in Four Norwegian Newspapers", *Journal of Peace Research*, Vol. 2, No. 1, 1965, pp. 64 – 90.

④ Galtung, J., "A Structural Theory of Imperialism", *Journal of Peace Research*, Vol. 8, No. 2, 1971, pp. 81 – 117.

⑤ Hester, A., "Theoretical Considerations in Predicting Volume and Direction of International Information Flow", *International Communication Gazette*, Vol. 19, No. 4, 1973, pp. 239 – 247.

⑥ Gerbner, G. & G. Marvanyi, "The Many Worlds of the World's Press", *Journal of Communication*, Vol. 27, No. 1, March 1977, pp. 52 – 66.

⑦ Sparkes, V. M. & G. J. Robinson, "International News in the Canadian and American Press: A Comparative News Flow Study", *Gazette*, Vol. 22, No. 23, November 1976, pp. 203 – 218.

讨论，常（Chang）、休梅克（Shoemaker）等人关于文化和语言要素的讨论[①]，卡瑞尔（Kariel）关于经济要素、人口要素的讨论[②]。

随着信息技术的发展，诸多学者发展了早期理论。部分学者利用大数据技术[③]分析发现贸易、移民、旅游、文化交流等也同样影响新闻信息的传播秩序。例如，班尼特（Barnett）[④]、休梅克[⑤]等学者进一步挖掘国家和新闻事件要素对跨国信息传播的影响，提出国家规模、精英性以及地理、历史、经济、文化距离等关联因素决定了新闻信息的全球传播秩序；塔内哈（Taneja）等人提出技术和制度结构将扫除语言和文化带来的旧有隔阂[⑥]；而赫尔穆勒（Hellmuellller）从地理边界和文化边界的角度拓展了把关人理论，进而提出跨国新闻受到境外把关过程、社会制度、文化的影响[⑦]；格拉斯兰德（Grasland）提出新闻信息传播网络结构复杂[⑧]，世界体系也是由跨国互动的多网络相互作用而成，它们本身都依赖于各国的信息场，因此不能单独作为解释新闻信息跨国流动的原因，他认为应当在新闻信息流动的时空互动模型中综合考虑文化差异、地理距离、国际组织等要素对跨国新闻流动的影响。曼纽尔·卡斯特也关注了信息传播秩序的微观问题，例如提出互联网时代，媒体普遍商业化、媒介业务全球化和集中

---

① Chang, T. K., P. J. Shoemaker, N. Brendlinger, "Determinants of International News Coverage in the US Media", *Communication Research*, Vol. 14, No. 4, 1987, pp. 396 – 414.

② Kariel, H. G. & L. A. Rosenvall, "Factors Influencing International News Flow", *Journalism and Mass Communication Quarterly*, Vol. 61, No. 3, 1984, pp. 509 – 516.

③ Wu, H. D., "Systemic Determinants of International News Coverage: A Comparison of 38 Countries", *Journal of Communication*, Vol. 50, No. 2, 2000, pp. 110 – 130.

④ Kim, K. & G. A. Barnett, "The Determinants of International News Flow: A Network Analysis", *Communication Research*, Vol. 23, No. 3, 1996, pp. 323 – 352.

⑤ Shoemaker, P. J., "News and Newsworthiness: A Commentary", *Communications*, Vol. 31, No. 1, 2006, pp. 105 – 111.

⑥ Taneja, H. & J. G. Webster, "How Do Global Audiences Take Shape? The Role of Institutions and Culture in Patterns of Web Use", *Journal of Communication*, Vol. 66, No. 1, 2016, pp. 161 – 182.

⑦ Hellmueller, L., "Gatekeeping Beyond Geographical Borders: Developing an Analytical Model of Transnational Journalism Cultures", *International Communication Gazette*, Vol. 79, No. 1, 2017, pp. 3 – 25.

⑧ Grasland, C., "International News Flow Theory Revisited Through a Space-time Interaction Model: Application to a Sample of 320, 000 International News Stories Published Through RSS Flows by 31 Daily Newspapers in 2015", *International Communication Gazette*, Vol. 82, No. 3, 2020, pp. 231 – 259.

化、媒体市场细分化以及电信公司、计算机公司、互联网公司业务的融合化都会影响信息传播秩序的平衡。[①]

另外一些学者认为经济因素不再重要，文化、地理位置、语言、宗教等要素成为决定全球信息流动和信息格局的首要因素。哈林（Hallin）和曼奇尼（Mancini）研究了18个西方国家，根据媒体市场结构（即发行率、读者/观众人数和新闻质量）、政治平行性（即新闻媒体的政治取向）、新闻职业化（即新闻媒体的自主程度、规范和价值观）、国家的作用（即新闻自由、新闻审查和法规）四方面要素，将信息跨国流动归纳为两极分化的多元主义（或地中海）模式、民主公司主义（或北欧/中欧）模式、自由主义（或北大西洋）模式。[②]

（二）批判主义对国际信息传播秩序的研究

媒介高度集中和垄断的趋势及其带来的社会后果是政治经济学派的焦点之一。[③] 政治经济学派从马克思关于经济基础决定上层建筑的理论前提出发，不断揭示资本主义社会大众传媒支配和控制的现状，对资本主义社会大众传媒与阶级关系、文化产品的生产过程及其结构进行了深刻剖析。

随着传播技术的快速发展，西方学者开始在批判理论的视阈下展开对文化霸权和信息帝国主义的反思。赫伯特·席勒（Herbert Schiller）、阿芒·马特拉（Armand Mattelare）等学者开始思考国际传播中“信息垄断”与发展中国家所面临的信息文化入侵的问题。例如，1969年，赫伯特·席勒的著作《大众传播与美帝国》（*Mass Communications and American Empire*）出版，深刻分析了国家与媒介在推动其本国资本进行全球经济扩张中的深层次关系，揭示了大众媒介、政府和军事工业形成联合体，共同控制美国社会的传播实质[④]；此后，被称为传播政治经济学派奠基人的斯麦兹在《传播：西方马克思主义的盲点》中提出了“受众商品论”。席勒、斯麦兹（Smythe）等学者指出，信息的单向流动试图通过美国的中心化来消灭

---

① Manuel，Castells，*Communication Power*，Oxford：Oxford University Press，2009，pp. 56 – 74.

② Hallin，D. C. & P. Mancini，*Comparing Media Systems：Three Models of Media and Politics*，Cambridge：Cambridge University Press，2004，p. 297.

③ 郭庆光：《传播学教程》，人民大学出版社2011年版，第258页。

④ 郭镇之：《席勒——传播政治经济学的批判领袖》，《国际新闻界》2002年第1期。

本土文化[①]，它超越了经济和政治统治，进入了文化领域，是一种新形式的帝国主义，人们对此应给予警惕。

随着第三世界国家的兴起，在国际传播相关争论中，“主权”概念引起了越来越多的关注。在此背景下，卡尔·诺顿斯登（Kaarle Nordenstreng）和赫伯特·席勒在《国家主权和国际传播》中将“国家主权”作为分析国际传播基本问题的关键概念之一[②]，提出了“信息主权”（information sovereignty）概念，这也成为批判学派对国际传播秩序研究的核心概念之一。信息主权指一个国家对其信息传播系统进行自我管理的权力，包括对本国信息资源进行保护、开发和利用的权力，不受外部干涉的权力，对本国信息传出和外国信息输入进行管理的权力。[③] 此外，赫伯特·席勒在《传播与文化霸权》[④] 中还提出，新兴国家在经济上被支配的现象已经逐渐受到重视，媒介所有权的集中造成了媒介的垄断现象。阿芒·马特拉也提出类似观点，在《世界传播与文化霸权：思想与战略的历史》中，他认为，在英国、美国、苏联各领风骚的时期，各国倾向于“宣扬他们自己的强势观点”，通过肯定自身优越性，来“引诱人们从他们的力量的辐射点出发观察世界”[⑤]。

进入20世纪八九十年代，随着媒体跨国化和集团化的趋势日益明显，学者开始关注大型跨国公司的媒介垄断问题，比较典型的有席勒转向信息控制问题的研究，如在《信息和危机经济》（*Information and Crisis Economy*）一书中，他提出技术是社会构造的产物，既不是自治的，也不是中立的，跨国公司是信息产业的主要推动者，因为信息产业帮助跨国公司消灭了地理距离。美国学者本·贝戈蒂克安在《媒体垄断》中发展了媒介帝国

---

① 相关理论参见 Schiller, H. I., *Mass Communications and American Empire*. Boston, MA: Beacon Press, 1971. Schiller, H. I., *Communication and Cultural Domination*. White Plains: International Arts and Sciences Press, 1976. Smythe, DW., *Dependency Road: Communications, Capitalism, Consciousness, and Canada*. Norwood: Ablex, 1981. Fuchs, C., “New Imperialism: Information and Media imperialism?”, *Global Media and Communication*, Vol. 6, No. 1, 2010, pp. 33 – 60。

② 希斯·哈姆林克、李银波：《全球化、主权与国际传播》，《现代传播》2002年第5期。

③ 郭庆光：《传播学教程》，人民大学出版社2011年版，第240页。

④ 程雪峰：《媒介垄断与文化渗透：冷战后美国传播霸权研究》，博士学位论文，吉林大学，2005年。

⑤ ［法］阿芒·马特拉：《世界传播与文化霸权：思想与战略的历史》，陈卫星译，中央编译出版社2001年版，第265页。

主义的理论，揭示了大型传媒公司对信息公平流动的垄断和控制。唐林森在《文化全球化与文化帝国主义》中把文化帝国主义明确为不平衡的信息流和垄断文化对民族国家认同和文化认同的威胁。①

此后，随着信息与传播新秩序之争的无果而终，以及全球化进程的不断深入，政治经济学派的讨论重点也有所改变。在新文化帝国主义理论中，福克斯（Fuchs）指出，媒介的集中化、跨国化特征本质上还是一种新文化帝国主义的体现。② 温塞克（Winseck）指出军方出于心理战需求建立的“全球信息圈”蔓延到全网，危害了国内舆论场的民主化和公众对大众媒体的信任。③ 由于跨国合作、兼并和合资企业的兴起，使用国家标记来分析全球媒体的影响力变得更加困难。例如，阿茨（Artz）④ 认为，“反流”只是跨国重组的一种变体，而不是国家对西方国家文化统治的一种进步形式的抵制。

还有学者对新兴发展中国家的地位变迁进行了分析，例如丹·席勒对世界体系理论所提出的“中心—边缘”模式提出质疑，他认为，对中国及其他处于边缘地区国家的发展，这一模型并不具备解释力，而垄断资本试图将网络体系融入商品链中。⑤

（三）新马克思主义关于传播秩序的批判

1974 年，沃勒斯坦提出世界体系理论，根据经济发展和劳动分工将世界划分为核心国家、半边缘国家和边缘国家⑥，同时还从地缘政治和地缘

① 程雪峰：《媒介垄断与文化渗透：冷战后美国传播霸权研究》，博士学位论文，吉林大学，2005 年。

② Fuchs, C., "New Imperialism: Information and Media Imperialism?", *Global Media and Communication*, Vol. 6, No. 1, 2010, pp. 33 - 60.

③ Winseck, D., "Information Operations' Blowback: Communication, Propaganda and Surveillance in the Global War on Terrorism", *International Communication Gazette*, Vol. 70, No. 6, 2008, pp. 419 - 441.

④ Artz, L., "Commentary: Transnational Capitalism and the New Political Economy of Transnational Media", *The Political Economy of Communication*, Vol. 5, No. 2, 2017, pp. 95 - 101.

⑤ ［美］丹·席勒：《数字化衰退：信息技术与经济危机》，吴畅畅译，中国传媒大学出版社 2017 年版，第 8—9 页。

⑥ Wallerstein, Immanuel, *The Modern World-system: Capitalist Agriculture and the Origins of the European World-economy in the Sixteenth Century*, New York: Academic Press, 1974, p. 22. Wallerstein, Immanuel, "The Rise and Future Demise of the World Capitalist System: Concepts for Comparative Analysis", *Comparative Studies in Society and History*, Vol. 16, No. 4, 1974, pp. 387 - 415. Wallerstein, Immanuel, "World-systems Analysis", in Giddens, A. & J. Turner eds. *Social Theory Today*, Stanford, CA: Stanford University Press, 1987, pp. 309 - 324.

文化的角度探讨了世界体系中的结构性问题。虽然沃勒斯坦在谈论世界体系理论时，多次强调世界体系理论是整体性分析，资本主义是个历史的社会体系，因而现代世界体系也同样是一个统一实体，具有范围、结构、成员集团、合理规则和凝聚力，探讨它在经济、社会、文化、意识形态等各个领域的表现形式，因此并不用于分析某一特定的情景领域，甚至也对克里斯托弗·凯斯－杜（Christopher Chase-Dunn）的分析提出过质疑，但近年来，新闻传播学界用来解释跨国信息流动，尤其是国际传播领域关于正在发生的扩张现象的研究成果越来越多。此外，冷战时期由于新闻传播新秩序的争论激烈，苏联学者也参与到相关研究之中。苏联学者认为，受众对信息传播的认知是基于发送者控制整个传播过程建构起来的，因而信息发送者的意图决定信息的意义，而接收者对媒体做什么则取决于媒体对他们做什么[①]，这成为主权国家加强媒体控制力的理论基础，以此对抗美国的单向信息流动和电子殖民主义。而西方国家则认为，苏联和第三世界国家的行为本质上是对“思想自由市场和经济安全的威胁”，意在“取得国家对大众媒介的控制”[②]。

进入20世纪90年代，基于世界体系理论，部分学者对单向流动带来的文化霸权提出了修订和质疑，他们开始关注信息的双向流动以及来自边缘国家的抵抗，这种反抗被称为“反流”（counter-flow[③]），是民主化、信息多元化的过程。[④] 此外，世界体系理论得到了新的发展和阐释。

雅普·梵·吉内肯（Jaap van Ginneken）在《理解国际新闻：批判性导论》中借用了世界体系的理论，以区分新闻源的中心和边缘。[⑤] 托马

---

① Ravault, R. J., “Information Flow: Which Way is the Wrong Way?”, *Journal of Communication*, Vol. 31, No. 4, 1981, pp. 129－134.

② ［英］达雅·屠苏：《国际传播——延续与变革》，董关鹏译，新华出版社2004年版，第68—69页。

③ Iordache, C., L. Van Audenhove & Loisen, “Global Media Flows: A Qualitative Review of Research Methods in Audio-visual Flow Studies”, *International Communication Gazette*, Vol. 81. No. 6－8. 2019, pp. 748－767.

④ Boyd-Barrett, O., “Media Imperialism Reformulated”, in: Thussu, DK. eds., *Electronic Empires: Global Media and Local Resistance*, London/New York: Arnold, 1998, pp. 157－176.

⑤ ［荷］雅普·梵·吉内肯：《理解国际新闻：批判性导论》，李红涛译，中国传媒大学出版社2016年版，第132页。

斯·麦克费尔（McPhail, Thomas L.）在《全球传播：理论、利益相关者和趋势》中就综合使用了世界体系理论和电子殖民理论，解释大众传媒（包括电视电影）由核心区域向半边缘区域和边缘区域扩散和灌输价值观。世界体系理论和电子殖民理论共同形成了一个“谱系”，它们“共同描述和解释国际传播的内在根本问题。[①] 如果核心国家的经济、社会和文化价值观没有被附属地区接收和内化，那就无法让这些地区的民众改变态度和行为，而去购买核心国家生产的音乐和电影等。[②]

坎普斯（Kamps）将世界体系理论的应用场景进一步具体化，他将新闻模型分成了四类——新闻中心：在报道中频繁、持续出现的国家，其报道的主体和新闻话题呈现多样性；新闻邻国：外国新闻报道中经常出现的国家，但在外国新闻报道中的持续时间较短，但也具有较高的话题性；专题新闻邻国：因某些专题而成为外国新闻报道的一部分的国家（专题变异性较低，但具有一定的频率和连续性）；新闻周边：外国新闻报道中的国家，这些国家的新闻报道极少，而且是不连续的或几乎是任意的（如事故或自然灾害等），题材和体裁的差异性很小。[③]

二 国内关于国际信息传播秩序的研究

中国的国际传播学研究起步较晚。关于国际传播的最初理论研究是基于改革开放后向世界阐释中国的具体实践而发展起来的，这就意味着我们的研究是围绕如何以理论指导实践做好宣传工作这一思路展开。

20 世纪 80 年代，随着中国改革开放后国际交往活动日益增多，以及第三世界国家关于建立世界信息与传播新秩序（NWICO）的呼声高涨，国内也开始关注全球传播秩序的问题。例如，《国际新闻界》刊登的《建立世界新闻新秩序的潮流不可阻挡》[④] 以及《对抗世界新闻传播新秩序不得

① ［美］托马斯·L. 麦克费尔：《全球传播：理论、利益相关者和趋势》，张丽萍译，中国传媒大学出版社 2016 年版，第 341 页。

② ［美］托马斯·L. 麦克费尔：《全球传播：理论、利益相关者和趋势》，张丽萍译，中国传媒大学出版社 2016 年版，第 27 页。

③ Weber, P., “No News from the East? Predicting Patterns of Coverage of Eastern Europe in Selected German Newspapers”, *International Communication Gazette*, Vol. 72, No. 6, 2010, pp. 465 – 485.

④ 林珊：《建立世界新闻新秩序的潮流不可阻挡》，《国际新闻界》1981 年第 4 期。

人心》[1]，这些文章将信息传播秩序聚焦到具体的新闻领域，围绕新闻话语权展开，在批判新闻话语霸权方面有所建树，而在具体的秩序探讨中，将“新秩序”模糊化为“公平、平等的新闻传播秩序”的原则性表述。90年代以后，随着世界信息与传播新秩序呼吁的无果而终，中国关于这一问题的学术讨论也逐渐销声匿迹。

直到进入互联网时代，一是互联网国际治理重提“发展均衡”问题，二是我国对获得网络传播话语权的需求日益旺盛，三是我国学者关于国际传播研究的学科自主性不断增强，逐渐摆脱施拉姆5W理论造成的主体、渠道、受众、内容、效果5个方面模块化的结构限制，关于这一问题的研究开始增多。具体可以分为以下几个方向：

（一）关于国际信息传播秩序的定性研究

第一，权力框架下对构建世界信息传播新秩序失败而进行的反思。部分学者重提世界信息与传播新秩序构建失败的原因，并结合互联网发展的现状进行了理论延展，例如，史安斌、张耀钟[2]提出从世界信息与传播新秩序之争到世界信息社会大会（WSIS）上各利益攸关方关于网络传播秩序的讨论，再到我国提出的“人类命运共同体”，体现了地缘政治演变之路，贯穿其中的是发展中国家需要减轻或破除对发达国家在传播内容、平台技术上的依赖，进而实现“一个世界、多种声音”；又如沈国麟[3]在对科林·斯巴克斯的采访时评价20世纪70年代的世界信息与传播新秩序，“信息自由流动是美国人的武器”，而“新的世界信息与传播秩序是苏联人的路径”，但发展中国家关于“传播资源世界范围内流通的想法是具有合法性的”；对于当前的传播秩序，两位学者则认为，全球化并没有改变中心—边缘的关系，未来可能出现多个权力中心。此外，还有学者提出，互联网特别是移动互联网的发展，或许给发展中国家提供了改善“被边缘化”处境的机遇，如中国、俄罗斯、南美等国家和地区的移动互联网采纳率反超

① 林珊：《建立世界新闻新秩序的潮流不可阻挡》，《国际新闻界》1981年第4期。

② 史安斌、张耀钟：《构建全球传播新秩序：解析“中国方案”的历史溯源和现实考量》，《新闻爱好者》2016年第5期。

③ 沈国麟：《国际传播理论范式更替和全球传播秩序——与斯巴克斯教授的对话》，《新闻记者》2013年第9期。

发达国家。[①] 赵云泽在探讨网络传播对国际传播秩序均衡化的影响时提出，缩小媒体之间的差距，将促进国际传播秩序向均衡化发展，网络传播对国际传播秩序的影响也会由消极转向积极。[②]

第二，传播政治经济学的理论视角。例如赵月枝等关于文化帝国主义的讨论。[③] 对于互联网框架下的全球传播，部分研究者认为互联网的发展加剧了全球范围内的数字鸿沟[④]，造成了新的贫富差距，互联网的管理权、网络技术创新和绝大部分信息资源都集中在少数发达国家，多数发展中国家却难以利用互联网技术成果改善本国经济社会处境，面临被边缘化的危险。

第三，法治框架下对参与网络治理的研究。崔保国、孙平提出，规则是互联网时代秩序的核心，秩序之争的两种核心规则在“主权优先”与“人类共同财产”原则上展开，并认为，互联网名称与数字地址分配机构（ICANN）管理权的让渡、网络空间的协商机制是构建公平、平等信息传播秩序的进步，网络空间的崛起给重建信息秩序带来了一次机遇。[⑤] 胡凌在论述谣言治理时，用隐喻的方法对秩序进行了定义，将网络秩序类比为交通秩序，就好比交通工具的数量一样，信息总量在网络秩序中的作用至关重要。[⑥] 如果人们只是将网络空间看作现实的延伸或现实世界的沟通工具，新秩序的培养就不可能单纯在互联网框架内完成。仇喜雪在讨论国际信息与传播新秩序时，提出制度供给与制度需求的不均衡是国际信息与传播秩序变迁的动力，其中制度需求包括市场规模、技术进步、偏好改变和制度选择集合变化[⑦]；而制度供给即意味着新秩序以何种方式被提供，影

---

① 韦路、谢点：《全球数字鸿沟变迁及其影响因素研究——基于1990—2010世界宏观数据的实证分析》，《新闻与传播研究》2015年第9期。

② 赵云泽：《论网络传播对国际传播秩序均衡化影响》，《国际新闻界》2003年第3期。

③ 赵月枝：《跨文化传播政治经济研究中的“跨文化”涵义》，《全球传媒学刊》2019年第1期。

④ 袁勤俭、黄奇、朱庆华：《全球数字鸿沟现状分析》，《情报理论与实践》2004年第5期。

⑤ 崔保国、孙平：《从世界信息与传播旧格局到网络空间新秩序》，《新闻与传播研究》2015年第6期。

⑥ 胡凌：《网络传播中的秩序、谣言与治理》，《文化纵横》2013年第5期。

⑦ 仇喜雪：《浅析国际信息传播新秩序：问题与思考》，《现代传播》（中国传媒大学学报）2015年第1期。

响制度供给的因素包括宪法秩序、现行的制度安排、知识积累以及当权者的利益等，进而提出技术的发展和全球化进程的深入是新秩序需求变化的根本原因。

第四，知识论的视角。顾潜[①]从“知识论”的视角尝试解答这一问题，将信息传播从知识论的话语切入看待全球化背景下的世界新闻传播格局，摒弃简单的“强国与弱国”“殖民与被殖民”的思路，提出应理性看待新闻生产中的分歧，建立合作、广泛的国际新闻传播体系。胡晓阳[②]认为，秩序是变动中的一致性、连续性和确定性，这种变动是有规律的和可理解的，参照此概念，进而提出网络社区传播秩序是网络社区参与者围绕特定话题而开展的意见交往活动，具有一致性、连续性和确定性，秩序状态下，各个部分的关系具有稳定性。

（二）关于国际信息传播秩序的定量研究

微观要素研究方面，针对社交媒体时代国际信息传播秩序的影响因素和特点，国内学者对社交媒体传播场域中的跨国个人信息和新闻信息流动进行了分析。如谢点[③]的博士论文利用了开源数据的二次分析、推特平台的大数据挖掘与分析、基于社会网络分析及可视化、内容分析等实证研究方法，对社交媒体平台上 200 余个国家之间的信息流动和传播进行了剖析，提出金砖国家等半边缘国家挑战了原有核心国家的话语权。胡智锋、刘俊[④]细化了影响跨国新闻传播秩序的原因，认为国际传播力评价框架包含传播能力（海外影响力、国内基础影响力、国际品牌形象）、经营能力（经营总量、经营结构、经营绩效）、制播能力（内容制作、采编力量、播出能力）、媒体发展能力（如网站综合排名、日流量等）。金兼斌在《社会性媒体传播秩序问题探析》[⑤] 中提到，社会性媒体的传播秩序，是指微

① 顾潜：《对世界新闻传播秩序的审视》，《复旦学报》（社会科学版）2004 年第 5 期。

② 余晓阳、盘石军：《网络论坛传播秩序研究——基于哈耶克自生自发秩序理论的视角》，《东南传播》2012 年第 6 期。

③ 谢点：《社交媒体空间的国际传播格局及其影响因素——基于国家、媒介、个体的多层面实证分析》，博士学位论文，浙江大学，2017 年。

④ 胡智锋、刘俊：《主体·诉求·渠道·类型：四重维度论如何提高中国传媒的国际传播力》，《新闻与传播研究》2013 年第 4 期。

⑤ 金兼斌：《社会性媒体传播秩序问题探析》，《新闻实践》2011 年第 9 期。

博等社交媒体在内容生产和传播过程中所显现出来的特征、模式和规律。

第四节 结构、研究方法及思路

本书以跨国信息传播秩序为研究对象，以国家作为考察单位，从横纵两个坐标轴出发，分析政治地图、文化地图和现实地图中处于不同发展阶段和位置区域的主权国家在国际信息传播秩序中的地位、行为方式和作用机制。研究框架图如 1－1 所示。

在纵向脉络中，本书主要总结分析了康德拉季耶夫周期规律下的国际传播秩序的三次历史变迁，从电报时代的“三社四边”秩序建立及其瓦解，到卫星时代的自由秩序及新闻新秩序倡议，再到互联网时代的仍处于变动之中的网络传播秩序，探讨了技术线性发展和权力周期演进如何相互作用于秩序的变迁。

在横向脉络上，本书从世界体系不同位置的国家入手，分别分析了处于传播格局中不同位置的国家的行为特点和机制，进而分析了不同国家由于权力关系网络位置的不同，对信息的控制力、对全球网络传播的塑造力的不同表现形式。

在横纵脉络的交汇点，一是通过档案研究法和文献研究法，分析新闻报道、会议记录、调研报告、解密档案等重要历史文献，梳理跨国信息传播秩序的建立、解构和重构，进而利用世界体系权力周期的分析方法，解答国际信息传播秩序的周期变化和趋势规律；二是采取网络民族志和内容分析的方法对信息传播秩序变迁的关键变量进行考察，从典型事件的定量和定性分析着手，分析大众自媒体环境下跨国信息传播秩序的特点、影响要素；三是利用大数据的技术爬取公开网络流量，分析当前国际传播场域的格局特点，进而补充分析当前信息跨国流动的技术结构特点，最终将聚焦以下问题：

第一，国际信息传播秩序自现代国际传播开始以来经历了怎样的变迁？

第二，国际信息传播秩序变迁中，权力要素、技术要素、制度要素、规范要素、政策要素如何作用？秩序的建立、解体和重构遵循何种规律？

第三，着眼于全球信息治理的未来框架，如何构建互联网时代国际信

国际秩序
国际信息传播秩序
核心国家
半核心/
半边缘国家
边缘国家
康德拉季耶夫周期
欧洲中心格局
无线电报时代
“三社四边”协定
两次世界大战
美苏两极格局
卫星传播时代
世界信息传播新
秩序论争
全球化秩序
万维网时代
利益攸关方
共同治理
媒体话语
国际规则
公共关系
传播战略
地缘政治
地缘文化
权利分配
共识
构建
下一代信
息技术

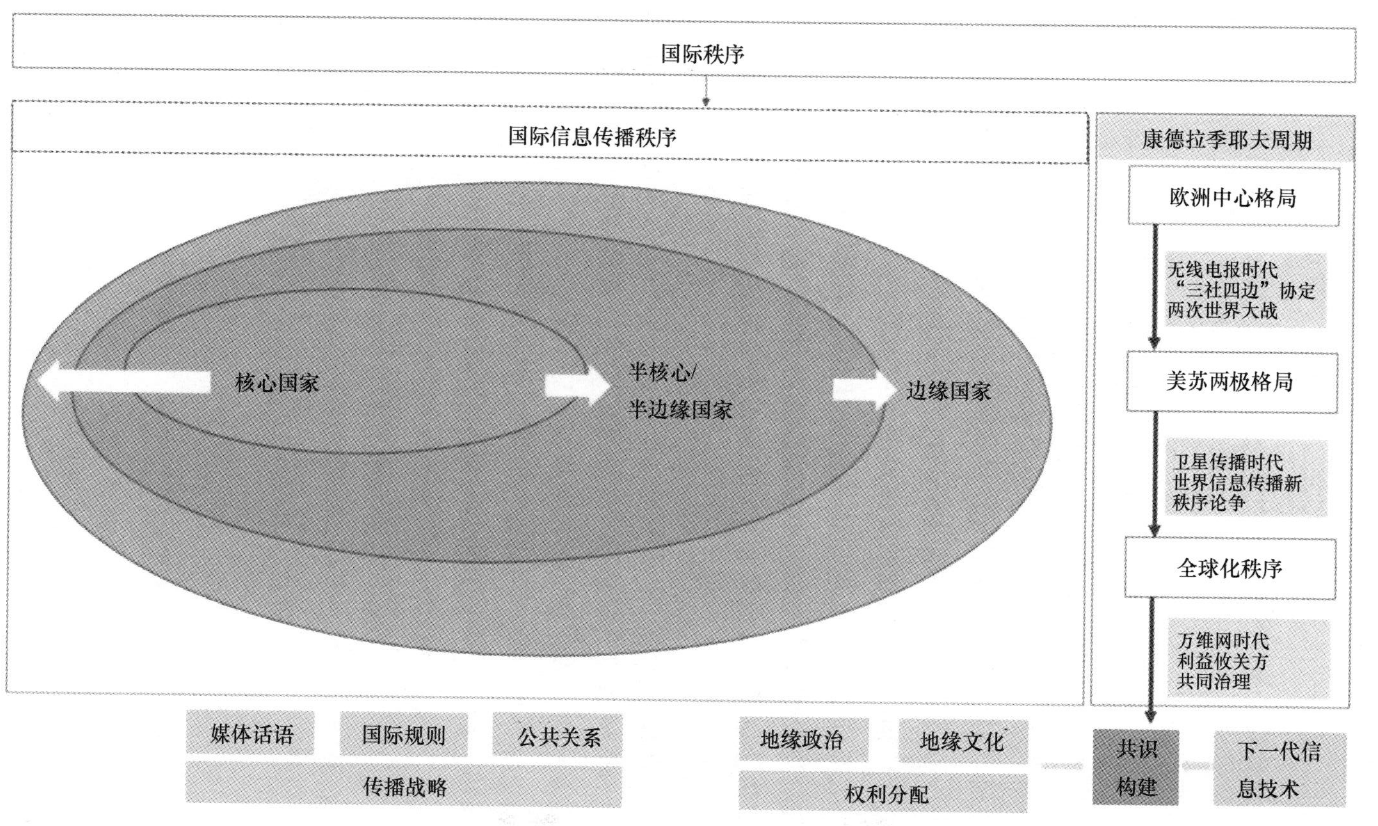

图1－1　本书结构框架图

息传播秩序的认同?

结构上，全书内容包括四大部分:“世界体系理论视角下的国际信息传播秩序”“国际信息传播秩序的历史变迁及周期演进”“互联网国际信息传播格局中各国的行为机制特征”“中国参与互联网国际信息传播秩序的成就与作为”。

第一大部分首先从理论上廓清国际信息传播秩序的内涵和外延，并概括传播秩序变迁的一般规律和特点。

第二大部分在纵向上对19世纪中期以来的现代国际信息传播格局进行历时性梳理，总结出国际信息传播秩序的三次重要变迁，即无线电报时代的欧洲中心传播秩序、卫星传播时代的以美国为主导的传播秩序、互联网时代关于传播新秩序构建的尝试及争议。

第三大部分在横向上探讨当前国际传播秩序现状及各类国家行为特点。首先利用全球互联网公开流量数据，对全球288个有影响力的新闻网站和主要传播渠道进行流量和社会网络分析，探讨各国在国际传播场域中的最新位置和相互关系；随后基于历史和现实梳理，从核心国家、半边缘(半核心)国家和边缘国家着手，分析处于不同位置关系的国家在国际传播秩序中的传播基础设施建设、传播战略设计、媒体建设和传播活动，进而分析其参与国际传播活动的作用机制。

第四大部分将回到中国视角，基于实证研究结果，探讨中国在互联网传播秩序中取得成就的原因和扩大国际话语权的现实路径。

第二章　世界体系视阈下的国际信息传播秩序

第一节　从资本主义世界的划分到世界体系理论的提出

一　马克思主义对世界划分的讨论

在《资本论》中，卡尔·马克思（Karl Heinrich Marx）论述了资本的生产过程、流通过程和总过程的各种形式，进而在此基础上，提出了剩余价值理论和不平等交换理论。他认为，不平等交换理论具体表现在两个方面：一是劳资交换的不平等现象；二是价值规律在国际经济领域的不平等现象。[①]

其中，国际经济领域的不平等交换表现在价值规律在国际经济贸易中的重大变化。具体而言，国际交换的决定基础是国际价值，而国际价值不能直接用国内社会必要劳动时间推广而来的国际社会必要劳动时间计量，而只能用各国中等劳动强度的平均数计量。例如，"一个国家的三个工作日也可以同另一个国家的一个工作日交换"[②]，因而，价值规律在这里有了重大的变化，加之劳动力国际流动的不自由、空间成本、市场分割等条件约束，就催生了"比较富有的国家剥削比较贫穷的国家"[③] 的不平等现象。

随着资本主义生产方式向垄断阶段发展，列宁将马克思主义理论发展到了帝国主义阶段，并从政治和经济的角度进一步提出了对世界的划分。列宁在共产国际第二次代表大会上作"民族和殖民地问题"报告，"把各民族区

---

① 宋树理：《马克思国际不平等交换思想的动态博弈新解》，《当代经济研究》2013 年第 5 期。
② 《马克思恩格斯全集》第 35 卷，人民出版社 2013 年版，第 112 页。
③ 《马克思恩格斯全集》第 35 卷，人民出版社 2013 年版，第 112 页。

别、划分为压迫民族和被压迫民族”的思想贯穿于报告提纲的始终。列宁指出：

> 帝国主义的特点，正如我们所看到的那样，就是现在全世界已经划分为两部分，一部分是为数众多的被压迫民族，另一部分是少数几个拥有巨量财富和强大军事实力的压迫民族。[①]

列宁在为共产国际第二次代表大会起草的《民族和殖民地问题提纲初稿》中提出，共产党在民族问题上的主要职责包括：“第一，准确地估计具体的历史情况，首先是经济情况；第二，把被压迫阶级、被剥削劳动者的利益，同笼统说的民族利益这样一种意味着统治阶级利益的一般概念，明确地区分开来；第三，把被压迫的、附属的、没有平等权利的民族，同压迫的、剥削的、享有充分权利的民族也明确地加以区分。”[②]

此外，其他早期马克思主义者也提出了世界体系的理论雏形。如罗莎·卢森堡（Rosa Luxemburg）在《资本积累论》中提出，世界体系是一个整体，是以资本主义的世界和非资本主义的环境为基础的，资本主义生存依靠非资本主义世界的原材料、市场及资本积累。[③]

虽然早期马克思主义者对世界体系的划分总体还只是基于国际经济贸易领域，但这些理论为后续研究者奠定了重要基础。

二　世界体系理论的形成与提出

世界体系理论产生于20世纪六七十年代，当时，世界在经历了第二次世界大战后的调整期后，迎来了一系列变化——一批殖民地和半殖民地国家获得民族独立，第三世界不断壮大，而资本主义国家发生世界经济危机，这一系列事件对美国占主导地位的结构功能主义现代化理论提出了挑战。[④] 针

---

① 《列宁全集》第39卷，人民出版社2017年版，第232页。

② 《列宁全集》第39卷，人民出版社2017年版，第163—164页。

③ 曲艺：《世界体系的马克思主义理论研究》，博士学位论文，武汉大学，2017年。

④ Goldfrank, Walter L., “Paradigm Regained? The Rules of Wallerstein's World-System Method”, *Journal of World-System Resarch*, Vol. 6, No. 2, 2015, pp. 150 - 195.

对此种情况，社会学界开始反思当时占主导地位的线性发展理论，并思考拉丁美洲的依附理论是否可以应用于亚洲、非洲。

因此，第一代世界体系学者聚焦于全球的不平等问题，强调应将全球作为一个整体来分析，而不是以国家社会为单元来分析发展的问题，诸如，萨米尔·阿明（Samir Amin）将世界分为中心和外围，安德烈·贡德·弗兰克（Andre Gunder Frank）将世界分为“大都会”和“卫星”。正如世界体系理论的集大成者伊曼纽尔·沃勒斯坦（Immanuel Wallerstein）后来所回忆，最初从世界史的视角研究世界体系，是为了反驳韦伯学派的社会学，尤其是1945 年以后的美国社会学所支持的“进步过程的编年时间顺序”，即认为“价值观的存在是实现现代化或经济发展的一个必要条件”①。

沃勒斯坦作为世界体系理论的集大成者，综合了依附理论、法国年鉴流派，把资本主义生产方式作为一种经济—社会、政治—文化关系体系，来考察其变化规律。以劳动分工为基础，沃勒斯坦将世界划分为三个层级——核心、半边缘和边缘②，以此来概述国家和国家相关实体在一个相互依存的等级结构中的权力位置关系。

具体而言，沃勒斯坦将世界体系划分为三大空间。

其一，核心国家。

在现代世界体系理论中，核心国家是以高度工业化和城市化为特征的主导性资本主义国家，它们通过国家机器的控制力，同边缘地区强制进行“不平等交换”③，并依此构建各个地区之间经济上和政治上的相互依赖关系。④这些国家拥有较高技术和资本密集型的生产、军事实力强大，在世界体系中占据主导地位。

如果说现代世界经济体系是以劳动分工为基础的单一经济系统，那么

① ［美］伊曼纽尔·沃勒斯坦：《现代世界体系（第一卷）——16 世纪的资本主义农业和欧洲世界经济的起源》，郭方等译，社会科学文献出版社 2013 年版，前言第 2 页。

② Chase-Dunn C.，J. Smith，P. Manning & A. Grubacic，“Remembering Immanuel Wallerstein”，*Journal of World-Systems Research*，Vol. 26，No. 1，2020，pp. 4 – 8.

③ ［美］伊曼纽尔·沃勒斯坦：《沃勒斯坦精粹》，黄光耀等译，南京大学出版社 2003 年版，第 87 页。

④ ［美］伊曼纽尔·沃勒斯坦：《沃勒斯坦精粹》，黄光耀等译，南京大学出版社 2003 年版，第 73—74 页。

政治系统则是以多重国家体系并存为特征的世界政治体系[①]，现在人们通常所说的核心国家往往是政治、经济控制力的综合体。例如，16 世纪，资本主义世界体系形成了最早的核心地区，位于欧洲西北部，即英国、法国和荷兰[②]；及至第二次世界大战后，美国、英国、法国等国被认为是劳动分工体系中的核心国家；而比利时、瑞典以及加拿大，虽然从经济上说已经是高度发达的资本主义国家，但在经济地位上，仍不属于核心国家。

需要指出的是，对于核心国家的划分，并不局限于世界体系理论相关学派，国际政治其他学派的学者也从不同角度提出了关于核心国家的划分。例如，萨缪尔·菲利普斯·亨廷顿（Samuel Phillips Huntington）就认为，核心国家并未局限于资本主义国家范围内，文化圈群将出现多个核心国家，各国作为成员国、核心国、孤立国和分裂国家也是与文明相联系的。[③] 西方出现两个核心，即美国和欧洲的德法核心；中华文明、东正教文明、印度文明都将各有一个主导核心国家，而伊斯兰、拉丁美洲和非洲则缺乏核心国家，南非、巴西有可能成为这些文明圈群的核心国家。亨廷顿的理论虽然视角不同，但实际上从地缘文化的角度对世界体系理论的区域框定进行了补充，丰富了后冷战时期对国际秩序格局的描述。

其二，半边缘国家。

半边缘国家是指出口的产品种类和工资水平处于核心国家与边缘国家之间的国家和地区。世界体系理论中，既有研究往往是根据劳动分工和收入水平（GDP 相关指标）划定核心国家和边缘国家后，将处于两者中间的划归为半边缘国家，因此，相较于核心国家和边缘国家，半边缘国家更像一个相对概念——也就是说，对于核心国家而言，半边缘国家具有边缘地区的特征；而对于边缘国家而言，半边缘国家又表现出中心化的特点。

沃勒斯坦[④]、蔡斯－丹[⑤]等学者从劳动分工的角度对半边缘国家进行了

① 樊勇明：《西方国际政治经济学》，上海人民出版社 2017 年版，第 134 页。

② ［美］伊曼纽尔·沃勒斯坦：《沃勒斯坦精粹》，黄光耀等译，南京大学出版社 2003 年版，第 87 页。

③ ［美］萨缪尔·亨廷顿：《文明的冲突与世界秩序的重建》，伊犁人民出版社 2004 年版，第 65 页。

④ Semi-periphery Countries-Examples，2020－12－1，https：//www. liquisearch. com/semi-periphery_ countries/examples.

⑤ Chase-Dunn，C.，Y. Kawano & B. D. Brewer，"Trade Globalization Since 1795：Waves of Integration in the World-system"，*American Sociological Review*，Vol. 65，No. 1，2000，pp. 77－95.

界定，包括中国、巴西、印度、印度尼西亚、韩国、以色列、新加坡、土耳其、西班牙、波兰、葡萄牙、罗马尼亚 、沙特阿拉伯 、南非等国。

半边缘国家和地区的出现，既有经济方面的因素，也有政治方面的考量。经济方面，半边缘国家往往追求双向贸易，依照不同模式，同时与核心国家和边缘国家开展贸易往来。虽然半边缘国家的界定仍旧是以劳动分工为标准的，但正如沃勒斯坦等学者所说，半边缘地区存在的政治原因多于经济原因。劳动分工造就了两极分化的系统，为了化解矛盾，只有造成"中间"阶层，让他们觉得自己比边缘区"过得好"，而非认为自己比核心区过得差①，半边缘地区可以保证资本主义世界体系平稳发展。

现代经济体系作为一种经济制度，即使没有半边缘地区，也能够使每一部分都很好地运转起来。但是，这很难使之保持政治上的稳定，因为这就意味着出现一个两极化的世界体系。半边缘的出现主要表明上等阶层并没有遭到其他阶层的一致反对，因为中等阶层既是剥削者，又是被剥削者。②

正因为半边缘国家的相对属性，决定了这类国家存在着双向的转换，一是由半边缘国家成功跃至核心国家，如 17 世纪，英国处于半边缘国家地位，到 1825—1873 年，英国上升为核心国家，可依照本国的利益和意愿在全球劳动分工中布局；而此时的半边缘国家法国、德国、比利时和美国③为了实现"工业化"而进行斗争，美国完全成功，德国部分成功，俄国没有成功。④ 二是由半边缘国家下滑至边缘国家，例如伊朗，在 2000 年前被界定为半边缘国家，自 2003 年伊朗宣布提炼出核电站燃料铀，联合国已经通过 4 个制裁伊朗的决议，包括禁止伊朗参与国外和领域的投资、运输和金融活动等方面内容，极大制约了伊朗的经济贸易发展，因此在 2005 年的

---

① Wallerstein, Immanuel, "Dependence in an Interdependent World: The Limited Possibilities of Transformation within the Capitalist World Economy", *African Studies Review*, Vol. 17, No. 1, 1974, pp. 1 – 26.

② ［美］伊曼纽尔·沃勒斯坦：《沃勒斯坦精粹》，黄光耀等译，南京大学出版社 2003 年版，第 115 页。

③ ［美］伊曼纽尔·沃勒斯坦：《沃勒斯坦精粹》，黄光耀等译，南京大学出版社 2003 年版，第 122 页。

④ ［美］伊曼纽尔·沃勒斯坦：《沃勒斯坦精粹》，黄光耀等译，南京大学出版社 2003 年版，第 122 页。

相关研究中，并未将伊朗列入半边缘国家。

其三，边缘国家。

世界体系中的边缘国家是指向中心区提供原材料、初级产品和廉价劳动力，以及销售市场的国家[①]，主要集中在非洲、亚洲和南美洲少部分地区，例如玻利维亚、乍得、海地、肯尼亚、尼泊尔、苏丹、赞比亚等。这些国家往往是经济最不发达的国家，政治的稳定性、参与全球贸易活动的能力、国家提供的教育质量、国家财富的平等性都相对较低，受到核心国家的控制或者影响程度相对较高。

从劳动分工的角度看，边缘国家的落后是由核心国家的劳动分工关系决定的。位于中心区的国家生产加工制品从边缘区牟利，并控制世界体系中的金融和贸易市场的运转；同时，经济两极化相对应的就是政治两极化[②]，导致这些国家边缘地位的原因还包括历史因素、自然或生态条件、地理位置、文化因素[③]等。

对于位于边缘地区的国家而言，它们往往同时和核心国家、半边缘区国家发生联系。半边缘区介于中心区和边缘区之间，对于边缘区而言，它们同样充当了中心区的角色。[④]

因此，边缘国家也同样存在流动性，边缘国家可以逐步上升为半边缘国家乃至核心国家，也会出现半边缘国家下滑至边缘国家的情况。随着全球化的发展，越来越多的落后地区从边缘国家跃升为半边缘国家，因此，这个名单是变化的，边缘国家也越来越少。例如，19 世纪初期，亚洲和非洲作为欧美国家的殖民地或半殖民地，充当原料市场和商品倾销地，而到了 20 世纪，随着民族解放运动的兴起，这些国家逐步完成了独立，经济发展，社会进步，有一部分国家进入了半边缘国家的行列，金砖四国就是

① ［美］伊曼纽尔·沃勒斯坦：《现代世界体系（第一卷）——16 世纪的资本主义农业和欧洲世界经济的起源》，郭方等译，社会科学文献出版社 2013 年版，第 5 页。

② Wallerstein, I., "The Three Instances of Hegemony in the History of the Capitalist World-economy", *International Journal of Comparative Sociology*, Vol. 24, No. 1 – 2, 1983, pp. 100 – 108.

③ ［美］伊曼纽尔·沃勒斯坦：《现代世界体系（第一卷）——16 世纪的资本主义农业和欧洲世界经济的起源》，郭方等译，社会科学文献出版社 2013 年版，第 7 页。

④ ［美］伊曼纽尔·沃勒斯坦：《现代世界体系（第一卷）——16 世纪的资本主义农业和欧洲世界经济的起源》，郭方等译，社会科学文献出版社 2013 年版，第 5 页。

典型代表。此外，还有大多数国家并没有向上发展，一直处于边缘状态。[①]

第二节 世界体系理论对国家权力更迭与变迁的解释

沃勒斯坦将世界体系理论归纳为十个论题，即周期和趋势、商品链、霸权和竞争、地区性和半边缘性、融入和边缘化、反体系运动、家庭、种族主义和性别主义、科学和知识、地缘文化和文明，涉及经济、政治、文明三个层面。首先，以单一的世界经济为基础的世界经济体系的问题，包括世界体系的起源和形成、世界体系的运作、世界体系的周期和趋势；其次，以多重国家间体系并存为特征的世界政治体系，即国家和资本主义世界体系的关系、霸权、国家体系和资本主义经济的关系、反体系运动；最后，以科学主义为特征的世界文明体系，包括文明和资本主义世界体系的关系、资本主义文明和发展中国家发展的关系、未来文明的走向。[②]

关于体系中权力关系变化而引起的秩序变迁问题，沃勒斯坦提出了影响秩序转型的6个向量，分别是国家间体系、世界生产结构、劳动力结构、人类福利模式、各国社会凝聚力和知识结构。

一 世界体系理论中的权力变迁

在对世界体系的分析中，沃勒斯坦认为，世界体系之所以成立的基础是民族国家的存在、民族国家的权力，如前所述，是国家对领土、国内社会生产关系、生产资料再分配、武装力量和垄断的管辖权。无论是在经济上还是政治和文化上，这既是民族国家的等级基础，也是其行事原则。[③]

权力是一个社会要素在不对称的关系下影响另一个社会要素的过程[④]，关于权力分配对世界秩序的影响，不仅是世界体系理论，国际关系领域各

---

① World Systems Theory-Definition, Immanuel Wallerstein, 2020 - 12 - 01, https://studyqueries.com/world-systems-theory/#Peripheral_ Nations.

② 樊勇明：《西方国际政治经济学》，上海人民出版社2017年版，第134页。

③ 樊勇明：《西方国际政治经济学》，上海人民出版社2017年版，第123页。

④ Castells, M., *Communication Power*, Oxford: Oxford University Press, 2009, p. 10.

学派以及国际传播领域学者也基本达成共识——传统现实主义学者摩根索将权力界定为“人支配他人的意志和行动力量”[①]；约瑟夫·奈（Josehp Nye）也认为权力资源的分配对世界秩序起到关键作用。约瑟夫·奈在《势在必行：美国权力特征变迁》[②] 中归纳了权力资源的历史变迁：

表 2 - 1　**国家权力资源变迁**

时期	国家	主要权力资源
16 世纪	西班牙	黄金、殖民地贸易、雇佣军、王朝统治
17 世纪	荷兰	贸易、资本市场、海军力量
18 世纪	法国	人口、乡村工业、公共管理、陆军
19 世纪	英国	工业、财政与信贷、海军、岛国位置、自由规范、政治融合
20 世纪	美国	经济规范、科技领先、普世文化、军事实力与联盟、自由国际机制、跨国传播中心

注：转引自 Nye，Joseph S.，*Bound to Lead*：*The Changing Nature of American Power*，New York：Basic Books，1990，p. 34。

16—17 世纪，西班牙、荷兰依靠强大的海军力量拓展了墨西哥、加勒比海北美洲东南部和南美洲西部以及太平洋的殖民地[③]，进而拥有了黄金、资本、贸易、军队等权力资源；18 世纪，法国受启蒙思想影响，在严重的财政、政治和社会问题下，爆发了革命，至 1804 年，拿破仑颁布《民法典》，为深陷战争纷争的法国带来了政治稳定[④]，法国拥有了人口、工业、公共管理和军队资源；工业革命让英国开始积累工业、财政信贷、政治等多方面的资源优势，地缘政治理论家马汉（A. T. Mahan）提出，英国控制

① ［美］汉斯·摩根索：《国家间政治：权力斗争与和平》，徐昕等译，北京大学出版社 2012 年版，第 37 页。

② Nye，Joseph S.，*Bound to Lead*：*The Changing Nature of American Power*，New York：Basic Books，1990，p. 34.

③ ［美］杰里·本特利、赫伯特·齐格勒、希瑟·斯特里兹：《简明新全球史》，魏凤莲译，北京大学出版社 2018 年版，第 581 页。

④ ［美］杰里·本特利、赫伯特·齐格勒、希瑟·斯特里兹：《简明新全球史》，魏凤莲译，北京大学出版社 2018 年版，第 595 页。

了海上航线，特别是海峡，除了巴拿马运河外，世界主要咽喉要地都为其所控，因而英国成为19世纪的主导国家；到了20世纪，经过两次世界大战、第三次科技革命，美国在科技、文化、军事上拥有了资源优势，在权力分配中获得先机。可以说，主权国家拥有的资源和资源运作方式直接决定着各国在国际秩序构建中的权力分配关系和利益协调结果。

二 世界体系理论中的秩序更迭

权力分配决定了秩序的变迁。

关于权力周期，沃勒斯坦指出，权力是呈现周期性的。获得权力要素是国家上升的标志，当一个国家依次在工农业、商业、金融业获得优势，权力就会上升；当同时在这三方面取得优势的时候，就形成了这一国家的霸权地位，而霸权地位的消失也由这三方面优势逐渐消失开始。

具体来说，世界体系呈现两种周期，一种是平均长度50—60年的康德拉季耶夫周期，另一种是长达200—300年的特长周期。

第一种康德拉季耶夫周期又被称为短周期，19世纪以来的世界可以被划分为几个短周期，第一个周期是18世纪末到19世纪中期，前25年为上升期（A阶段），后25年是下降期（B阶段）；第二个周期是19世纪中期到19世纪末（前24年为A阶段，后23年为B阶段）；第三个周期从19世纪末开始（前24年为上升期，此后进入下降期）；第四个周期是第二次世界大战后，美国霸权从1945年进入上升阶段（A），20世纪70年代后进入下降阶段（B）。

第二种周期是长周期，多个短周期共同构成了长周期，资本主义世界体系从整体上看就是一个长周期，“一个国家一旦取得霸权，就会利用霸权地位延长统治，这种延长统治权的努力本身对基础是存在破坏性的”①。

由此可见，无论是经济秩序还是政治秩序，其变迁都并非只有一个节点，而是权力分配的历时性过程，这个过程是与权力转移的过程紧密相关的。国际关系领域的研究将权力转移进程划分为三个阶段：权力转移的起始阶段、权力持平阶段、权力超越阶段，其中，崛起国家的权力未达到主导国

① ［美］特伦斯·K. 霍普金斯、伊曼纽尔·沃勒斯坦：《转型时代——世界体系的发展轨迹1945—2025》，吴英译，高等教育出版社2002年版，第9页。

家权力的80%之前，被认定为权力转移的起始阶段；崛起国家与主导国家相对权力对比从4∶5到6∶5的动态时期，被认为是权力持平阶段；崛起国家的权力超越主导国家权力20%后，被认为是权力转移的超越阶段。[①] 从上面的要素分析中，我们不难发现，权力某种意义上与控制力的维持紧密相连。

关于秩序转型，在全球治理领域，国家行为体在框定问题、设置议程、制定和执行规则等制度性权力方面，发挥着至关重要的作用。成功的治理需要物质性权力和制度性权力的基本平衡，也就是说一个国家的制度性权力要与其实力相匹配，否则权力分布失调现象就会出现。[②] 当物质实力与制度实力相匹配，各方利益达到平衡稳定状态，秩序就会形成[③]；当物质性权力的分布与制度性权力的分布之间出现明显落差，不能有效调动各类资源时，则权力分布失调，秩序就会瓦解，并最终形成变迁。

处于权力优势地位意味着这个国家能够将自己的一揽子规则强加给国家间体系，并以它认为明智的方式创建一种世界政治秩序。在这种政治秩序中，核心国家给予它认为属于自己利益集团中的国家或企业以保护。[④] 当一个国家有能力将本国的规则、意志转嫁于全世界，并影响国际秩序的时候，我们称之为国际秩序的主导国家。

中心和边缘地区地位的变化实际就是国际秩序的转型。资本主义体系内部的中心国家的转移，意味着国际体系发生了华尔兹所说的体系内的变化，或吉尔平定义的体系间的变化。[⑤] 关于转型的原因，沃勒斯坦分析了六个方面的向量：国家间体系、世界生产、全球劳动力、世界人类福利、国家的社会凝聚力、知识结构。[⑥] 此外，关于地缘政治与地缘文化，在一个世界经济体中，对于各个集团形成有效政治压力的主要是地区的、民族

---

① 袁伟华：《权力转移：国家意志与国际秩序变迁》，博士学位论文，南开大学，2014年。

② 秦亚青：《关于世界秩序与全球治理的几点阐释》，《东北亚学刊》2018年第2期。

③ ［美］约翰·伊肯伯里：《自由主义利维坦：美利坚世界秩序的起源、危机和转型》，赵明昊译，上海人民出版社2013年版，第34页。

④ ［美］伊曼纽尔·沃勒斯坦：《世界体系（第二卷）：重商主义与欧洲世界经济体的巩固：1600—1750》，郭方等译，社会科学文献出版社2020年版，前言第11页。

⑤ 刘鸣：《以世界体系理论与全球化理论解读国际体系转型》，《现代国际关系》2009年第1期。

⑥ ［美］转特伦斯·K. 霍普金斯、伊曼纽尔·沃勒斯坦：《转型时代——世界体系的发展轨迹1945—2025》，吴英译，北京：高等教育出版社2002年版，第8—9页。

的国家结构，文化的趋同往往倾向于为各主要集团的利益服务，而压力的加强是为了创造文化—民族的同一性。① 因此，世界经济体系中的政治结构倾向于通过空间定位使文化联系起来，这一点在互联网时代的传播中也得到了验证。②

三　世界体系对后发国家的启示价值

正所谓“重要的是改变世界，而不仅仅是解释世界”③，世界体系理论不仅从另一个视角解释了发达与发展、霸权与反霸权之间的深刻关系，也为后发国家改变现状、谋求发展提供了可能。

沃勒斯坦强调社会科学的最大弱点是它们都是作为封闭的系统来运作的。他反对政治学、经济学和社会学的划分，反对历史学与社会科学的分离，因为它们强加了概念上的界限，将政治、经济和社会系统与更广阔的世界隔离开来。为了打破这些界限，他强调以“世界系统 ”作为基本分析单位的重要性。④

虽然沃勒斯坦本人在著作中并未涉及新闻传播的具体问题，甚至于他反对将世界体系理论用于解释具体问题，但世界体系理论作为一种理论范式，已经在地理学、社会学、国际关系学和其他社会科学学科中得到检验和应用。⑤ 尽管沃勒斯坦、安德烈·弗兰克、阿瑞吉、克里斯托弗·蔡斯－邓恩、阿布－卢格霍德等世界体系理论的支持者在具体问题、研究方

---

① ［美］伊曼纽尔·沃勒斯坦：《现代世界体系（第一卷）——16 世纪的资本主义农业和欧洲世界经济的起源》，郭方等译，社会科学文献出版社 2013 年版，第 462—463 页。

② Grasland, C., “International News Flow Theory Revisited Through a Space-time Interaction Model: Application to a Sample of 320, 000 International News Stories Published Through RSS Flows by 31 Daily Newspapers in 2015”, *International Communication Gazette*, Vol. 82, No. 3, 2020, pp. 231 – 259. Hellmueller, L., “Gatekeeping Beyond Geographical Borders: Developing an Analytical Model of Transnational Journalism Cultures”, *International Communication Gazette*, Vol. 79, No. 1, 2017, pp. 3 – 25.

③ ［澳］克里斯蒂安·罗伊－斯密特、［英］邓肯·斯尼达尔：《牛津国际关系手册》，方芳等译，译林出版社 2020 年版，第 91 页。

④ Buzan, Barry & Richard Little, “Why International Relations has Failed as an Intellectual Project and What to do About it”, *Millennium*, Vol. 30, No. 1, 2001, pp. 19 – 39.

⑤ Golan, Guy J. & Itai Himelboim, “Can World System Theory Predict News Flow on Twitter? The Case of Government-sponsored Broadcasting, Information”, *Communication & Society*, Vol. 19, No. 8, 2016, pp. 1150 – 1170.

法上略有出入，但都一致认为，全球经济是信息富国与信息穷国之间的不平等交换塑造的。近年来，G. 班尼特（G. A. Barnett）等学者也通过实证的方法，分析论证了世界体系理论应用在电报时代、卫星时代和互联网时代均成立，信息传播基础设施和新闻报道的流动走向都与核心国家、半边缘国家和边缘国家基本一致。①

沃勒斯坦是美国20世纪著名社会学家，正如他自己后来回忆，从世界史的视角探讨社会学问题，并不被社会学界广泛采用，而历史学又对其他学科的入侵保持警觉。即便如此，世界体系理论对16世纪以后的世界，尤其是主权国家框架下的国际关系和国际传播秩序，都有着较高的解释度和启发价值。

首先，沃勒斯坦的世界体系理论被称为“后马克思主义国际关系理论”。马克思认为，如果落后国家得以获得西欧资本主义国家先进成果且完成无产阶级革命，就可以不通过资本主义制度的卡夫丁峡谷，而把资本主义制度的一切肯定的成就运用到公社中来。19世纪末20世纪初，列宁继承并发扬了马克思主义提出“帝国主义理论”，认为帝国主义是资本主义发展的最高阶段，并针对当时世界帝国主义和俄国无产阶级革命的新特点，将其改造为先夺取政权再通过政权力量创造建立社会主义制度的条件。列宁的帝国主义理论真正找到了“造成国际社会危机和成长困境的最根本动因”，并对“世界结构性矛盾”的形成原因作出了科学解释②，对后来形成的依附理论、世界体系理论都具有很大的启发性。沃勒斯坦所提出的世界体系理论也正深受此启发，并结合了他的老师布罗代尔历史研究的方法论。他虽然并不认为自己是马克思主义者，但这一重要论述对阐释线性发展观之外的全球秩序问题，尤其是回答国际传播秩序中主权国家在不同历史时期的位置变化关系，以及同一历史时期

① 相关文献参见 Kim, K. & G. A. Barnett, “The Determinants of International News Flow: A Network Analysis”, *Communication Research*, Vol. 23, No. 3, 1996, pp. 323 – 352. 以及 Weber, P., “No News from the East? Predicting Patterns of Coverage of Eastern Europe in Selected German Newspapers”, *International Communication Gazette*, Vol. 72, No. 6, 2010, pp. 465 – 485。

② 姜安：《展示人类新理想新实践的世纪理论——列宁“帝国主义论”的时代价值》，《中国社会科学报》2016年3月31日第1版。

下不同位置之间的主权国家如何作用，具有较高的解释度。

其次，国际秩序和国际传播秩序的建构、解体和重构是一个历史发展的过程，在这一过程中，虽然核心国家发挥着关键甚至主导的作用，但核心国家同半边缘、边缘国家的相互作用构成了体系稳定的基础。正如世界体系理论对经济的解释，位于世界体系“中心”的发达的工业化“民主”地区，利用“自由市场”手段在经济上剥削处于全球“边缘”地带的欠发达的原材料出口地区。[①] 萨米尔·阿明和安德烈·贡德·弗兰克也在依附理论中提出类似的观点，“传统和现代都是近代的产物，一前一后出现”，依附者同样是发展，这种发展是“低度发展的发展”[②]。因此，国际传播秩序的变化也同样依赖于各主权国家的相互作用，以及主权国家在这一体系中的关系变动，这正是认同得以构建的根本张力。

最后，世界体系理论对探讨中国在国际传播秩序中的作用有着重要的启发价值。中国在世界体系中处于怎样的位置，又发生了怎样的变迁，这一问题已被中外学者所关注。如果按照沃勒斯坦的理论纪年，中国早于1500多年前就通过海路和陆路与欧洲大陆联系，比欧洲人甚至奥斯曼人和阿拉伯人更早、更有效地进入非洲进行贸易。然而，出于内因和外因，中国退出这一贸易网络。随着西班牙、葡萄牙、荷兰、英国等国相继获得海上贸易网络的权力，中国再次被纳入了欧洲主导的世界体系之中，然而，这一次，中国更多扮演中介的角色，并且被外围化了。[③] 回到本书的时间起点，从19世纪中叶现代国际传播开始以来，中国在国际格局中的地位经历了从边缘曲折上升的过程，这一关系网络权力位置的变迁，正说明“发展与不发达不仅仅是相对的多与少，而且是在一个更广泛的系统中相互影响的关系”[④]。因此，从历史的纵深探讨国际传播秩序的变迁问题，从全球的视角探讨不同位置主权国家的行为机制，最终回到中国

---

① 王维佳：《重新理解“宣传模式”理论：一种方法论视角》，《国际新闻界》2009年第3期。

② Frank, A. G., “The Development of Development”, *Monthly Review*, Vol. XVIII, No. 4, September 1966, pp. 17-31.

③ Frank, A. G., “Development of Underdevelopment or Underdevelopment of Development in China”, *Modern China*, Vol. 4, No. 3, 1978, pp. 341-350.

④ Frank, A. G., “Development of Underdevelopment or Underdevelopment of Development in China”, *Modern China*, Vol. 4, No. 3, 1978, pp. 341-350.

视角，回答中国位置上升的原因，以及下一步如何在互联网时代国际传播秩序的构建中发挥作用，具有较大的启示价值。

目前，学界关于世界体系理论在国际传播领域的运用，主要有两点争论，一是围绕世界体系理论是否适用于社交媒体时代的非政府传播主体；二是认为世界体系理论忽略了新闻事件的反向塑造和互动作用，因此解释度有限。对于这两点质疑，笔者将在本书第七章的流量和社交网络分析中进行补充论证。本书之所以以此为理论视角，一是由于经过流量分析，认为当前国际传播场域仍符合世界体系理论的划分，当然也呈现新的特点；二是结合国家间互动、沟通和博弈，说明世界体系是具有历史视角、宏大视野的理论，不仅可以作为一种理论框架，更可以作为一种方法体系来解释国际信息传播秩序的变迁。

第三节 世界体系理论对国际信息传播秩序变迁的研究

在沃勒斯坦之后，著名的世界体系理论学者阿布·卢格霍特、安德烈·弗兰克、克里斯托弗·蔡斯-邓恩等都发展了世界体系理论。弗兰克提出，体系中的各主体相互关联，发达与不发达并非相对的多与少的关系，而是在一个更广泛的系统中相互影响的关系；蔡斯·杜恩等人则对世界体系理论的适用范围进行了扩展，提出“世界体系是社会间的网络，具体包括大宗商品网络、贵重商品网络、政治军事网络、信息网络，网络中的相互作用构成了内部结构的变化”①。尽管上述学者在具体问题、研究方法上略有出入，但都一致认为，全球经济是由信息富国与信息穷国之间不平等交换塑造的。随着互联网的发展，各国在全球传播体系中的关系更为复杂，世界体系理论的应用也得到了进一步的拓展。

一 世界体系理论对国际传播格局的描绘

如前所述，虽然沃勒斯坦多次强调世界体系理论是整体性分析，并不

① Chase-Dunn, Christopher & Thomas D. Hall, “Comparing World-Systems to Explain Social Evolution”, in Denemark, Robert, *World System History: Toward a Social Science of Long-Term Change*, Chicago: University of Chicago Press, 2000, pp. 85 -111.

用于分析某一特定的情境领域，甚至对蔡斯－邓恩的分析也提出过质疑，但世界体系理论作为一种理论范式和研究方法，已经在社会科学的多个学科中得到检验和应用。[①] 尤其是近年来，新闻传播学界用该理论来解释跨国信息流动的学术成果频有出现，不仅拓展了世界体系理论的适用范围，也一定程度上解释了当前国际传播格局和秩序的特点和规律。

早期关于跨国信息流动和国际传播格局的讨论主要在宏观研究维度展开。在沃勒斯坦出版世界体系理论相关书籍之前，信息在主权国家之间的不均衡流动就已为诸多学者所关注。[②] 此后，加尔通[③]提出国际传播是在核心国家和边缘国家间发生的，整个交流都被核心国家垄断，边缘国家之间、核心国家与半边缘国家和边缘国家之间均没有互动交流。

进入互联网时代，世界体系理论得到进一步发展，一系列关于国际传播格局的实证研究尝试对全球传播权力网络格局进行勾勒，这些研究通过跟踪互联网发展以来各国在全球传播场域中的权力对比变化，也不断扩充世界体系理论框架。

20 世纪 90 年代到 21 世纪初，班尼特等人就传播秩序变迁中主权国家的实力对比变化开展了持续性的跟踪研究。[④] 研究指出，电信网络是由 81 个国家组成的单一集团，各国在国际信息传播秩序中所处的位置与 GDP 呈正相关性。中心国家由美国、英国、德国、法国、意大利、加拿大等组成；半边缘地区由土耳其、印度、巴西、东欧国家群、拉丁美洲国家、阿拉伯国家等国组成；边缘国家包括安道尔、巴哈马、圭亚那、多米尼亚共和国、苏联成员国（乌克兰、摩尔多瓦、白俄罗斯、乌兹别克斯坦、哈萨

① Golan, Guy J. & Itai Himelboim, "Can World System Theory Predict News Flow on Twitter? The Case of Government-sponsored Broadcasting, Information", *Communication & Society*, Vol. 19, No. 8, 2016, pp. 1150 – 1170.

② a. Östgaard, E., "Factors Influencing the Flow of News", *Journal of Peace Research*, Vol. 2, No. 1, 1965, pp. 39 – 63. b. Galtung, J. & M. H. Ruge, "The Structure of Foreign News the Presentation of the Congo, Cuba and Cyprus Crises in Four Norwegian Newspapers", *Journal of Peace Research*, Vol. 2, No. 1, 1965, pp. 64 – 90.

③ Galtung, J., "A Structural Theory of Imperialism", *Journal of Peace Research*, Vol. 8, No. 2, 1971, pp. 81 – 117.

④ Barnett, G. A., B. S. Chon and D. Rosen., "The Structure of International Internet Flows in Cyberspace", *NETCOM* (*Network and Communication Studies*), Vol. 15, No. 1 – 2, 2001, pp. 61 – 80.

克斯坦）等。2005 年，班尼特和帕克则根据互联网基础设施的差异，将美国划分为中心国家，亚洲、非洲、拉丁美洲和东欧被界定为外围国家，而余下的西欧则被定义为半边缘国家[①]。

进入 2010 年以后，以网站为单位的流量研究开始进入人们的视野。

从网站入手反向递推国家间的传播权力对比日益普遍。代表研究一是利用网站超链接，对代表国家的国家代码顶级域（ccTLD）的网络链接进行了研究[②]，研究发现，2009 年国际超链接网络是完全互联的，G7 国家和西班牙处于网络的中心，非洲、亚洲和拉丁美洲的较贫穷国家处于边缘地带，其余为半边缘地区；此外，还出现了一些基于地理、语言和文化的区域集群。二是运用网站间引用频次对国际传播主体间的关系进行了分析[③]，中心度排名最高的网站依次是 YouTube（美国）、Facebook（美国）、Twitter（美国）；流量排名中，权重最高的依次是 Google（美国）、Instagram（美国）、BlogSpot（美国）和 Akamaihd（美国）。研究表明，无论是通联数量还是节点密度，美国均位于中心位置，欧洲国家在其外围，中国虽然也在外围，但中国的网站开始呈现出相对独立的区域中心的特点。

二 世界体系理论对国际传播秩序影响因素的探讨

关于国际传播秩序制约和影响因素的探讨，基本是以互联网传播技术的普及作为分水岭。

在互联网作为传播媒介普及之前，对国际传播秩序的研究主要是政治经济秩序讨论的延伸。如前所述，形塑全球信息流动秩序的要素被归纳为事件的冲突性、文化亲近、经济实力和国家联盟关系、全球各国等

---

① Barnett, G. A. and H. W. Park, "The Structure of International Internet Hyperlinks and Bilateral Bandwidth", *The Annales des Telecommunications*, *Vol.* 60, *No.* 9 - 10, 2005, *pp.* 1115 - 1132.

② Park, H. W., George A. Barnett & Chung J. Chung, "Structural Changes in the 2003 - 2009 Global Hyperlink Network", *Global Networks*, Vol. 11, No. 4, 2011, pp. 522 - 542.

③ Barnett, G. A., J. B. Ruiz & H. W. Park, "Globalization or Decentralization of Hyperlinked Content Among Websites: An Examination of Website Co-citations", Paper Presented at the 2015 48th Hawaii International Conference on System Sciences, January, 2015.

级制度[①]、文化和语言要素[②]、经济和人口要素[③]等。

进入网络传播时代，部分学者对“单向流动带来的文化霸权”这一论述进行了发展，信息的双向流动以及来自边缘国家的抵抗开始得到越来越多的关注。[④]

第一，经济因素仍旧是形塑传播秩序的重要影响因素，一系列研究结果均表明，国内生产总值是决定一国在全球传播格局中的权力位置的最重要制约因素。[⑤] 当然，对于经济要素能否解释跨国新闻信息流动仍旧存在争议，韦伯（Weber）就提出，世界体系理论对跨国新闻信息流动秩序的描述虽然正确，但解释度不高，因为新闻流动本质上是权力结构的反映。

第二，非经济要素的作用进一步凸显，主要包括地理位置[⑥]、语言[⑦]、宗教信仰[⑧]和文化[⑨]。

第三，社交媒体对主权国家传播力的影响也得到了重视。例如，格劳安（Gloan）和希梅尔博伊姆（Hiemelboim）在2016年的一项研究中提出，世界体系理论对传播格局的划分适用于国家主体，不适用于新兴社交媒体主体。

---

① Hester, A., “Theoretical Considerations in Predicting Volume and Direction of International Information Flow”, *International Communication Gazette*, Vol. 19, No. 4, 1973, pp. 239 – 247.

② Chang, T. K., P. J. Shoemaker & N. Brendlinger, “Determinants of International News Coverage in the US Media”, *Communication Research*, Vol. 14, No. 4, 1987, pp. 396 – 414.

③ Kariel, H. G. & L. A. Rosenvall, “Factors Influencing International News Flow”, *Journalism and Mass Communication Quarterly*, Vol. 61, No. 3, 1984, pp. 509 – 516.

④ Barrett, O., “Media Imperialism Reformulated”, in Thussu, DK. eds. *Electronic Empires: Global Media and Local Resistance*, London/New York: Arnold, 1998, pp. 157 – 176.

⑤ Park, H. W., G. A. Barnett & C. J. Chung, “Structural Changes in the 2003 – 2009 Global Hyperlink Network”, *Global Networks (Oxford)*, Vol. 11, No. 4, 2011, pp. 522 – 542.

⑥ Barnett, G. A. and Y. Choi, “Physical Distance and Language as Determinants of the International Telecommunication Network”, *International Political Science Review*, Vol. 16, No. 3, 1995, pp. 249 – 265.

⑦ Barnett, G. A. and Y. Choi, “Physical Distance and Language as Determinants of the International Telecommunication Network”, *International Political Science Review*, Vol. 16, No. 3, 1995, pp. 249 – 265.

⑧ Barnett, G. A. & J. G. T. Salisbury, “Communication and Globalization: A Longitudinal Analysis of the International Telecommunication Network”, *Journal of World System Research*, *Vol.* 2, *No.* 16, 1996, pp. 1 – 17.

⑨ Barnett, G. A. and E. Sung, “Culture and the Structure of the International Hyperlink Network”, *Journal of Computer-Mediated Communication*, Vol. 11, No. 1, 2006, pp. 217 – 238.

第二部分

国际信息传播秩序的历史变迁及周期演进

第三章　国际信息传播秩序史前史

15 世纪前后，世界历史进入了现代化进程的起点[①]，远洋航运的发展带动了人员、原材料、商品的全球流动，现代意义上的大规模国际信息交互自此开启。

第一节　相互区隔的世界与小规模贸易往来

1500 年以前的世界被称为“相互区隔的世界”，总的来看，各大洲和文明体系之间除小规模贸易外，总体处于“多中心”状态。

一　多中心文明的形成发展

1500 年前，欧洲、亚洲、非洲就已经形成了世界的多中心，这三大区域之间存在着小规模的贸易文化往来，而美洲和大洋洲则仍处于另一个“区隔的世界”。

在亚洲，中国很早就形成了统一多民族国家，但是由于地理位置、文化传统和政治原因，中国并没有形成繁盛的对外信息交互需求。从地理上看，中国北面是西伯利亚、蒙古大草原和戈壁滩，西面的高原将中国与俄罗斯、中亚国家隔离，西南面的喜马拉雅山脉将中国与印度、巴基斯坦隔离，东面和东南则是海洋。在语言、政治体制、艺术和学术创造力方面，世界上并没有国家能够与中国匹敌。[②] 在信息传播方面，虽

---

① 钱乘旦：《把握中国现代化的历史方位》，《人民日报》2018 年 1 月 5 日第 7 版。

② ［美］拉里·A. 萨默瓦、理查德·E. 波特、艾德温·R. 麦克丹尼尔：《跨文化传播》，闵惠泉等译，中国人民大学出版社 2013 年版，第 60 页。

然早在唐代就出现了官僚机构内部发行的政府官报，宋代出现了由政府中枢部门统一发行的正式官报“邸报”以及手抄小报[①]，但一是由于中国官方管理严格，严禁民间办报；二是由于识字率普遍较低，直到清朝，中国平均识字率也仅有20%左右，“邸报”更多以一种公文的形式流转，手抄小报的流通范围也十分有限，因此，信息交互的需求和信息流通的规模同样并不繁盛。

亚洲大陆的另一个农业大国印度同样在南亚和东南亚形成了巨大的文化圈群。印度先后经历了扶南王国、室利佛逝王国等多个统治更迭。尽管印度社会在后古典时期经历了经济、社会、宗教领域的诸多变化，但仍旧保持了文化的统一。由于印度地理位置的特殊性，随着印度农产品产量增长，大量人口从农业分离到了贸易和手工业生产[②]，贸易活动逐渐使印度成为连通欧亚非大陆的贸易中心。

在欧洲，10世纪至14世纪，随着西欧结束战乱，建立封建制度，西欧逐步进入繁盛时期。[③] 尽管长久以来，欧洲大陆的地理位置、经济关系以及政教格局使得各国在治理上以分散的个体存在，但无论是出于地缘关系还是宗教传统，拉丁基督教世界的人们仍将“自己想象成为一个单独的社会”[④]，并默认是一个整体。在当时信奉基督教的各欧洲国家，甚至包括德意志、法兰西、英格兰、西班牙、北欧乃至东欧各国，都或多或少认为自己是“罗马人”[⑤]，拥有共同的天主教信仰。具体到信息传播领域，一方面，当时知识生产和传播的权力掌握在作为知识精英群体的传教士手中，信息交互的需求并不旺盛；另一方面，欧洲中世纪，国家之间的贸易往来以地中海贸易和北海贸易为主，意大利是地中海贸易的中心地带，各国之间依靠陆运和水运进行贸易往来，随着陆上贸易关卡的减少，信息传递的障碍也减少了，当时流行的手抄新闻就可以大体满足商人对新闻信息的需

① 方汉奇：《中国新闻传播史》，中国人民大学出版社2016年版，第4—8页。

② ［美］杰里·本特利、赫伯特·齐格勒、希瑟·斯特里兹：《简明新全球史》，魏凤莲译，北京大学出版社2018年版，第296页。

③ 史仲文、胡晓林：《新编世界政治史》，中国国际广播出版社1996年版，第38页。

④ Mattingly, Garrett, *Renaissance Diplomacy*, New York: Dover Publications, 1955, p. 16.

⑤ Mattingly, Garrett, *Renaissance Diplomacy*, New York: Dover Publications, 1988, p. 17.

求了。[①]

在非洲，到 11 世纪，多元化文明在这里集聚。撒哈拉以南的非洲人讲 800 种不同语言，流动的狩猎和采集、游牧、采矿、手工业、贸易等各类社会和经济形态共存。骆驼成为连通撒哈拉沙漠贸易的重要交通工具，技术、文化也随着骆驼在非洲大陆各国传播开来。

尽管非洲、亚洲和欧洲之间已经有了经常性的交流，但美洲土著与大洋彼岸总体上交流甚少。[②]

在美洲，土著居民建立了具有独特的文化和宗教传统的大型帝国，并创建了美洲内部的陆上贸易网络。900—1500 年间，中美洲先后经历了托尔提克帝国、墨西加人建造托诺奇蒂特城、墨西加人创建阿兹特克帝国三角同盟，16 世纪初期阿兹特克帝国迎来了其鼎盛时期。而由于墨西哥以北和以南地区的民族没有文字，少量的信息来自考古发现。北美地区，土著居民以狩猎、捕鱼和采集植物为生，人们的生活形态还保留着完整的农业社会特点，依托密西西比河、密苏里河、俄亥俄河和田纳西河，北美分散的地区和民族之间也形成了内部的贸易往来，位于密西西比河、密苏里河和俄亥俄河交汇处的卡俄基亚则成为当时的贸易中心。而在南美地区，同中美洲一样，印加人在南美建立了强大的帝国，人们以种植马铃薯、驯养美洲驼和羊驼为生[③]，但商品交换也仅是小范围内的农产品和手工产品交换，印加帝国并未形成独立的商业和市场经济。1519 年，西班牙人来到墨西哥，美洲和东半球隔绝的状态开始被打破。

另一个隔绝的空间是澳大利亚和太平洋群岛。在大洋洲内部，不同岛屿之间的居民会通过海上联系进行交流，但他们与东半球几近隔绝，澳大利亚和太平洋群岛自给自足，建立了农业社会和酋长制国家。

二　小规模国际交流的雏形

区隔如斯，非洲、亚洲和欧洲之间仍旧形成了小规模的、经常性的跨

① 陈力丹：《外国新闻传播史纲要》，中国人民大学出版社 2014 年版，第 4 页。

② ［美］杰里·本特利、赫伯特·齐格勒、希瑟·斯特里兹：《简明新全球史》，魏凤莲译，北京大学出版社 2018 年版，第 388 页。

③ ［美］杰里·本特利、赫伯特·齐格勒、希瑟·斯特里兹：《简明新全球史》，魏凤莲译，北京大学出版社 2018 年版，第 396 页。

区域贸易交流。在他们之间，开始陆续出现商人从事远距离贸易活动，这些活动促成了“贸易离散社群”（trade diaspora），即连接非洲、欧洲、亚洲主要贸易城市的贸易社会网络。[①]

早在汉朝时期，中国就出现了连通中亚、西亚以及地中海各国的丝绸之路，唐代的长安更是云集周边各国商人和使团，马可·波罗（Marco Polo，1254—1324）到访当时被蒙古族统治的亚洲大陆……并不频繁但持续的商贸往来无不证明，“大帝国的创建和维持有助于产生远距离贸易网络扩大的条件”[②]。

印度的繁荣一部分原因也正是印度洋区域内的商业往来。6 世纪至 16 世纪，印度、孟加拉、中国等多国的帆船依靠季风在阿拉伯海和孟加拉湾航行，来自东非和波斯的商人在印度的坎贝等地出售存货，换上印度本地货物返回家乡；来自中国或东南亚的航海者则借季风往返，进行货物交换。[③] 6 世纪，一位来自埃及的基督教修士克斯马斯记载了当时的南印度贸易盛况：

> 锡兰是交通中枢，因而市场有来自印度、波斯、埃塞俄比亚的船只往来……从最遥远的国度——中国和其他贸易地区——运送来丝绸、芦荟、檀香等商品，再转运至印度西海岸的市场，如胡椒产地马累或卡延纳，这里出口黄铜、胡麻木和服装面料。锡兰的商品也运抵麝香、海狸香和香料的产地信德，以及波斯、安纳托利亚和阿杜里斯。

此外，800—1500 年，在非洲，伊斯兰教出现后，穿越撒哈拉沙漠的贸易路线逐渐形成，将撒哈拉以南的西非与地中海地区联系在一起；而海上贸易路线又将撒哈拉以南的东非同印度洋地区联系在一起。[④]

---

① ［美］霍华德·斯波德克：《全球通史：从公元前 500 万年至今天》，陈德民等译，上海社会科学院出版社 2020 年版，第 409 页。

② ［美］杰里·本特利、赫伯特·齐格勒、希瑟·斯特里兹：《简明新全球史》，魏凤莲译，北京大学出版社 2018 年版，第 141 页。

③ ［美］杰里·本特利、赫伯特·齐格勒、希瑟·斯特里兹：《简明新全球史》，魏凤莲译，北京大学出版社 2018 年版，第 298—301 页。

④ ［美］杰里·本特利、赫伯特·齐格勒、希瑟·斯特里兹：《简明新全球史》，魏凤莲译，北京大学出版社 2018 年版，第 350 页。

总体来看，西欧、东欧，西亚、中亚和北亚，中国、非洲、美洲相互隔绝，只有区域性、小规模的商品、人员、信息的交流。

第二节　全球一体化的起源与国际信息传播序章

中世纪国际秩序的瓦解是一个漫长的过程。人们普遍将 1494 年法国入侵意大利看作中世纪国际秩序瓦解的标志[①]，此后的百年间，一系列巨大的变化将世界逐渐连成一个整体。

一　全球一体化的技术基础

15 世纪开始的地理大发现拉开了现代地理科学的序幕，人类对地球海陆分布开始有了更为全面的认知，同时历史人文等诸多方面也发生着巨大改变。[②] 随着哥伦布的美洲航行以及麦哲伦环球航行的完成，到 1500 年，欧洲贸易商第一次在东西两个半球间建立了持续稳定的联系。[③] 正如德约在《脆弱的平衡》中所说，“海域将欧洲的力量从内陆转移到西海岸，发展了海军和殖民力量。”[④] 无论是出于生产资源掠夺的需要，还是海外市场扩张的意图，海外扩张都在飞速发展。世界地理大发现使得欧洲的商业和工业从地中海贸易转向全球贸易，全球经济资源被发现，而西欧经济的扩张、民族国家的巩固逐渐改变着全球政治经济格局。与之相伴，世界沟通交流的格局也发生改变，人们对新闻传播形成规模化需求。

促使信息传播的需求成为现实可能的另一个客观因素就是传播技术的发展——15 世纪，德国人古登堡（Johnnes Gutenberg，1397—1468）发明以铅、锡、锑合金制成的活字以及可以代替纯手工操作的印刷机，并形成

① 时殷弘：《现当代国际关系史：从 16 世纪到 20 世纪末》，中国人民大学出版社 2006 年版，第 64 页。

② 刘禾：《世界秩序与文明等级：全球史研究的新路径》，生活·读书·新知三联书店 2016 年版，第 21 页。

③ ［美］霍华德·斯波德克：《全球通史：从公元前 500 万年至今天》，陈德民等译，上海社会科学院出版社 2020 年版，第 464 页。

④ ［德］路德维希·德约：《脆弱的平衡：四个世纪的欧洲权势斗争》，时殷弘译，人民出版社 2016 年版，第 118 页。

由拣字、组版、填空、齐行和印刷还字等步骤组成的活版印刷工艺。[①] 15世纪后半期，德国人又陆续在意大利、法国、荷兰、匈牙利、西班牙、英国等欧洲国家开办了印刷所。伴随着资产阶级革命运动的兴起，印刷报刊在欧洲出现，17世纪，德国最先出现了定期印刷的报刊，随后法国、瑞士、英国、意大利、西班牙、波兰等国也相继出现现代意义上的印刷报刊。

二 国际政治经济新格局的形成

18世纪后期至19世纪中期，欧美主要国家先后发生工业革命，作为人类文明史上最重要的变革之一，工业革命影响了世界政治经济格局的诸多方面。到1870年，中西欧和北美两大区域的经济社会面貌已经发生了巨大改变，工业革命的影响甚至波及俄国和日本——首先，蒸汽动力的火车、轮船拓展了人们的活动半径，信息传播的范围也得到了极大程度的扩张；其次，各国、各地区之间联系交往日益密切，大量人口从农村涌向城市，人们对新闻信息的需求大幅提高；最后，蒸汽印刷机、轮转印刷机的广泛使用使得报纸可以大量复制[②]，大大降低了报纸的印刷成本，报纸从特定群体阅读转变为大众阅读的工具，为信息高频次传播提供了技术基础。

这一系列技术和经济的变革成为“旧秩序的溶解剂和新秩序的催化剂”[③]。最终，中世纪的国际秩序被打破，现代国际秩序逐渐形成。

回顾历史，自16世纪现代世界体系形成以来，先后出现过三次相对稳定的秩序状态。

第一次是在1618年到1648年三十年战争结束后，荷兰于17世纪中期获得了权力优势，构建了威斯特伐利亚体系。彼时，远洋航运将人员、商品、信息运输到全球，信息作为商品的附属品出现在随船报纸上。这一时期，现代意义上的国际信息传播活动并未成熟，因而，国际信息传播秩序

---

① 程曼丽：《外国新闻传播史导论》，复旦大学出版社2011年版，第5页。

② 程曼丽：《国际传播学教程》，北京大学出版社2016年版，第21页。

③ Baraclough, Groffrey, *An Introduction to Contemporary History*, Baltimore: Penguin Books, 1967, p. 50.

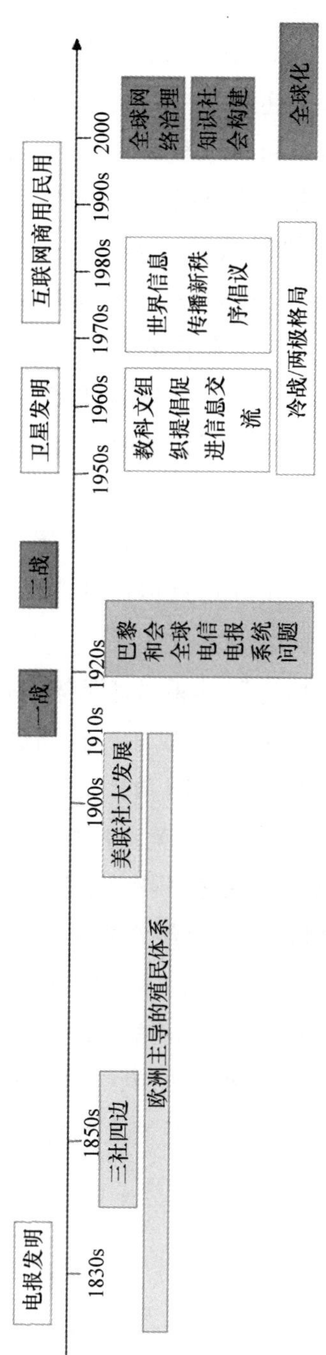

图 3－1　现代国际传播史时序变化示意图

尚在雏形。然而，这一时期，虽然在政治上逐步形成了新的国际秩序，先后涌现出很多殖民国家，全球殖民体系形成，但是在跨国信息传播方面，报纸仍旧依附于人员交流而进行传递，是人际交往的附属品，世界范围内稳定的、大范围的、独立的传播格局尚未形成。

第二次是在 1803 年到 1815 年期间的拿破仑战争后，英国打败法国，逐步取得主导地位，进而推动构建了欧洲均势秩序。至 19 世纪中叶，跨洋海底电缆搭设成功，正如卡尔·施密特（Carl Schmitt）在《陆地与海洋：古今之“法”变》中所说，“历史存在的各种空间相应改变自身，形成政治与历史进程中的新尺度、新秩序”①，随着技术发展、知识更新，世界信息传播进入了真正意义上的现代国际传播时代。英国在海底电缆建设中占据绝对优势，在欧洲传统的“均势”思想影响下，英国、法国、德国三分天下，“联环同盟”成立、“三社四边”协定签署，这是 19 世纪英国霸权在信息传播领域的折射，也是国际信息传播秩序第一次真正意义上的形成。

电报传播格局之下的“三社四边”体系虽然从第一次世界大战后开始瓦解，但影响力一直延续到第二次世界大战后。直到经过两次世界大战，美国获得利益，压制了传统欧洲强国、德国和日本，取得主导地位并构建了布雷顿森林体系。② 第二次世界大战后，美国依托战时积累的技术优势，将权力优势拓展到传播领域，具体表现之一就是美国主导将大众传播理念写入《联合国宪章》和《联合国教科文组织章程》。此后，随着第三世界国家获得民族解放，并以主权国家的身份加入国际社会，他们开始呼吁建立世界经济、新闻等各领域的新秩序。冷战结束后，世界从两极格局进入了一超多强时代，全球化成为总体趋势。然而，互联网发展降低沟通成本的同时，也遭遇逆全球化、民族主义、宗教主义的挑战，这一权力周期未来何去何从，尚无定论。

---

① ［美］卡尔·施密特：《陆地与海洋：古今之“法”变》，林国基等译，华东师范大学出版社 2006 年版，第 38 页。

② ［美］伊曼纽尔·沃勒斯坦：《沃勒斯坦精粹》，黄光耀等译，南京大学出版社 2003 年版，第 307 页。

在历史的纵横脉络中，主权国家作为国际信息传播活动的重要主体，或彼此明确自身绝对位置并承认相互位置，从而形成稳定关系；或为了重新构建权力关系网络而进行沟通、谈判乃至战争，这些历史的过程构成了秩序的演进。

第四章　国际信息传播秩序第一次变迁：无线电报时代的欧洲中心传播秩序

第一节　电报技术及电报通信的发展

虽然地理大发现在全球范围内构建了相对稳定的经贸和人员往来，但信息的传递在时空上主要依附于航船，某种意义上是远洋航运人际传播的一种时空延伸。

真正为国际传播带来划时代意义的是电报技术的出现和广泛应用。

在电气电报系统出现之前，法国工程师克劳德·沙普（Claude Chappe）于1792年发明了视觉电报系统。沙普的电报系统以光学电报系统为原理，由一套安装在塔上或者山上的摇臂组成，摇臂的位置代表字母表中的一个字母或者一个概念符号，消息从一个信号塔上的摇臂向另一个信号塔传递，这是第一个真正意义上的“有组织的通信系统”①。然而，这一系统高度依赖天气的可见度，在晴朗天气下，每个信号塔传递信号的最短时间是20秒，但是在阴天或晚上就无法使用了。利用这些电报线路，法国国内各城市之间相互联通，1794年法国在克斯诺伊（Quesnoy）大街的消息就是通过电报线路传递的，到了1844年，法国拥有了长达5000多公里的沙普系统电报网络，能够将29个法国城市与巴黎联系在一起。欧洲其他国家也相继开发了本国的视觉电报系统，如英国的“默瑞爵士”

① 国际电联：《1865年：国际电联的诞生》，巴黎：国际电信联盟出版社2015年版，第8—10页，http：//search. itu. int/history/HistoryDigitalCollectionDocLibrary/12. 36. 72. zh. 500. pdf。

（Lord Murray）系统、普鲁士的贝格斯特拉瑟（Bergstraesser）系统。

1837 年，萨缪尔·摩尔斯（Samuel Morse）发明有线电报机，在美国取得专利，他还发展出一套将字母及数字进行编码以便拍发的方法，这也就是后来闻名于世的摩斯密码。同年，英国第一条电气电报线路在伦敦和伯明翰之间开通。1844 年，美国第一条电气电报线路开通，摩尔斯用电码发出了一条电讯，他的助手在巴尔的摩将这些声音翻译成文字，内容是“上帝创造了什么?”当天晚上，摩尔斯向《巴尔的摩爱国者报》发出了第一条电讯稿。[①] 此后，有线电报技术发展迅速，法国第一条有线电报线路于 1845 年完工，奥匈和比利时的第一条线路于 1846 年完工，意大利于 1847 年，瑞士于 1852 年，俄罗斯于 1853 年完工。[②] 1850 年，英国和法国之间的电报电缆穿越多佛尔海峡铺设成功；1858 年，第一条跨大西洋的电缆联通欧洲和北美，欧洲和北美之间的通信时间从原来的 10 天降低到分钟级。[③]

然而，电报虽然在技术上使信息跨国传播成为可能，却在实际应用中面临语言和行文规范的国家“壁垒”。电报网络建成之初，由于各国所拥有的电报系统各成一体，电报跨国发送就必须经誊写、翻译后提交到对方边境口岸，由邻国电报网络二次转发。以当时德国为例，1871 年德国统一之前由 27 个邦国组成，普鲁士王国在 1848 年意图将首都柏林与边境地区连接，就必须与德国各邦国至少达成 15 个公约才能够获得电报线路的通过权。因而，各国亟须建立统一的国际电报传播系统，以使电报网络真正为信息的跨国流动提供技术保障。[④]

为解决这一问题，各国开始尝试建立统一的协议。1849 年 10 月，普鲁士和奥地利签订了有关“为国家快件交换而建立和使用电磁电报”的公约，这也是历史上有案可查的第一份国际电报协议，协议详细规定了交换

① ［美］迈克尔·埃默里、艾德温·埃默里、南希·L. 罗伯茨：《美国新闻史：大众传播媒介解释史》，展江译，中国人民大学出版社 2016 年版，第 118 页。

② 国际电联：《1865 年：国际电联的诞生》，巴黎：国际电信联盟出版社 2015 年版，第 17 页，http：//search. itu. int/history/HistoryDigitalCollectionDocLibrary/12. 36. 72. zh. 500. pdf。

③ 国际电联：《1865 年：国际电联的诞生》，巴黎：国际电信联盟出版社 2015 年版，第 10 页，http：//search. itu. int/history/HistoryDigitalCollectionDocLibrary/12. 36. 72. zh. 500. pdf。

④ 国际电联：《1865 年：国际电联的诞生》，巴黎：国际电信联盟出版社 2015 年版，第 12—15 页，http：//search. itu. int/history/HistoryDigitalCollectionDocLibrary/12. 36. 72. zh. 500. pdf。

电报的优先次序等具体内容。1849 年，普鲁士与萨克森达成协议；1850 年，奥地利与巴伐利亚达成协议。1850 年德累斯顿会议上，四个邦国进一步创建了奥地利—德国电报联盟（AGTU），旨在“利用基于同一规则的电报系统的优势，提供官方和私人的国际电报业务”①。1851 年维也纳会议上，联盟决定其成员国的国际电报线路应实现物理互联，不必保留边境电报局和运营公司，至此，摩尔斯电报被普遍接受。1857 年斯图加特会议上，联盟成员商定，电信协议的各类条约，诸如资费标准等规定将被纳入《奥德联盟公约》。

西欧各国也相继签订了双边协定，如 1851 年法国和比利时，1852 年法国和瑞士，1854 年法国和西班牙等。1855 年，比利时、法国、撒丁岛、西班牙、瑞士成立了西欧电报联盟（WETU），各国在巴黎签署公约，总体沿用了《奥德联盟公约》中的相关规定，并增加了降低电报费率、规范语言使用等内容。

1865 年，在拿破仑三世的支持下，法国向所有欧洲国家发出邀请，促成了电报协定由双边发展至多边。最终，20 个欧洲国家在巴黎签订《国际电报公约》，宣告正式成立国际电报联盟，并制定了第一版《电报规则》。《公约》及其题为“补充巴黎电报公约条款的国际业务规则”的附件，基本延续了之前两个电报公约的规定。在 63 个条款当中，仅 11 个为新条款。至此，各国就建立电报设备标准化、统一操作说明和通用国际资费与结算规则达成一致，这也是国际传播领域的第一次大范围的标准化尝试。会议同意接受法国法郎为所有国际结算的货币单位；要求新的国际电报联盟成员国的私营电报公司遵守协议及其规定和规则，并推行同等资费。但物理空间仍旧是限制电报价格的重要因素之一，各国约定，俄国和土耳其获准对其广大国土中偏远的东部地区收取较高的电报费用②，可以不遵从价格标准化的规定。

1880 年，无线电报技术出现，改良了电报和电话受到电缆长度限制的

---

① 国际电联：《1865 年：国际电联的诞生》，巴黎：国际电信联盟出版社 2015 年版，第 15 页，http：//search. itu. int/history/HistoryDigitalCollectionDocLibrary/12. 36. 72. zh. 500. pdf

② 国际电联：《1865 年：国际电联的诞生》，巴黎：国际电信联盟出版社 2015 年版，第 24 页，http：//search. itu. int/history/HistoryDigitalCollectionDocLibrary/12. 36. 72. zh. 500. pdf

痼疾。1895 年，利用无线电中继系统完成了第一次信号传输。[①] 19 世纪末期，电报线路从欧洲延伸到北非、中东、印度、澳大利亚，全球电报通信网络基本形成。1903 年，大约有 40.6 万公里海底电缆铺设完成，仅北大西洋的电缆每天就要处理 1 万条信息。[②]

第二节 以欧洲为中心的全球信息传播格局形成

正如 1914 年马克思·罗舍尔（Max Roscher）提出："新闻是构成商品交换的基础，商品（人员）流通与新闻之间有着深刻的相互依存关系。"[③] 频繁的商贸往来客观上催生了旺盛的信息交互需求，而海底电缆等基础设施的搭设使得全球新闻大规模低成本流动成为可能，新闻信息的流动使得全球贸易风险降低，又反向促进了全球贸易的发展。[④]

然而，由于当时国际新闻流动是基于电报技术的新闻专线服务发展起来的，因此，虽然电报技术使得新闻流动在速度和容量上都取得了很大进步，但是，这些新闻和商贸往来信息的跨国流动高度依赖于新闻专线服务，而这些服务的基础设施和规则都掌握在欧洲国家手中，这也就意味着欧洲国家对国际新闻流动拥有实际的控制权。[⑤]

经济社会互动的技术范式下，传播秩序最初依据"先到先得"原则展开，欧洲三大通讯社哈瓦斯通讯社、沃尔夫通讯社、路透社借助海底电缆的优势，分割霸占了世界新闻市场。

1835 年，哈瓦斯通讯社（Agence Havas）在法国巴黎创立，这也是世

---

① 《悠悠往事：国际电联 150 周年重要事件回顾》，《通信世界》2015 年第 13 期。

② Müller, S. M. & H. J. S. Tworek, " 'The Telegraph and the Bank': On the Interdependence of Global Communications and Capitalism, 1866 – 1914", *Journal of Global History*, No. 10, 2015, pp. 259 – 283.

③ Müller, S. M. & H. J. S. Tworek, " 'The Telegraph and the Bank': On the Interdependence of Global Communications and Capitalism, 1866 – 1914", *Journal of Global History*, No. 10, 2015, pp. 259 – 283.

④ Max Roscher, "Ü ber das Wesen und die Bedingungen desInternationalen Nachrichtenverkehrs", *Weltwirtschaftliches Archiv*, Vol. 3, No. 1, 1914, pp. 37 – 59.

⑤ ［美］约瑟夫·斯特劳巴哈、罗伯特·拉罗斯：《今日媒介：信息时代的传播媒介》，熊澄宇译，清华大学出版社 2002 年版，第 97 页。

界上第一个新闻通讯社。哈瓦斯通讯社由夏尔·哈瓦斯（Charles Havas）创办，哈瓦斯早年从事新闻翻译工作，将英国、德国、俄国等国的报刊信息翻译成法文出售。哈瓦斯的翻译事务所已初具通讯社的雏形，在欧洲各大城市雇佣有负责新闻采集的通讯员，将各地信息传递回巴黎。至1835年，哈瓦斯通讯社正式成立。哈瓦斯通讯社从最初用马匹、信鸽传递新闻，到使用国内视觉电报线路传递新闻。至19世纪中期，哈瓦斯通讯社普遍使用电报向法国和欧洲其他国家的报纸供稿。此后，哈瓦斯通讯社开始涉足国际电报通信业务，到19世纪70年代，借助海底电缆业务，哈瓦斯通讯社成为拉丁美洲新闻信息源。

1849年，沃尔夫通讯社（Wolffs Telegraphisches Bureau）在德国柏林创办。沃尔夫通讯社的创办者贝纳德·沃尔夫（Bernhard Wolff）曾在哈瓦斯通讯社担任译员，1848年，他创办了《国民报》，次年创建沃尔夫通讯社。沃尔夫通讯社利用电报搜集和发布经济、政治信息，并为报社供稿。1865年，该社与路透社开始交换经济信息和股市新闻。沃尔夫通讯社与哈瓦斯通讯社、路透社曾就海底电缆问题展开激烈的争夺，并在德国政府的支持下，逐渐成为欧洲三大通讯社之一。

1851年，路透社（Reuters Ltd.）在英国伦敦创办。路透社的创建人保罗·朱利斯·路透（Paul Julius Reuter）在成立路透社之前，主要从事股票信息交易工作，利用信鸽和电报在德国、比利时、布鲁塞尔之间传递股价信息。1851年，他在英国成立了路透电报公司，并为伦敦交易所提供欧洲大陆的股票行情，以此获取英国股市资讯。路透社的发展与英国海底电缆的建设发展是分不开的，1851年11月，英国多佛与法国加莱之间的海底电缆铺设完成，依托海底电缆，路透社将欧洲大陆传来的金融、商业消息汇编成为“路透社快讯”，再向伦敦、巴黎、柏林、维也纳的银行、金融机构出售。①

在英国、法国、德国的支持下，依托海底电缆的发展，欧洲三大通讯社逐渐形成“三足鼎立”之势，19世纪末，欧洲三家通讯社达成了“三社协定”，又称“联环同盟”（Ring Combination）协定。这一协定将世界

① 程曼丽：《外国新闻传播史导论》，复旦大学出版社2011年版，第48—49页。

划分为几个专属区，每个专属区为自己专属的新闻供给范围（如表 4 – 1 所示）。协议规定，各通讯社可以在全世界搜集新闻信息，但只能在自己的“势力范围”内出售新闻。具体包括：

表 4 – 1　**欧洲三大通讯社及其新闻服务范围**

通讯社	新闻供给范围
哈瓦斯通讯社	法国、瑞士、意大利、西班牙、葡萄牙、埃及、中美洲、南美洲
路透社	英国、埃及、土耳其、远东
沃尔夫通讯社	德国、奥地利、荷兰、斯堪的纳维亚诸国、俄国和巴尔干各国

美国的纽约联合新闻社随后也加入“联环同盟”，成为其中一“边”，协议规定，美联社采集的新闻由伦敦供给欧洲三社，欧洲三社发往美国的消息只供给美联社，这就形成了“三社四边”协议。根据“联环同盟”协定，联合新闻社是其中的“边”，虽也参与新闻和信息的交换活动，但不能直接插足美国以外的地区。

以欧洲为中心的“三社四边”格局主要呈现以下特点。

第一，英国具有垄断优势。英国拥有海底电缆的绝对控制权，在第一次世界大战前夕，《陆军和海军画报》就曾提出：“我们地位的优势是由于政策保障了英国拥有的电缆系统。”[①] 到 1919 年，英国几乎控制了绝大部分全球海底电缆网络，进而垄断了全球洲际通信，即使其他国家同样拥有通信电缆线路，也需要依赖英国的网络才能将信息发往目的地。[②] 这种垄断已经成为英国的一种战略优势，英国可以对全球信息流动进行控制，例如，在第一次世界大战期间，英国就利用海底电缆“限制德国的通讯，使盟国能够控制战争的信息流量，并形成中立认知”[③]。

① Kennedy, P. M. , “Imperial Cable Communications and Strategy, 1870 – 1914”, *The English Historical Review*, Vol. 86, No. 341, 1971, pp. 728 – 752.

② Baker, R. S, *Woodrow Wilson and World Settlement*, Doubleday: Page & Company, 1922, pp. 466 – 469.

③ Kennedy, P. M, “Imperial Cable Communications and Strategy, 1870 – 1914”, *The English Historical Review*, Vol. 86, No. 341, 1971, pp. 728 – 752.

第二，当时报社获得国际新闻主要有以下两种渠道：一是雇佣通讯员，派驻到对象国进行现场报道，通讯员利用电报将现场报道传回报社；二是向国际通讯社购买新闻服务。[①] 由于电报费用昂贵，报社往往会选择订阅通讯社的国际新闻来降低成本。通讯社类似于一个“大银行”，欧洲各家报社都从通讯社“提取”自己认为有用的新闻，有的报社甚至同时订阅多家国际通讯社的新闻服务。[②]

第三，跨国信息流动的时空规则开始被成本规则重构。海底电缆的搭建从根本上改变了全球传播的“时序”关系，到1900年，电报通信空间几乎完全脱离了地理空间的限制[③]，而被费用的差异重新划定“距离”。在传播空间和交通空间不断被消解的过程中，电报通信费用逐渐被各国所关注。由于英国的绝对垄断优势，电报费率是以英国为中心，按照通信时长计算的，例如，英国到东欧各国、北美洲的费用为0.5美元/分钟，而到悉尼的费用是0.75美元/分钟，到非洲则1美元/分钟到1.75美元/分钟不等。东方公司和联营公司联合运营的电气大夏（Electra House）集团在19世纪末成为世界上最强大的跨国企业集团之一，拥有超过5万英里的海底电缆（约占全球电缆总里程的三分之一），每年传输约200万条信息，资本超过1000万英镑。[④] 出于节约成本的需要，通讯社也越来越多地与基础电信业务发生关联，路透社就在1851年成立了路透社电报公司，并在爱尔兰各地及英国和欧洲大陆之间搭设电报电缆。正如第一次世界大战结束后，沃尔特·李普曼（Walter Lippman）在评论中写道：“传输的成本是‘电线上真正的审查制度’，收费标准是国际新闻流动的一个沉重的障碍”[⑤]，这一问题也成为第一次世界大战后各国争论的焦点之一。

---

① Casey, C. A., “Deglobalization and the Disintegration of the European News System, 1918－34”, *Journal of Contemporary History*, Vol. 53, No. 2, 2018, pp. 267－291.

② Nalbach, A. S., ‘*The Ring Combination*’: *Information, Power, and the World News Agency Cartel*, 1856－1914, Chicago: University of Chicago, 1999, p. 539.

③ Wenzlhuemer, R, “Globalization, Communication and the Concept of Space in Global History”, *Historical Social Research* (*Köln*), Vol. 35, No. 131, 2010, pp. 19－47.

④ Wenzlhuemer, R., “Globalization, Communication and the Concept of Space in Global History”, *Historical Social Research* (*Köln*), Vol. 35, No. 131, 2010, pp. 19－47.

⑤ Lippmann, W., *Liberty and the News*, 2020, p. 15, https://library.oapen.org/bitstream/handle/20.500.12657/45896/9781951399030.pdf.

第三节　“三社四边”协议的瓦解和欧洲中心的转移

一　第一次世界大战对全球新闻传播秩序的破坏

“三社四边”协议由于1914年美国的退出而瓦解，然而，协议瓦解的表象之下，既有全球权利分配不均而导致的国际格局的细微变化，也蕴含着各国对海底电缆控制权的力量对比变化。

第一次国际传播秩序的瓦解本质上是由主要国家力量对比变化引起的，这就要回溯到第一次世界大战的爆发。第一次世界大战之所以爆发，其中一个重要原因就是德国不满于当时的权力关系现状，挑战英国的霸主地位，意图通过战争改变自己在国际秩序中的地位。第一次世界大战的结束并未解决权力分配这一根本问题，这也是为什么第一次世界大战后世界并未获得持久和平，而是进入了凋敝和混乱时期，并很快爆发了新一轮的扩军备战。

世界大战对业已形成的国际传播秩序的影响是多方面的。

第一，参战国对通信基础设施的破坏，从物理上切断了全球传播网络。一战期间，交战国切断了陆地和海底电报电缆，到1914年9月，中欧和东欧就彻底与全球新闻隔绝开来。[①] 由于基础设施的巨大变化，1890年耗时几小时就可以完成传递的一条新闻，到1920年却需要几天甚至几个星期。

第二，战时的新闻审查制度影响原有信息流动秩序。第一次世界大战作为世界范围内第一次国与国之间的武装冲突，交战双方在战争之初尚未形成成熟的宣传意识。随着战事的推进，英国、法国、美国纷纷成立了服务于战时宣传的专门机构，如英国的新闻署（Department of Information）、法国的新闻使团（Maisondela Presse）以及美国的公共情报委员会（Committee on Public Information）。这些机构均服务于战时国内的宣传动员、对外政策的阐释和情报活动[②]，一面对国内进行战时动员，一面试图对外影

① Casey, C. A., “Deglobalization and the Disintegration of the European News System, 1918 - 34”, *Journal of Contemporary History*, Vol. 53, No. 2, 2018, pp. 267 - 291.

② 程曼丽、赵晓航：《美国国家战略传播理论与实践的历史沿革》，《新闻与写作》2020年第2期。

响中立国家的外交政策。这无疑与通讯社以往赖以立足的信息中立原则相悖，而中立性是各报社订购这些通讯社新闻的前提，通讯社的新闻交易自然受到了影响。

第三，战争期间的征兵制度剥夺了通讯社的雇佣劳动力，以当时哈瓦斯通讯社为例，近四分之三的员工和驻外记者被征兵参战，这严重损害了通讯社从世界各地收集信息的能力。同时，战争期间人员、物资的管理机制加剧经济凋敝，许多外国记者被迫离开了欧洲各国的首都。①

第四，一战前后，国际力量对比发生变化。一方面，德国作为战败国，其电报电缆设施成为瓜分的对象，英国、法国虽然是战胜国，但其经济也受到了战争的摧残。另一方面，新兴国家的发展改变了"联环同盟"形成之初的力量对比。在北美，1907 年美国合众通讯社（以下简称"美联社"）诞生，这家新兴的通讯社自创立起便努力向拉丁美洲、远东以及欧洲发展；美联社于 1914 年退出"联环同盟"，开始在南美及远东地区争夺市场。在欧洲，一战之后建立的新兴民族国家也开始发展通讯社，捷克斯洛伐克、南斯拉夫、保加利亚、波兰、拉脱维亚、立陶宛、爱沙尼亚和意大利纷纷成立了本国官方通讯社，尝试进行本国独立的新闻供给。②

至此，"三社四边"协议结束，而新的信息传播秩序连同国际政治、经济秩序，并未形成。在国际信息传播场域中，各国如何根据新的国际关系和比较优势，重新划定权力范围、重构价值认同，也同样成为巴黎和会上的重要议题之一。

二 巴黎和会和国际联盟关于信息传播秩序的讨论

第一次世界大战期间，美国向欧洲派出了 200 万名士兵参战，改变了美国在世界上的地位。③ 战后，美国第 28 任总统伍德罗·威尔逊（Wood-

① Casey, C. A., "Deglobalization and the Disintegration of the European News System, 1918 – 34", *Journal of Contemporary History*, Vol. 53, No. 2, 2018, pp. 267 – 291.

② Desmond, Robert W., "Crisis and Conflict: World News Reporting Between Two Wars, 1920 – 1940", *The American Historical Review*, Vol. 88, No. 5, 1983, pp. 1248 – 1249.

③ Nye, Joseph S., "The Rise and Fall of American Hegemony from Wilson to Trump", *International Affairs*, No. 1, 2019, pp. 63 – 80.

row Wilson）认为，“建立国际组织、开展国际合作，才能够对抗强权政治并保持大国均势。”

1919 年，协约国和同盟国在巴黎召开会议，商讨战后国际秩序建立问题，信息传播领域关于信息审查、信息自由流动、电报费用的问题被提上日程。

美国总统威尔逊提出“为了民主而安全”，希望建立多边机构，在世界推行民主制度①，这些主张后来被称为“十四点主张”。尽管美国的“十四点主张”后来由于各方面原因而破产，但也成为一直延续到第二次世界大战后的自由主义世界秩序的雏形。

在巴黎和会准备讨论国际电报问题时，罗杰斯向威尔逊发出了《关于电报和无线电通讯的备忘录》（Memorandum on Wire and Radio Communications），其中关切新闻跨国传播的问题如下：

> 国际联盟的概念不仅包括一个拥有权力的中央组织，而且在该组织的背后是一个相互熟悉、了解彼此需求和问题的世界……由于缺乏通信设施，令人望而却步的收费，优惠或歧视性的服务或费率，国家或私人“指导”的新闻特性……国家和国家之间的新闻传播形成巨大障碍，为了公众的利益应消除这些阻碍。

罗杰斯呼吁“进一步扩大国联成员国之间的电话、电报和无线电通信，消除通信价格方面的歧视性做法，结束依赖海底电缆登陆权的权力垄断”。此外，罗杰斯的提案还要求建立旨在处理国联正式电文的设施，允许国联确定这些通信的费率，并允许国联对成员国之间的费率争议进行裁决。②

美国在巴黎和会上关于费率问题的设想遭到了英国等国的反对，英国外交大臣阿瑟·贝尔福（Arthur Balfour）很明确地要求维护帝国在电报费用方面的优势，这一问题最终被搁置不谈；此外，另一个无法达成一致的

① Nye, Joseph S., “The Rise and Fall of American Hegemony from Wilson to Trump”, *International Affairs*, No. 1, 2019, pp. 63 – 80.

② Casey, C. A., “Deglobalization and the Disintegration of the European News System, 1918 – 34”, *Journal of Contemporary History*, Vol. 53, No. 2, 2018, pp. 267 – 291.

问题是如何处理德国跨洋电报的问题，这涉及国际通信系统的总体运作问题。[①]

此后几年间，国际联盟强调要“保证和维持通讯自由”（《联盟》第23条3款），在大会的要求下，秘书处召开了若干次关于一般通信，特别是新闻流通的会议，并在1925年提出了一项决议，旨在“促进新闻界与国际联盟合作，改善其技术设施，以协助道义上的裁军和组织和平的工作”，建立“国家间公开、公正和荣誉关系”，提出建立一个“代表各大洲新闻界的专家委员会”的决议。新闻专家委员会终于在1927年召开了会议，它的代表几乎来自整个西方世界的所有主要新闻协会、通讯社和报纸。会上，委员会通过了十项决议，前五项都直接涉及国际新闻的传播，而第一项决议就涉及电报服务的费用问题。同时，国际联盟还和新闻界保持密切联系，新闻界几乎参加了所有的会议和委员会会议。信息科是联盟负责信息管理的部门，定期向新闻界提供所有文件的副本和信息小册子。此外，还为报道联盟的常驻记者建立了一个新闻室和图书馆。该新闻室调用了多种现代通信技术，当时欧盟新闻中心的主任称赞日内瓦是“欧洲最好的新闻中心”。

第四节 一战后新的国际信息传播秩序未得建立的原因

一战后的混乱局面侧面证明了国际联盟的主张并不可行，和其他国际秩序一样，国际信息传播秩序同样没有建立。主要有以下几方面原因。

第一，信息的国家主权属性与自由流动属性之间的矛盾开始彰显。

其中的一个表现就是政府对新闻服务的管理政策，一战后，政府的新闻把关人角色并没有因为战时状态的结束而结束，反而更为突出。政府控制的国家通讯社通过与大型国际通讯社签订合作协议，控制着哪些新闻信息可以通过主要的国际通讯社进出国家。例如，1921年，英国国务大臣和

① Wilson, Woodrow, and Ray Stannard Baker, *Woodrow Wilson and World Settlement Written from His Unpublished and Personal Material*, Vol. 1, New York: Doubleday, Page & Company, 1922.

路透社正式达成临时协议，建立了一项制度，国务大臣可以直接向路透社提供他希望在全世界传播的新闻。[①] 又如美国通讯社美联社，到了1934年，它的大部分欧洲新闻都是由国家控制的国家机构接收的，因此只接收政府认为适合向世界发布的新闻。

第二，纸张成本上涨，挑战传统报业。

第一次世界大战造成的经济混乱是前所未有的。在整个欧洲，和平时期的工业服务于战争，对原材料需求的激增使各种商品的国际价格创下新高。纸张也不例外，在整个战争期间，对纸张的需求量非常大。此外，战争造成的经济疲软意味着在战争结束后，纸张的短缺仍会继续。[②] 成品纸的价格一直居高不下。随着战时价格控制和配给制的结束，作为造纸基础商品的纸浆的价格在全球范围内爆炸性增长。以法国湿法机械浆为例，其平均价格从1913年的每吨6法郎急剧上升到1929年的44法郎。同样，同期干漂白浆的价格也从每公吨33法郎上升到210法郎。所有这些都导致法国新闻纸成品卷的价格在1913年至1930年期间上涨了596%（按货币波动调整）。在英国，情况大致相同。1920年，《泰晤士报》报道纸浆价格上涨了近600%。在加拿大和美国，新闻纸在1916年的售价为每吨35美元；到1920年，这一价格几乎翻了两番，合同价为每吨120美元，公开市场上的价格则高达每吨360美元。澳大利亚的情况更糟糕，价格达到每吨500美元。在波兰，华沙的一家大型出版公司由于全球纸张短缺，所能出版的书籍变少，他们限制了向个人出售的数量，甚至连远离欧洲的中国都能感受到这种短缺。[③]

纸张成本、油墨印刷成本和人工成本的上涨，极大冲击着欧洲报业，有统计显示，在1920年至1930年期间，英国有近15%的日报和近10%的周日报和周报倒闭或被吞并或收购；法国则减少了接近30%的日报。为了

---

① "Agreement for the Dissemination and Distribution of News", 16 November 1921, UKNA: TS 21/77.

② Nerone, J., "Introduction: The History of Paper and Public Space", *Media History*, Vol. 21, No. 1, 2015, pp. 1 – 7.

③ Casey, C. A., "Deglobalization and the Disintegration of the European News System, 1918 – 34", *Journal of Contemporary History*, Vol. 53, No. 2, 2018, pp. 267 – 291.

降低对外新闻成本，报社不再订阅多家新闻机构的信源，而是选择本国政府控制的一家通讯社作为信源，这就使得本国政府的把关作用越来越显著。

而相对于欧洲经济的凋敝，美国报业迅速恢复，以芝加哥的纸业市场为例，尽管当地新闻纸的价格在 1920 年底达到高峰，为战前价格的 400% 以上，但是这一价格迅速下降，并趋于平稳，20 世纪 20 年代新闻纸张在美国的价格一直稳定在战前价格的 200% 以下。这为美国新闻业快速发展提供了物质基础，到了 1930 年，美国新闻通讯社已经成为全球最健全的国际新闻系统之一。

第三，新闻信息质量下降，形成恶性循环。

1934 年，在美联社的巨大压力下，各大通讯社在拉脱维亚首府里加开会，宣布废除过去一切诸如"势力范围划分"的协定，并约定遵循新闻自由的原则，由各通讯社根据自己的需要和实力发展业务。这次会议标志着"联环同盟"的正式崩溃。"联环同盟"的崩溃在当时是一把双刃剑，一方面，表面上各国拥有了更大的自主权，正如肯特·库珀（Kent Cooper）分析所言，"联环同盟"的解体是当时世界新闻业发生的最重要的变化，媒体摆脱了发行限制，报社可以直接从美联社或路透社订阅新闻，而不需要通过中间人，新的安排当然能在更大程度上保证报社从主要机构获得未经过滤的新闻[①]。然而，另一方面，"联环同盟"的崩溃也让权力关系发生变化，通讯社只需受到合作双边协议的制约，而没有一个同行共同协议坚守的行业准则[②]，这就造成了后来新闻信息服务的质量下降，通过机构传递的新闻和通过通讯员传递的新闻之间存在着质的区别。例如，机构报道的是简短的事实事件，如死亡、股票暴跌、矿难和国际丑闻；而通讯员的目的不是与新闻机构直接竞争，他们更倾向于写作篇幅较长的深度报道，阐释新闻事件背后的来龙去脉，这些报道由于篇幅长，电报费用十分昂贵。正如《哈珀报》所说，"'我们从美联社的短讯中读到墨索里尼希望

---

① Casey, C. A., "Deglobalization and the Disintegration of the European News System, 1918 – 34", *Journal of Contemporary History*, Vol. 53, No. 2, 2018, pp. 267 – 291.

② Desmond, Robert W., "Crisis and Conflict: World News Reporting Between Two Wars, 1920 – 1940", *The American Historical Review*, Vol. 88, No. 5, 1983, pp. 1248 – 1249.

在意大利有更多的婴儿……然而，从特约记者那里，我们得到的却是关于意大利出生率对意大利外交政策影响的报道……’欧洲只剩下最浅显的国际新闻报道。”[①] 这种局面对于那些有能力订阅多家机构信息的报社来说是一个明显优势，但对于那些因财力有限无法订阅多家机构信息的报社来说，却是一个巨大的劣势。新闻信息的获取能力更加紧密地同经费的多寡、通信线路的使用权、通讯员的雇佣量联系在一起，电报时代的数字鸿沟被进一步扩大。

总而言之，第一次世界大战使欧洲发生了巨大的变化，不仅改变了各国的力量对比和经济格局，也改变了信息跨国流动的动力因素、传播渠道和筛选条件。战后，主权国家把关作用的提升、通讯社新闻信用和利润的下降以及美国力量的崛起，无一不促成了以“三社四边”协议为基础的传播格局的瓦解。当然，这一瓦解的过程是缓慢而富有周期波动性的，并非一蹴而就，英国、法国由于殖民地、语言、经贸往来等方面的原因，甚至于第二次世界大战结束后，仍旧在国际信息传播格局中拥有自己的固有“势力范围”。然而，纵使如此，基于欧洲均势国际格局的国际信息传播秩序还是发生了第一次瓦解。

① Gunther，“Funneling the European News”，638，转引自 Casey，C. A.，“Deglobalization and the Disintegration of the European News System，1918 – 34”，*Journal of Contemporary History*，Vol. 53，No. 2，2018，pp. 267 – 291.

第五章　国际信息传播秩序第二次变迁：卫星传播时代的自由主义传播秩序

第一节　欧洲中心秩序的持续影响与美国大众传播理念的推行

一　信息传播格局技术基础与上层建筑的断裂

第一次世界大战后，各国为了实现“永远不会再有另一场战争”[①] 的目标，相聚巴黎召开国际联盟会议。然而，导致一战爆发的核心问题之一——德国问题，并未得到根本解决。协约国声称德国的侵略导致了战争，而德国则认为是协约国拒绝承认德国世界大国的地位而不得不产生战争[②]，政治权力与军事、经济实力之间的不均衡问题依旧是国际社会共同面临的一大问题。在这一系列问题中，各国已经开始越来越意识到国际信息流动的重要价值，因此，跨国信息自由流动也成为战后和谈的关键议题之一，如何处理德国的电报系统成为各国争论的焦点。电报问题同许多其他政治经济议题一样，并未得到根本性解决，最终，一系列遗留问题以及经济凋敝促动了第二次世界大战的爆发。

第二次世界大战中，国际信息传播秩序的底层逻辑和上层建筑发生了一定程度的撕裂——

① ［英］A. J. P. 泰勒：《第二次世界大战的起源》，潘人杰等译，华东师范大学出版社 1991 年版，第 15 页。

② ［英］A. J. P. 泰勒：《第二次世界大战的起源》，潘人杰等译，华东师范大学出版社 1991 年版，第 16 页。

一方面，应用层方面，“三社四边”新闻传播秩序彻底瓦解并被战时宣传所取代，跨国信息流动主要以情报和战时宣传为主，亦即人们所说的心理战。以美国为例，心理战又被称为军事信息支援行动（Military Information Support Operations，简称 MISO），专指通过视觉、音频或印刷媒体传递信息、协调海外传播的行动。美国先后数次成立类似的管理机构，例如美国第 12 任总统富兰克林·德拉诺·罗斯福（Franklin Delano Roosevelt）于 1942 年成立信息协调办公室（Office of Coordinator of Information，简称 COI），后改组为战时情报办公室（Office of War Information，简称 OWI），负责公开的心理战；以及负责隐秘的心理战的战略情报局（Office of Strategic Services，简称 OSS）。

另一方面，基础设施方面，美国、英国、德国等国家进行的战时宣传所依托的根本渠道未发生变化，换言之，各国仍旧使用无线电技术时期的海底电缆开展国际广播业务。当然，第二次世界大战后，各国国际广播电台的技术实力大幅提高，广播发射机的单机最大功率从 50—100 千瓦增加到了 500—1000 千瓦。[①] 此外，美国依托移民优势和资金优势，在军事领域打造了庞大的军事卫星通信系统，虽然在二战和战后很长一段时期仅限于军方指挥系统使用，但为后续传播技术的跨周期发展埋下了伏笔。

二　既有传播秩序持续影响

1945 年，美国在日本广岛上空投下了原子弹，加速了第二次世界大战的结束。这项超级武器的理论奠基人爱因斯坦在听到广岛爆炸的消息后，只说了句“哦，天啊”[②]。但在两个月后，爱因斯坦将一封信转交《纽约时报》，写道：

> 第一枚原子弹摧毁的不仅是广岛这座城市，同样被引爆的还有我们世代相传、早已过时的政治理念……如果我们想避免一场核战争，就必须放眼于签订一份世界联邦宪法，缔造一种行之有效、世界通用

① 方滨兴：《论网络空间主权》，科学出版社 2020 年版，第 37 页。

② ［荷］伊恩·布鲁玛：《零年：1945 现代世界诞生的时刻》，倪韬译，广西师范大学出版社 2015 年版，第 312 页。

的法律秩序。

随着第二次世界大战走向尾声，重建国际秩序的呼声再次响起，美国在总结第一次世界大战后问题的处理以及二战爆发的教训时，富兰克林·罗斯福、哈里·杜鲁门、德怀特·艾森豪威尔等人也多次强调建立安全联盟、多边机构和相对开放的经济政策体系的重要性，“美国国际秩序”或“自由主义国际秩序”被提上日程。值得一提的是，第二次世界大战后，以美国为首的西方国家和以苏联为首的阵营实际上达成了某种状态下的暂时“和解”，雅尔塔体系承认了美国自第一次世界大战以来就希望建立的以国际组织为纽带的自由主义世界秩序，在政治、经济、文化、社会生活等各方面施加“美国影响”，因此，雅尔塔体系的建立正是世界秩序走向稳定态的标志。

然而，在传播格局方面，第二次世界大战后，世界依旧面临一个信息流通不平衡、不均衡的媒体世界。20 世纪 40 年代末 50 年代初，联合国教科文组织的媒体调查为我们清晰地呈现出一个以塔斯社（苏联）、路透社（英国）、法新社（法国）、美联社（美国）、合众国际社（美国）为主要信息源的全球信息通信网络。

在电信基础设施方面，战后初期各通讯社是以无线电报通信技术进行信息交互的。调查研究发现，在报道国内新闻时，各国的报社和电台主要有以下三种渠道：一是本国的新闻媒体（还有一部分国家没有本国媒体，因此购买大型通讯社的信息作为信源）；二是特约记者的报道；三是政府提供的官方信息。[①] 因此，各通讯社拥有无线发射器的数量一定程度上决定了各国信息获取能力以及国际新闻建构能力的强弱。截至 1952 年，全球共有 5317 个无线发射器，其中，北美国家拥有的发射器最多，共 2940 个，欧洲有 762 个，非洲仅 146 个[②]，这也可以侧面反映出当时电信基础

① United Nations Educational Scientific and Cultural Organization, *News Agencies: Their Structure and Operation*, 1953, Paris: Georges Lang, 1953, p. 184, https://unesdoc.unesco.org/ark:/48223/pf0000073446.

② United Nations Educational Scientific and Cultural Organization, *News Agencies: Their Structure and Operation*, 1953, Paris: Georges Lang, 1953, p. 178, https://unesdoc.unesco.org/ark:/48223/pf0000073446.

设施能力建设以北美洲和欧洲最为完善。

在各国主要通讯社力量布局方面，虽然相较于1900年的15家通讯社，1952年的76家在绝对数量上已经有了很大的进步，然而，世界上还有接近三分之二的国家和地区并没有本国新闻机构报道国内新闻，他们不得不依靠外国通讯社。[①] 针对19世纪以来由几大通讯社瓜分世界信息版图的格局，联合国教科文组织发布的《新闻机构：结构与运作》调查报告引用了世界电信联盟（World Telegraphic Agencies）的数据进行跟踪分析，认为随着各国新闻机构的发展，这一局面已经有所改变，但是在“技术、财政、政治”[②] 要素的作用下，全球新闻主要还是由美联社、法新社、路透社、塔斯社、合众国际社等几个全球性新闻通讯社把持，根据各国信源不同，可以分为十类媒体建构模式。[③]

除了单薄的国际秩序外，超级大国还建立了一系列有界秩序，例如，1949年成立的以美国为首的军事组织北大西洋公约组织；1949年成立的苏联和东欧共产主义国家之间的经济互助委员会华约组织；苏联还在1947年成立了共产主义新闻局，与共产国际的职责类似，负责协调世界各地共产党的工作，向他们传递政策观点（该组织1956年解散）。[④]

由此可见，战后世界上基本形成了两大新闻源对立的局面，即苏联通讯社辐射区和西方通讯社辐射区，但西方通讯社辐射区由于历史、政治、文化等原因，在具体国家的传播力有所区别，仍旧或多或少受到一战前欧洲中心传播秩序的影响——这一局面甚至持续到了20世纪70年代，1975

---

① United Nations Educational Scientific and Cultural Organization, *News Agencies: Their Structure and Operation*, 1953, Paris: Georges Lang, 1953, p. 184, https: //unesdoc. unesco. org/ark: /48223/pf0000073446.

② United Nations Educational Scientific and Cultural Organization, *News Agencies: Their Structure and Operation*, 1953, Paris: Georges Lang, 1953, p. 193, https: //unesdoc. unesco. org/ark: /48223/pf0000073446.

③ United Nations Educational Scientific and Cultural Organization, *News Agencies: Their Structure and Operation*, 1953, Paris: Georges Lang, 1953, pp. 193 – 198, https: //unesdoc. unesco. org/ark: /48223/pf0000073446.

④ Mearsheimer, John J., “Bound to Fail: The Rise and Fall of the Liberal International Order”, *International Security*, Vol. 43, No. 4, 2019, pp. 7 – 50.

年一项关于路透社、法新社、合众国际社的研究表明，全球新闻传播格局仍旧是路透社、法新社几乎平分西欧和世界其他市场，合众国际社“独霸”北美市场。①

表 5－1 第二次世界大战后初期主要通讯社辐射范围

序号	世界新闻来源	代表国家/地区	辐射人口	占比
1	塔斯社（Information Telegraphic Agency of Russia-TASS）	中国、朝鲜、蒙古国、东德、波兰、罗马尼亚、苏联	745396000	30.9%
2	美国新闻社（the Associated Press，International News Service，the United Press）	美国、玻利维亚、古巴、科威特	192542000	8%
3	路透社（Reuters）	英国、英国在非洲的殖民地等	65279000	2.7%
4	法新社（Agence France-Presse）	法国在非洲、北美洲、南美洲殖民地以及法属印度、摩纳哥等	41143000	1.7%
5	美国新闻社（the Associated Press，International News Service，the United Press）及路透社（Reuters）	南非联盟、英国海外殖民地、伊拉克、泰国、新加坡、澳大利亚、新西兰等	87527000	3.6%
6	美国新闻社（the Associated Press，International News Service，the United Press）和法新社（Agence France-Presse）	韩国、秘鲁、哥伦比亚等	67265000	2.8%
7	法新社（Agence France-Presse）和路透社（Reuters）	比利时、意大利、英国在非洲殖民地等	17872000	0.7%
8	美国新闻社（the Associated Press，International News Service，the United Press）、法新社（Agence France-Presse）、路透社（Reuters）	埃及、苏丹、印度、巴基斯坦、叙利亚等	961881000	39.8%

① Tupper, Patricio, “IPS, An Alternative Source of News: From NWICO to Civil Society”, in Frau-Meigs, et al., *From UNESCO to WSIS: 30 Years of Communication Geopolitics: Actors and Flows, Structures and Divides*, Bristol & Chicago: Intellect Ltd, 2012, p. 58.

续表

序号	世界新闻来源	代表国家/地区	辐射人口	占比
9	美国新闻社（the Associated Press，International News Service，the United Press）、路透社（Reuters）、法新社（Agence France-Presse）、塔斯社（Information Telegraphic Agency of Russia-TASS）	阿富汗、印度尼西亚、日本、伊朗、中国香港地区、柏林、芬兰	203492000	8.4%
10	不接受任何世界通讯社的新闻	海地、利比亚、尼泊尔等	32578000	1.3%

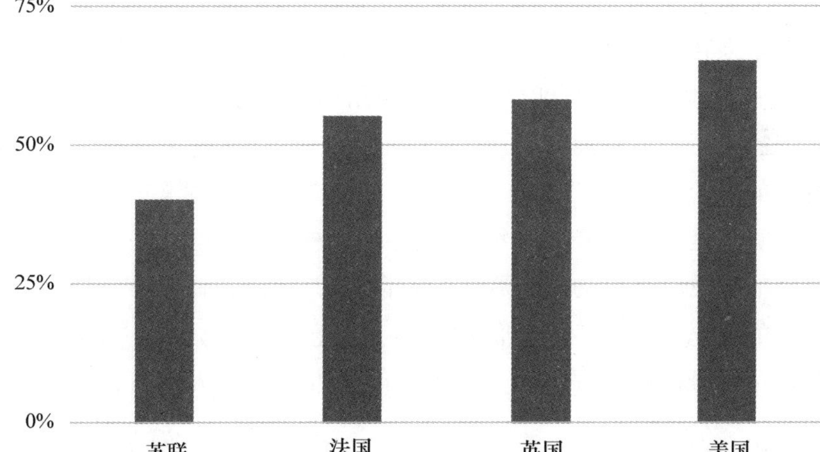

从信源占比分析来看，主要通讯社的传播力由强到弱依次是：美联社、合众国际社等美国通讯社，路透社，法新社，塔斯社

注：相关数据整理自 *News Agencies: Their Structure and Operation*。

第二节　美国对重构信息传播秩序的尝试

基础设施和表层应用的秩序断裂使得重建信息传播秩序成为必然。如果说战后初期的世界信息传播格局是对大国殖民利益分割历史的映射，那么在第二次世界大战之后的冷战岁月里，美国则通过软件和硬件两个方面逐渐积累优势。

一　美国大众传播理念的全球推行

联合国成立后不久，美国尝试利用军事和政治影响力，在传播领域推行其现代性传播理念。

1945 年 11 月，联合国教科文组织在伦敦召开第一届大会，商议组织成立的相关事宜。由于传播技术的控制优势，教科文组织在成立之初，被美国、英国、法国实际控制。[①]

时任美国助理国务卿[②]的阿奇博尔德·麦克利什（Archibald Macleish）代表美国参加了此次成立大会。麦克利什提出了美国方案，即将“强调通过大众媒体来传播知识、增进了解，促进国际和平与安全”[③] 写入章程。正如上一节所述，当时全球信息传播网络掌握在美联社、塔斯社、路透社、法新社等几个大型通讯社手中[④]，法国等国对此提出质疑，担心“大众传播”的概念会导致“标准化、中心化和文化帝国主义……所谓的自由交流，本质上是由一个或多个特别有能力的国家实现的……而对于那些因战争媒介基础设施受损的国家则十分危险”[⑤]；此外，许多欧洲国家对“大众媒体”的概念表示抗拒，他们建议用“信息”概念替代，表述为“借助高校、教育科研机构、图书馆、出版社等促进全世界人们自由思想和信息的交流”[⑥]。

---

① ［美］托马斯·麦克费尔：《全球传播：理论、利益相关者和趋势》，张丽萍译，中国传媒大学出版社 2016 年版，第 21 页。

② MacLeish, Archibald, 9th Librarian of Congress 1939 – 1944, https: //www. loc. gov/item/n80015459/archibald-macleish – 1892 – 1982 – 2/.

③ United Nations Educational, Scientific, and Cultural Organization, Conference Presented at the Conference for the Establishment of the United Nations Educational, Scientific and Cultural Organization, November 1945b, 1945, p. 68.

④ United Nations Educational, Scientific and Cultural Organization, *News Agencies*: *Their Structure and Operation*, 1953, Paris: Georges Lang, 1953, p. 184, https: //unesdoc. unesco. org/ark: /48223/pf0000073446.

⑤ Simonson, P., J. Morooka, B. Xiong & N. Bedsole, “The Beginnings of Mass Communication: A Transnational History”, *Journal of Communication*, *Vol.* 69, *No.* 5, 2019, pp. 513 – 538.

⑥ UNESCO Preparatory Commission, Conference for the Establishment of the United Nations Educational, Scientific and Cultural Organization, held at the Institute of Civil Engineers, London, from the 1st to the 16th November, 1945, p. 1.

虽然存在质疑和反对之声，但最终美国的这一提议还是在《联合国教科文组织组织法》中得到了落实。《联合国教科文组织组织法》对大众媒体的作用进行了专门表述：

> 通过教育、科学和文化促进各国间的合作，对和平与安全作出贡献……为实现这一宗旨，本组织将通过一切大众传播手段，合作促进各国人民的相互认识和了解，并为此目的，缔结必要的国际协定，以文字和图像促进思想的自由交流。①（《联合国教科文组织组织法》）

作为“补救措施”，法国在此次大会的第二阶段会议上提出了对媒介基础设施欠发达国家的关切，建议“序言应加入‘为欠发达国家提供支持’的近期目标”②。

至此，新闻自由流动作为美国自由市场、自由主义观点的一部分，依托“大众传播”这一概念，走进了国际组织的话语议程。美国关于大众媒体的方案，实际也是其第二次世界大战后关于“多边主义、不歧视和尽量减少市场壁垒的全球自由秩序”③ 战略目标在新闻传播领域的具体践行，这也奠定了此后几十年间各国在教科文组织关于新闻新秩序建构的论争中的核心论题。

二　美国在卫星传输技术发展中抢占先机

（一）卫星通信技术的广泛商用

由于卫星通信新传播技术的发展和普及，国际信息传播秩序的底层逻辑正在悄然发生变化，电报技术在第二次世界大战和二战后很长一段时间

① UNESCO, UNESCO Constitution. November 16, 1945, http://portal.unesco.org/en/ev.php-URL_ID=15244&URL_DO=DO_TOPIC&URL_SECTION=201.html.

② UNESCO Preparatory Commission, Conference for the Establishment of the United Nations Educational, Scientific and Cultural Organization, held at the Institute of Civil Engineers, London, from the 1st to the 16th November, 1945, p. 100.

③ Lee, C. -C., "The Politics of International Communication: Changing the Rules of the Game", *Gazette*, Vol. 44, No. 2, 1989, pp. 75-91.

内仍旧占据民用和商用市场。但是，第二次世界大战和越南战争时期用于军事沟通的卫星技术帮助美国建立了战略通信系统。随着卫星通信系统逐渐转为商用，传播技术进入了一个新的发展阶段。

1957 年，苏联发射了世界上第一颗人造卫星。虽然苏联发射首颗卫星的时间早于美国，但在应用方面却略显滞后。

1960 年 8 月 12 日，美国宇航局成功发射了世界上第一颗用于通信的卫星“回声”1 号，实现了电视、电话信号的对地反射；同年 7 月，“电星”1 号发射，欧洲和美洲之间的通信得以实现，这也是洲际电视信号的第一次传送。[①]

1962 年，北美洲和欧洲国家之间利用“电星”1 号通信卫星相互传送电视节目，实现了电视节目的跨洋传输。

依托这种技术优势，美国于 1964 年主导建立了国际通信卫星组织（International Telecommunications Satellite Organization，简称 INTELSAT），该组织总部设在美国华盛顿特区，旨在通过全球商业通信卫星系统的空间段维护和运营全球卫星系统[②]，来服务国际公共电信业务，其服务范围包括国际电话服务、通信卫星组织商业服务、国际互联网服务、VISTA 服务和线路修复服务等。根据国际通信卫星组织规定，各国作为成员国申请加入组织，并遵守《关于为全球商业卫星通信系统作临时安排的协定》等规定，那些愿意投资的成员国在该系统内投资，进而参加设计、研发、建造、安装、操作和维护，而投资股份的多寡与业务使用量成正比。

1965 年，国际卫星通信组织发射第一颗实用型商业通信卫星“晨鸟”（Early Bird，又名“国际通信卫星 1 号”），尽管该卫星功率很低，但实现了美洲和西欧之间的信号传输，开启了卫星商用通信的新时代。

20 世纪 60 年代至 70 年代之间，法国、日本、中国、英国也相继发射了本国人造卫星。卫星传播再次形成“先发国家主导、主权国家参与”模式。

---

① 刘继南：《大众传播与国际关系》，北京广播学院出版社 1999 年版，第 74—75 页。

② 仪名海：《［国际传播组织 ABC］连载之九 国际通信卫星组织》，《对外大传播》2006 年第 6 期。

无线通信技术的硬件设施均衡发展的问题尚未解决，卫星技术带来的更大的技术鸿沟却已凸显。早在 1963 年，教科文组织在讨论利用空间技术发展大众媒介议题时，就有参会国专家提出，“世界上许多地区仍然遭受信息匮乏之苦，只有他们能够在自己的地区接收新闻并传递发展动态，信息自由流动的理想才能实现。”还有一些专家提出，“对于那些卫星设施匮乏的国家来说就是一个短板”①，“只有小国和发展中地区都能够平等使用大众媒介和卫星系统，信息自由流动才能得以保障。”② 为确保信息自由流动，会议将确保欠发达地区的卫星接收、确保发展中国家和地区新闻接收③等议题写入《空间传播的报告》（Space Communication and the Mass Communication，1963）。

尤其在国际通信卫星组织建立后，该组织由美国主导，发展中国家在卫星无线电频率分配上毫无话语权。④ 新传播技术的发展带来更大技术鸿沟的现实不仅引起发达国家的顾虑，也越来越受到新兴民族国家的重视，强调技术和硬件基础设施的均衡发展也成为教科文组织接下来很长一段时间内的主题——

1970 年 12 月 16 日，教科文组织第 2733（XXV）号决议建议各会员国、区域组织和国际组织，包括广播协会，应促进和鼓励开展不同层次和不同范围的国际合作，以便使所有参与方都能分享区域卫星广播服务。

1972 年，教科文组织第十二次大会在巴黎召开，通过《关于使用卫星

---

① UNESCO, Meeting of Governmental Experts on International Arrangements in the Space Communication Field, UNESCO House, Paris, 2 - 9 December 1969: final report, COM/MD/15, December2, 1969, https://unesdoc.unesco.org/ark:/48223/pf0000000610? posInSet = 7&queryId = 2cee44ce-6f5e-4e8c-9029-56b48a3313a7.

② UNESCO, Meeting of Governmental Experts on International Arrangements in the Space Communication Field, UNESCO House, Paris, 2 - 9 December 1969: final report, COM/MD/15, December2, 1969, https://unesdoc.unesco.org/ark:/48223/pf0000000610? posInSet = 7&queryId = 2cee44ce-6f5e-4e8c-9029-56b48a3313a7.

③ UNESCO, Meeting of Governmental Experts on International Arrangements in the Space Communication Field, UNESCO House, Paris, 2 - 9 December 1969: final report, COM/MD/15, December2, 1969, https://unesdoc.unesco.org/ark:/48223/pf0000000610? posInSet = 7&queryId = 2cee44ce-6f5e-4e8c-9029-56b48a3313a7.

④ Schiller, Herbert I., *Mass Communications and American Empire*, Boston: Beacon Press, 1969, p. 140.

广播促进信息自由流通、教育传播和扩大文化交流的指导原则宣言》，各国达成一致，同意“卫星广播应尊重所有国家的主权和平等……卫星广播的红利应不加歧视地提供给所有国家，无论其发展程度如何”①。同年，联合国大会通过了限制传播的规定，规定只有在接收国允许的情况下，国家和私人机构才可以向该国输出节目。

（二）直播卫星技术对传播媒介的改变

1974 年，美国成功发射首颗直播卫星 ATS-6 号，利用静止卫星轨道上的同步卫星进行了世界上第一次广播实验。1976 年，美国和加拿大联合发射了通信技术卫星 CTS，使用 12GHz 大功率发射实验直播卫星广播。②

1977 年，世界无线电管理大会（World Administration Radio Conference-77）对卫星广播业务进行了规划，分别在 11.7—12.2GHz（下行）、14.5—14.8GHz 和 17.3—18.1GHz（上行）频段上制定了卫星广播业务的规划，并为各国分配了一些广播卫星频道和频率资源。由此，卫星直播开始逐渐应用到社会生活，进而改变了传播形态。1978 年，全世界 42 个国家的 10 亿观众得以通过卫星直播观看世界杯足球赛。③

卫星直播的广泛应用让越来越多的国家进入了新一轮传播权争夺中。针对媒体机构可以直接将直播信息传输到接收装置上，联合国教科文组织以 100∶1 的投票通过决议，要求卫星传播者向外国区域传输信号需预先获得国家政府和相关机构的同意（美国反对）。而针对苏联提出的关于主权国家有权利和责任控制公民媒体信息来源的提案，并未被通过。④

对直播卫星具有划时代意义的一次会议是 1979 年在日内瓦召开的世界无线电管理大会（WARC-79）。为了应对无线电技术快速发展所带来的挑战，会议二十年来第一次审议《无线电条例》。如何在主权国家间分配共享频谱和轨道资源成为最重要的议题之一，关于新的《无线电条例》的

① UNESCO, *Declaration of Guiding Principles on the Use of Satellite Broadcasting for the Free Flow of Information, the Spread of Education and Greater Cultural Exchange*, November 15, 1972, http://portal.unesco.org/en/ev.php-URL_ID=17518&URL_DO=DO_TOPIC&URL_SECTION=201.html.

② 方滨兴：《网络空间主权》，科学出版社 2020 年版，第 38 页。

③ 刘笑盈、何兰：《国际传播史》，中国传媒大学出版社 2011 年版，第 44 页。

④ ［荷］托马斯·麦克费尔：《全球传播：理论、利益相关者和趋势》，张丽萍译，中国传媒大学出版社 2016 年版，第 63 页。

1.5 万条建议中，有 1.2 万项涉及频率分配，最终，会议彻底修改了《无线电条例》。会议成果还包括：决定召开空间服务和短波广播服务规划会议；就扩大分配给广播的短波频谱达成协议；通过了对空间服务的频率分配的重大修改。① 此次会议上提出的监管世界无线电频谱和卫星工业、制定国际标准以消除数字鸿沟等理念影响至今。

自此，卫星技术的快速发展彻底打破了欧洲主导的信息传播秩序的历史印记，将国际信息传播权的争夺带入了新阶段。

第三节　第三世界国家崛起与世界信息传播新秩序论争

随着世界范围内民族解放运动的兴起和殖民体系的崩溃，先后有 90 多个国家挣脱了新老殖民主义的枷锁，成为独立国家。② 以 1960 年为例，17 个新兴独立国家加入教科文组织，新兴国家的加入于潜移默化间改变着全球信息传播格局的力量对比。一方面，昔日的殖民地亟须获得信息传播的自主权，打破原有的从宗主国获取信息的局面，这就改变了新闻信息供给的媒体格局；另一方面，这些国家也成为国际组织独立投票国家，又改变了跨国协商治理的权力结构。国际传播场域和多边外交权力格局的双重改变，拉开了信息与传播新秩序大讨论的序章。

如前所述，第三世界国家的独立和兴起使得争取传播权成为一种必然，1964 年，国际新闻通讯社（Inter Press Service，简称 IPS）的成立恰恰证明了这一点。国际新闻通讯社由拉丁美洲和欧洲记者在罗马建立，与一战后出现的新兴通讯社的诉求几乎一致，国际新闻通讯社的最初目标同样是搭建桥梁、填补欧洲和拉丁美洲之间的信息鸿沟。③ 国际新闻通讯社通

---

① WARC-79：World Administrative Radio Conference（Geneva，1979），September 24-December 6，1979，https：//www. itu. int/en/history/Pages/RadioConferences. aspx？ conf =4. 101，2021 –12 –12.

② 程曼丽：《外国新闻传播史导论》，复旦大学出版社 2007 年版，第 231 页。

③ Tupper，Patricio，“IPS，An Alternative Source of News：From NWICO to Civil Society”，in Frau-Meigs，Divina，Jérémie Nicey，Michael Palmer，Julia Pohle，and Patricio Tupper eds.，*From UNESCO to WSIS*：30 *Years of Communication Geopolitics*，UK：Intellect Books Ltd，2003，p. 58.

过无线电网络向各国驻外使馆提供信息服务，这也成为通讯社主要资金来源，支持通讯社的日常运转和传播基础设施的建设。①

然而，“差异化声音”并未从根本上改变拉丁美洲信息不平等的现象。20 世纪 60 年代末，人们清楚地认识到，仅依靠改善通信基础设施无法从根本上改变不平等的结构，一种幻灭感开始取代先前的乐观主义。② 尤其是当美国在卫星传播方面的布局让越来越多的发展中国家感受到信息单向流动，发展中国家开始强调利用国际组织和国际法改善不平等问题，这一诉求直接反映在 70 年代教科文组织会议和不结盟国家相关会议的议题中：

1970 年，在教科文组织第十六次代表大会上，参会代表第一次明确提出“国际信息与传播新秩序”，这也被看作国际信息与传播新秩序抗争的起点。

1972 年，教科文组织第十七次代表大会以 55 票赞成、7 票反对、22 票弃权的结果通过了苏联提出的《关于利用卫星广播促进信息自由流通、传播教育和扩大文化交流的指导原则》草案。③ 这一投票结果也很直观地反映出第三世界国家加入国际组织后的力量变化。这一结果让第三世界国家备受鼓舞，使其更为积极地推动世界信息与传播新秩序的构建。

1973 年，不结盟国家政府首脑第四次会议在阿尔及尔举行，提出建立世界经济新秩序的倡议，这次会议还提出，“帝国主义的行为不仅仅局限于政治经济领域，还涉及文化与社会领域”，因此呼吁“在大众传播领域采取一致的行动”④。

1974 年，联合国大会通过了《建立新的国际经济秩序宣言》（Declaration on the Establishment of a New International Economic Order）和《建立新的国际经济秩序的行动纲领》（Programme of Action on the Establishment of a

① Giffard, C. A., “Inter Press Service: News from the Third World”, *Journal of Communication*, Vol. 34, No. 4, 1984, pp. 41 – 59.

② Giffard, C. A., “Inter Press Service: News from the Third World”, *Journal of Communication*, Vol. 34, No. 4, 1984, pp. 41 – 59.

③ Carlsson, U., “The Rise and Fall of NWICO”, *Nordicom Review*, Vol. 24, No. 2, 2003, pp. 31 – 67.

④ 徐培喜：《全球传播政策——从传统媒介到互联网》，清华大学出版社 2018 年版，第 14—15 页。

New International Economic Order)。《建立新的国际经济秩序宣言》指出，"技术进步带来的好处没有为国际大家庭的所有成员公平分享，占世界人口百分之七十的发展中国家只享有世界收入的百分之三十。"① 因此，会议提出，各国将为建立"所有国家公正、主权平等、相互依靠、共同利益和合作基础上的"新的国际经济秩序而努力。

1976年，不结盟国家政府首脑第五次会议在科伦坡举行，会议认为"信息和大众传播的国际新秩序和国际经济秩序一样重要"②，并发布《科伦坡首脑会议宣言》(Declaration of the Colombo Summit)，呼吁各国要"加强信息与大众媒体领域的合作"③。

同年，教科文组织在内罗毕召开第十九次代表大会。会上，苏联提出了一份关于"世界信息与传播新秩序"的提议，建议"各国对其管辖范围内的所有大众传媒在国际领域的活动负有责任"④。该提议引起了激烈的争议，质疑的声音以西方国家为主，认为只有那些对本国媒体拥有了绝对控制权的国家才会支持提议，该提议最终以78:15的投票结果予以搁置。尽管这次会议上苏联提出的方案未予以通过，但作为折中方案，1977年，教科文组织开始拟定《关于大众传播媒介对加强和平与国际理解，促进人权，反对种族主义、种族隔离和煽动战争的贡献的基本原则宣言》(以下简称《宣言》)，明确"建立新的、更为公平有效的世界信息与传播秩

① UN General Assembly (6th special sess.: 1974), Declaration on the Establishment of a New International Economic Order, A/RES/3201 (S-VI), 1974, https://digitallibrary.un.org/record/218450? ln = en.

② Communication and Society: A Documentary History of a New World Information and Communication Order Seen as an Evolving and Continuous Process 1975 - 1986, 1988, p. 22. https://unesdoc.unesco.org/in/documentViewer.xhtml? v = 2.1.196&id = p:: usmarcdef_ 0000080202&file = /in/rest/annotationSVC/DownloadWatermarkedAttachment/attach _ import _ 4193cc10-414b-4274-a6a5-9f5117f0ed9c%3F_ %3D080202engb.pdf&locale = en&multi = true&ark = /ark: /48223/pf0000080202/PDF/080202engb.pdf#%5B%7B%22num%22%3A226%2C%22gen%22%3A0%7D%2C%7B%22name%22%3A%22XYZ%22%7D%2Cnull%2Cnull%2C0%5D

③ United Nation General Assembly, *5th Summit Conference of Heads of State or Government of the Non-Aligned Movement*, A/31/197, September 8, 1976, p. 135, http://cns.miis.edu/nam/documents/Official_ Document/5th_ Summit_ FD_ Sri_ Lanka_ Declaration_ 1976_ Whole.pdf.

④ Hannah, Mark., "Free Flow Versus Fair Flow: Revisiting the New World Information and Communication Order Debates in the Global Era", *Journalism*, Vol. 22, No. 1, 2018, pp. 248 - 264.

序”。《宣言》规避了国家对大众媒体控制权这一敏感议题，对发展中国家大众媒体发展和国际合作进行了具体规定：

> 表达见解、发表言论和信息自由被视为人权和基本自由的组成部分，是加强和平与国际理解的重要因素……建立新的平衡和加强信息流动的互惠性，将有利于建立公正和持久的和平，以及发展中国家的经济政治独立，必须纠正进出发展中国家和这些国家之间信息流动的不平等。为此，这些国家的大众传媒必须有条件和资源，使其能够增强和扩大，并支持发展中国家的大众传媒之间以及与发达国家的大众传媒进行合作。①

该方案于1978年教科文组织第20次代表大会上予以通过，这也意味着第三世界国家的抗争达成了初步的成果。

1980年9月23日至10月20日，教科文组织第二十一次代表大会举行。在这次大会上，国际交流问题研究委员会主席麦克布莱德提交了题为《多种声音，一个世界：交流与社会的今天和明天》的调查报告（以下简称《麦克布莱德报告》，The McBride Report）。报告详细分析了不平等、不均衡的信息传播格局的状况，并提出了82条具体建议。

第四节 世界信息传播新秩序未能建立的原因探究

对于《麦克布莱德报告》，各国在信息传播新秩序构建的纲领性问题上达成了一致，但在具体实现路线方面却陷入了激烈的论争。随后，以美国为首的西方阵营和以苏联为首的第三世界阵营就信息传播新秩序的构建展开了激烈的论争。

① UNESCO, Declaration on Fundamental Principles Concerning the Contribution of the Mass Media to Strengthening Peace and International Understanding, to the Promotion of Human Rights and to Countering Racialism, Apartheid and Incitement to War, November 28, 1978, http: //portal. unesco. org/en/ev. php-URL_ ID = 13176&URL_ DO = DO_ TOPIC&URL_ SECTION = 201. html.

《麦克布莱德报告》将“平衡广泛的信息流动”与自由权、传播权以及公民的经济、社会文化权利联系在一起，并将跨国公司与单向传播、市场垄断和纵向流动的现象联系在一起。[①] 1980 年教科文组织大会上，第三世界国家对媒体商业化和广告进行了批判，提出信息强国媒体的商业活动会破坏信息弱国对信息的接收。[②]《新闻周刊》和《哥伦比亚广播公司新闻》的前任记者、曾担任联合国教科文组织新闻办公室主任的乔尔·布洛克（Joel Blocker）就对这一时期的教科文组织提出批评，称“总干事认为新闻界应该井然有序，受控，稳固……他对自由派新闻界的运作方式一无所知”[③]。美国新右派的主要政策研究机构“传统基金会”（Heritage Foundation）更是批判第三世界这一论调是向西方新闻自由宣战，尝试挑战全球大众传播基础设施的财富再分配。[④]

西方国家从有悖于信息自由流动的角度出发，在 1982 年教科文组织第二十一次代表大会上，提议“废除对信息的审查或任意控制”，苏联是唯一一个反对国家；而在 1984 年召开的教科文组织第二十二次代表大会上，苏联建议在教科文组织内部设立“大众媒体机构”，并加强主权国家对媒体的监管，西方国家坚决反对，认为这一建议侵犯了新闻自由原则。

新秩序的争论最终以美国、英国先后退出教科文组织而告终。1984 年，美国宣称教科文组织“议题政治化、宣扬政治集权概念、管理混乱和财务不负责任”[⑤]，1985 年，美国正式退出教科文组织；1986 年，英国也退出了教科文组织。世界信息传播新秩序的倡议无果而终了。

新秩序的论争之所以无果而终，主要有以下原因：

第一，经济方面，部分发达国家退出教科文组织或下属委员会，造成

---

① ［英］达雅·屠苏：《国际传播：延续与变革》，董关鹏译，新华出版社 2004 年版，第 56—57 页。

② Hannah, Mark, “Free Flow Versus Fair Flow: Revisiting the New World Information and Communication Order Debates in the Global Era”, *Journalism*, 2018, Vol. 22, No. 1, 2018, pp. 248 – 264.

③ Hannah, Mark, “Free Flow Versus Fair Flow: Revisiting the New World Information and Communication Order Debates in the Global Era”, *Journalism*, 2018, Vol. 22, No. 1, 2018, pp. 248 – 264.

④ Hannah, Mark, “Free Flow Versus Fair Flow: Revisiting the New World Information and Communication Order Debates in the Global Era”, *Journalism*, 2018, Vol. 22, No. 1, 2018, pp. 248 – 264.

⑤ ［英］达雅·屠苏：《国际传播：延续与变革》，董关鹏译，新华出版社 2004 年版，第 73—74 页。

国际组织财政困难。

1984 年和 1985 年，美国、英国相继退出教科文组织，造成了教科文组织财政紧张。以 1986 年之后的几次教科文组织大会为例，会上多次商讨由于资金紧张而削减苏联和发展中国家提出的项目预算的事项。

同样由于经费困难，部分专门委员会面临解散的局面。以国际计算中心（Intergovenmental Bureau of Infromatics）为例，该组织是教科文组织主持成立的政府间信息协调机构，由 38 个成员国组成，主要负责履行促进信息化发展和大众传播的有关职责，该委员会为了避免信息传播新秩序论争中的矛盾，强调发展中国家和发达国家共同设计方案。① 1984 年，法国担任该委员会轮值主席国，由于经费紧张，法国退出了委员会，此后，该委员会的另外两个主要捐助国西班牙、意大利也纷纷效仿退出了组织。剩余的发展中国家无力或不愿支付会费，最终该组织于 1988 年 11 月在罗马举行第六届特别会议，宣布 11 月 30 日正式解散。② 教科文组织无力接收 108 名雇员和 2000 万美元的债务，拒绝将国际计算中心的方案纳入预算。相反，它只接管了国际计算中心的部分职责，从而扩大了自己在信息学领域的活动。③

第二，政治方面，信息主权属性与信息自由流动对抗的背后，是主权国家对信息控制力差异的体现。

以美国为首的西方国家阵营强调信息作为商品的自由流动，而以苏联为首的第三世界国家阵营则强调通过国家主权保护本国的信息传播权不受侵蚀。在第二次世界大战后的很长一段时期，信息主权和信息自由流动之间的矛盾虽然存在，但是由于雅尔塔体系下各国所达成的稳定状态，以及经济的恢复和发展，这对矛盾并未成为国际传播的主流。正如英国马克思主义史学家佩里·安德森所描述，“当时美国对共产主义采取了放任政策，

---

① Frau-Meigs, et al. *From UNESCO to WSIS*: 30 *Years of Communication Geopolitics*: *Actors and Flows*, *Structures and Divides*, Bristol & Chicago: Intellect Ltd, 2012, pp. 115 – 116.

② Intergovernmental Bureau for Informatics, Intergovernmental Bureau for Informatics, https: //atom. archives. unesco. org/bureau-intergouvernemental-pour-linformatique-ibi.

③ Frau-Meigs, et al. *From UNESCO to WSIS*: 30 *Years of Communication Geopolitics*: *Actors and Flows*, *Structures and Divides*, Bristol & Chicago: Intellect Ltd, 2012, pp. 115 – 116.

对其他工业化国家并不拘泥于自由化正统教条”[①]，加之第三世界国家大力发展本国新闻业，本土新闻业的繁盛一定程度上保障了各国的信息主权。根据20世纪80年代“自由之家”的一项行业调查，第二次世界大战后的几十年，国家对媒体的控制力明显增强——20世纪30年代，接受调查的39个国家中，70%国家的媒体是独立于政府的；而到了80年代，这个数据几乎发生了倒置，拥有国营媒体机构的国家占比已达68%。[②] 此后，由于古巴导弹危机、中东石油危机导致政治、经济力量对比的变化，美国作为信息霸主的地位也同样受到挑战，第三世界关于世界信息传播新秩序的倡议正是在此背景下达到高潮。

20世纪80年代里根总统执政时期，随着苏联政局以及经济力量的再次变化，里根调整了内外策略，将“理想主义、韧性、创造力和经济活力”[③] 几种看似不可调和的力量整合到一起。这一时期出现三个影响深远的变化：一是媒体的集团化和全球化运营，在里根总统私有化理念的支持下，美国传媒行业进行了一系列商业整合。例如，1980年6月，特纳广播公司（TBS）创建了有线新闻电视网（CNN），给全球新闻业带来了巨大的变化；1986年，国际传播巨头鲁珀特·默多克购买了美国6家电视台，并联合105家独立电视台，创办了福克斯广播公司（Fox），形成了全国性的广播网络。[④] 商业化、集团化的媒体特点不仅出现在美国，在欧洲也同样如此，以法国为例，由于人们对国营广播电台丧失兴趣，1982年，法国开始开放商业广播，此后国内私营广播电台涌现，形成了全国性的广播网络。[⑤] 媒体的全球化、商业化和集团化运作的背后是信息生产、信息传播渠道和媒体运营机构三方面网络的成熟。二是互联网的发展，这在下一节中会提到。三是苏联力量式微，甚至苏联内部对信息控制问题也开始出现争议。

---

① ［英］佩里·安德森：《美国外交政策及其智囊》，李岩译，金城出版社2017年版，第96页。

② Hannah, Mark, “Free Flow Versus Fair Flow: Revisiting the New World Information and Communication Order Debates in the Global Era”, *Journalism*, Vol. 22, No. 1, 2018, pp. 248 – 264.

③ ［美］亨利·基辛格：《世界秩序》，胡利平等译，中信出版集团2016年版，第406页。

④ 程曼丽：《外国新闻传播史导论》，复旦大学出版2011年版，第179页。

⑤ 程曼丽：《外国新闻传播史导论》，复旦大学出版2011年版，第195页。

从各国信息基础设施和传媒业共同发展和繁荣，到第三世界挑战信息霸主地位并要求平等传播权，再到权力制衡被打破，美国依靠商业模式和科技力量重新获得信息控制优势，在此背景下，“信息质量”逐渐从西方国家的讨论中消失。表面上看传播秩序之争虽然始终是信息自由流动与信息主权之间的抗衡，其本质上则是主权国家对信息的核心控制力发生变化。美国和西方国家的核心控制力来自全球商贸和信息通联网络，而处于相对边缘地区的第三世界国家则更多依赖于国家的主权属性和行政力量。也正因为此，当全球政治经济秩序达到稳定状态时，信息传播秩序的矛盾会被共同发展所掩盖；而当稳定状态被打破，信息传播领域的权力之争也会凸显。

第三，技术方面，技术发展客观上推动了教科文组织工作重点和信息强国关注重点的转移。

从表面上看，美国与英国退出教科文组织导致新秩序构建无果而终，然而，之所以出现20世纪80年代的转向，一个根本原因还是在于技术的跨时代变化。

早在20世纪70年代，各国就卫星传播的平等发展问题争论时，美国国防高级研究计划局（DARPA）就启动了一个名为“联网”（Internetting）的项目，该项目旨在研究如何实现多个计算机之间互联的网络通信协议，其最重要的成果就是TCP/IP协议，而研究中产生的网络系统就是后来著名的“互联网”。[①] 此后，美国国家科学基金会（NSF）启动了NSFNET的开发，互联网发展的技术储备逐渐成熟。到80年代，帝姆·伯纳斯·李（Tim Berners-Lee）和欧洲粒子物理实验室的其他研究人员提出了一个超文本系统，此后，李又将超文本系统同传输控制协议、域名系统结合在一起，形成了后来被称为WWW的万维网（World Wide Web）。

早在1980年，《麦克布莱德报告》就阐述了互联网技术的潜在力量：

> 由于新的信息科学的发展，人们能够获取的信息量大大增加，计

---

① Kenney, M., “The Growth and Development of the Internet in the United States”, *The Global Internet Economy*, 2007, pp. 69 – 108, https://kenney.faculty.ucdavis.edu/wp-content/uploads/sites/332/2018/03/Growth-and-Development-of-the-Internet-in-the-United-States.pdf.

算机和大数据库可以用来整理、储存和传送数以百万计的信息。二进制代码创造了一种新的语言，使得即时传播成为可能。这些发展不仅使信息和娱乐资源，而且使科学、医学、学术和职业生活的所有部门以及一般社会组织的资源倍增，其程度在过去是无法想象的。①

一面是技术发展的大背景，一面是信息主权的诉求，联合国也开始意识到，建立世界信息和通信新秩序应该是一个持久的、不断发展变化的工作，不可一蹴而就。加之国际计算中心解散后，教科文组织吸收了其部分职能，将工作重点从促进传播基础设施和大众传播的发展转向了信息学方面的内容，强调通过推动信息技术的普及来帮助更多国家获取信息、加强沟通、积累财富、促进社会进步。1989 年，教科文组织采取了新的传播战略，强调信息和传播技术促进发展的问题以及数字技术对传播领域的重要性，提出"思想和知识的自由交流，以及通过文字和图像进行的思想自由流通，在很大程度上依赖于计算机，而计算机与通信和电信一样，只是一种工具，但绝对是必不可少的工具"。1990 年，教科文组织又在其秘书处内设立了一个通信、信息和信息学部门，将所有与通信和数字信息技术有关的方案重新组合。

因此，进入 20 世纪 90 年代，关于《麦克布莱德报告》和新秩序的讨论逐渐消失在国际会议和跨政府国际治理的会议中。

① UNESCO, Many Voices, *One World: Towards a New More Just and More Efficient World Information and Communication Order*, 1980, pp. 1 – 9, https://www.scribd.com/doc/52132938/Many-Voices-One-World-The-MacBride-Report-1980.

第六章　国际信息传播秩序第三次变迁：互联网时代悬而未决的争论

从电报网、卫星网络到互联网，新技术的发展并非遵循绝对意义上的递进线性逻辑，而是需求导向型的交叠式进步。和卫星通信技术取代电报技术类似，互联网技术同样发迹于美国军方，技术的快速商用再一次带来了传播应用的划时代改变。

第一节　互联网技术从美国发展到世界

互联网商用始于20世纪90年代，发展史可追溯到冷战初期。

互联网研究同样起源于军方，其前身是美国国防部高级研究计划署（Defence Advanced Research Projects Agency，简称DARPA）主导开发的阿帕网（ARPAnet），该网络由美国国防部高级研究计划署出资，由技术公司和大学共同研发，于1969年投入使用。由于最初的阿帕网主要是用于军事研究，因而在设计理念上强调网络必须经受得住故障考验而维持正常的工作，一旦发生战争，当网络的某一部分因遭受攻击而失去工作能力，网络的其他部分应能维持正常的通信工作。因此，阿帕网在网络传输中采取分包传输的设计理念，这一理念被沿用至今。1970年，史蒂夫·克拉克（S. Crocker）及其网络工作组开发“网络控制协议”（Network Control Protocol，简称NCP），该协议被应用于阿帕网。虽然早期的阿帕网只有一种计算机语言和一套协议，但这种新型组网方式的出现标志着现代计算机网络的诞生，奠定了互联网存在和发展的基础。

随着阿帕网用户的增多，阿帕网所采用的网络通信协议无法满足网络传输需求，1974 年，文顿·瑟夫（Vinton G. Cerf）和罗伯特·卡恩（RobertE. Kahn）在《通信期刊》（*IEEE Transactions on Communication*）发表了《一种用于报文网络互通信的协议》（A Protocol for Packet Network Intercommunication），对传输控制协议（Transmission Control Protocol，简称 TCP）进行了详细设计。1978 年，TCP 协议被分解为 TCP 功能协议和互联网协议（InternetProtocol，IP）两个独立部分，其中，TCP 协议负责将完整的信息分解为多个独立报文以及还原信息；IP 协议则负责传递数据报文。美国国防通信局（DCA）和美国国防部高级研究计划署将两个协议合并为 TCP/IP 协议簇，挪威采用该协议接入互联网，真正意义的跨国互联网出现。

1983 年，TCP/IP 协议正式替代网络控制协议，成为影响至今的应用最为广泛的互联网传输协议。也正是在这一年，保罗·莫卡佩里斯（Paul Mockapetris）发明了域名系统（Domain Name System，简称 DNS），实现了域名和 IP 地址的分布式映射。

1986 年，美国国家科学基金会（NSF）启动了 NSFnet 的开发，这也成为因特网的前身。此后，NSFnet 为互联网提供了主要的骨干通信服务，这一网络在全美国建立了按地区划分的计算机广域网并将这些地区网络和超级计算机中心互联起来。美国国家航空航天局（NASA）和美国能源部分别以 NSINET 和 ESNET 的形式提供了额外的骨干设施。NSFnet 于 1990 年 6 月彻底取代了阿帕网成为因特网的主干网。1991 年，通过与 IBM 等公司合作，NSFnet 与 T3 级主干网相联通，自此，互联网从供给部分精英发展成为面向全社会开放。

20 世纪 80 年代见证的另一个较大的技术应用变化则是互联网从美国走向全球。1985 年，欧洲粒子物理研究室（European Organization for Nuclear Research）的内部网络启用了 IP 互联网协议；1989 年，其开始尝试构建万维网，1991 年，世界上第一个网站在那里诞生。80 年代末，互联网抵达亚洲。

而 20 世纪 90 年代互联网的商用促成了其普遍意义上的飞跃，进而改变了信息服务、人际沟通等各方面的交互形态，并推动社会向知识社会转型。20 世纪 90 年代到 21 世纪的第一个十年，互联网经历了快速普及期。

资料显示，1985 年到 2005 年，接入互联网的电脑从 562 台增加到 3000 亿台，2010 年互联网用户达到 20 亿人。①

第二节 互联网时代国际信息传播秩序构建的尝试

“互联网”（internet）一词是由“多个计算机组网”（internetworking）截短而成的逆生词汇。20 世纪 80 年代和 90 年代初，它身披“异见的浪漫色彩外衣”走来，有学者指出，人们将 internet 的首字母大写，Internet 一定程度上反映了人们对互联网的敬畏和期许，甚至“赛博空间”这类词汇也是互联网初期用户来自于科幻文艺的想象。②

虽然互联网出现之初充满了去中心化的美好想象，然而，从互联网的早期形态看，全球互联网严格上说是与美国构建起的骨干网络的互联互通，这也就意味着，从技术规划到网络结构，美国都拥有着互联网的主导权乃至控制权，这也使美国在第三次信息革命中抢占先机。一项关于 2003 年到 2009 年间互联网流量分析的研究为我们呈现了早期全球网络格局（如图 6 - 1 所示）。七国集团（Group of Seven，简称 G7）和部分欧洲国家位于全球网络传播的中心；其周边是巴西和俄罗斯等区域核心，巴西连接了南美，俄罗斯连接了苏联的部分国家。此外，由于经济发展、地缘位置、语言和宗教、文化等方面的因素，全球还存在着区域、文化和语言的分组③，如拉美组、以俄罗斯和中国为中心的地缘分组、斯堪的纳维亚组以及由 G7 国家组成的核心组。④

---

① ［英］詹姆斯·柯兰、娜塔莉·芬顿、德斯·弗里德曼：《互联网的误读》，中国人民大学出版社 2020 年版，第 43 页。

② ［英］詹姆斯·柯兰、娜塔莉·芬顿、德斯·弗里德曼：《互联网的误读》，中国人民大学出版社 2020 年版，第 42—43 页。

③ Park，H. W.，George A. Barnett & Chung J. Chung，“Structural Changes in the 2003 - 2009 Global Hyperlink Network”，*Global Networks*，Vol. 11，No. 4，October 2011，pp. 522 - 542.

④ Park，H. W.，George A. Barnett & Chung J. Chung，“Structural Changes in the 2003 - 2009 Global Hyperlink Network”，*Global Networks*，Vol. 11，No. 4，October 2011，pp. 522 - 542.

回顾历史不难发现，互联网技术的出现和互联网应用的普及，并未能够结束信息传播秩序不公的问题。进入 21 世纪，各国重新聚首，讨论互联网传播秩序和规则的问题，信息传播新秩序悬而未决的问题重新来到了世界信息峰会上。

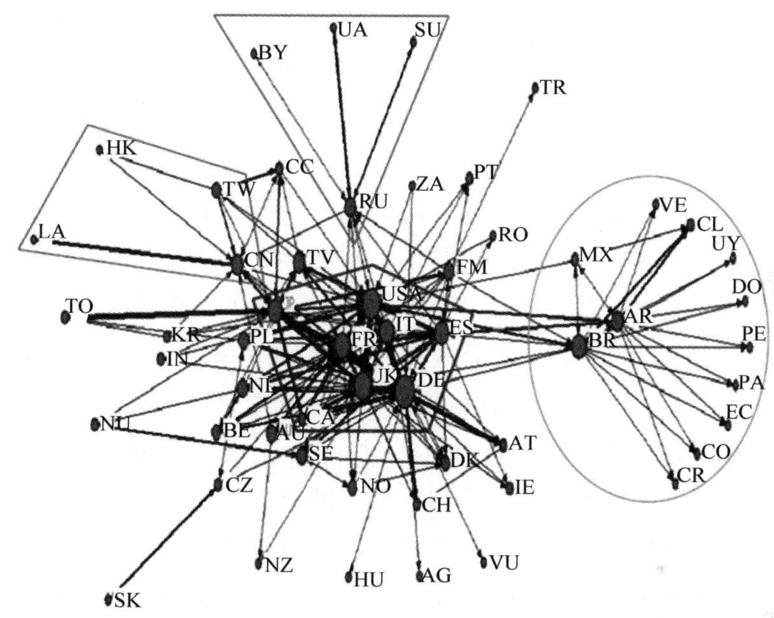

图 6－1　2003—2009 年互联网全球传播格局示意图

注：转引自 Park，H. W.，George A. Barnett & Chung J. Chung，“Structural Changes in the 2003－2009 Global Hyperlink Network”，*Global Networks*，Vol. 11，No. 4，October 2011，pp. 522－542.

进入 20 世纪 90 年代，关于互联网扩张和治理模式的争论开始增多。国际电信联盟（International Telecommunication Union，简称 ITU）作为负责分配无线电频谱和卫星轨道，致力于全球电信政策标准化的联合国的专门组织，为了“确定信息社会的共同愿景，并解决电信的全球化，必须考虑到所有成员国的政策、法规、网络和服务协调发展的问题”，于 1998 年首次提出了以尽可能高的级别举行信息社会世界峰会（World Summit of Information Society，简称 WSIS）的倡议。2001 年 12 月 21 日，联合国大会通过第56/183号决议，批准举行信息社会世界首脑会议。[①]

为了准备信息社会世界峰会，2003年3月，国际科学联合理事会、教科文组织、国际科学技术数据委员会等组织在教科文组织总部召开了作为信息社会世界峰会预备会议的国际研讨会。

信息社会世界峰会由国际电联主办，与教科文组织、开发署和贸发会议共同举办，正式会议分两阶段。互联网治理问题再次成为争议焦点，关于缩小横亘在全球贫富国家之间的“数字鸿沟”、网络管理和域名分配等问题成为热点话题，这也仿佛成了信息与传播新秩序之争在互联网时代的延续。

信息社会世界峰会第一阶段会议于2003年10月至12月在日内瓦召开（简称“日内瓦峰会”），有来自175个国家的高层代表，其中包括近50位国家和政府首脑以及副总统，另有1.1万人参加了信息社会世界首脑会议以及相关的活动。会议通过了《日内瓦原则宣言》和《日内瓦行动计划》。《原则宣言》提出，所有利益相关方应紧密合作，建设包容性信息社会，并向知识共享的全民信息社会迈进[②]，会上就互联网管理、安全、自由，软件开源、知识产权、通信权进行了讨论[③]，并提出促进“共享知识”的理念，互联网作为新一代大众媒介，再次同“促进信息交流与沟通的使命”联系在了一起。值得一提的是，《原则宣言》第四十九条对网络管理问题进行了明确界定[④]，提出：

> 因特网的管理既包括技术问题，也包括政策问题，并应由所有利益相关方和相关政府间和国际组织参与。在此方面，我们认识到：

---

① United Nation, *Resolution Adopted by the General Assembly* 56/183, World Summit on the Information Society, UN, January 31, 2002, http://www.itu.int/net/wsis/docs/background/resolutions/56_183_unga_2002.pdf.

② 信息社会世界峰会：《原则宣言：建设信息社会——新千年的全球性挑战》，2003年12月12日，https://www.un.org/chinese/events/wsis/decl.pdf.

③ Pickard, V., “Neoliberal Visions and Revisions in Global Communications Policy from NWICO to WSIS”, *Journal of Communication Inquiry*, Vol. 31, No. 2, 2007, 118–139.

④ 信息社会世界峰会：《原则宣言：建设信息社会——新千年的全球性挑战》，2003年12月12日，https://www.un.org/chinese/events/wsis/decl.pdf.

> (1) 与因特网有关的公共政策问题的决策权是各国的主权。对于因特网有关的国际公共政策的问题，各国拥有权利并负有责任。(2) 在技术和经济领域，私营部门已经并继续在因特网的发展中发挥重要作用。(3) 民间团体亦已在因特网问题方面发挥重要作用，在社区层面尤其如此，并应继续发挥这一作用。(4) 政府间组织已经并应继续在与因特网有关的公共政策问题的协调中发挥推动作用。(5) 国际组织已经并应继续在与因特网有关的技术标准和相关政策的制定中发挥重要作用。

《行动计划》则是对《原则宣言》的进一步细化，在获取信息和服务、能力建设、树立使用信息通信技术的信心、环境建设、信息通信技术应用的普惠性等方面做了具体的规定。① 此外，第一阶段会议的成果还包括由联合国秘书长出面设立互联网治理工作组。

信息社会世界峰会第二阶段于 2005 年 12 月在突尼斯召开（简称“突尼斯峰会”）。在此之前，各国就互联网治理问题进行了进一步的博弈。2005 年 7 月，互联网工作组提交了研究报告，报告对互联网治理进行了明确定义②：“各国政府、市场、民间团体各尽其责，开发并使用一致的原则、规范、规则、决策程序以及项目，促进互联网的进步与使用”，具体而言，包括“根区文件与系统、互联成本、互联网稳定性、安全与电子犯罪、垃圾邮件、域名分配、知识产权权利、言论自由、数据保护与隐私权利、消费者权利以及电子商务等”。此后不久，美国宣布不会放弃对互联网治理的控制，提出“美国将维护自己在保护互联网安全性与稳定性方面的特殊作用……承认 ICANN 是对互联网核心资源进行技术管理的主要机构”等。欧盟在 2005 年 10 月的筹备委员会上，对美国的垄断地位提出了坚决反对。③ 国际科学技

---

① 《行动计划》，WSIS-03/GENEVA/DOC/5-C，December 12，2003，https：//www. un. org/chinese/events/wsis/plan. pdf.

② 《互联网治理工作组报告》，转引自徐培喜《全球传播政策——从传统媒介到互联网》，清华大学出版社 2018 年版，第 100—101 页。

③ Pickard，V.，“Neoliberal Visions and Revisions in Global Communications Policy from NWICO to WSIS”，*Journal of Communication Inquiry*，Vol. 31，No. 2，2007，pp. 118 – 139.

术数据委员会主席、日本东京大学岩田（IWATA）教授发表题为《突尼斯承诺》的发言，“发达国家和发展中国家之间以及各个社会内部，信息技术革命所带来的益处分布不均”的问题再次被提上日程。①

第二阶段会议通过了《信息社会突尼斯议程》②，承认“互联网的稳定性、连续性、安全性，多利益攸关方共治，开放透明，各国政府平等和互不干涉各国域名空间”等原则。具体包括两个方面：

一是技术发展融资机制方面，会议承认数字鸿沟给各国带来的挑战以及弥合数字鸿沟的重要性，并提出“在未来的许多年中为信息通信技术基础设施、服务和能力建设及技术转让提供充足和持续的投资”，并“以互惠条件促进包括信息通信技术在内的技术转让”。此外，会议还归纳了当时信息通信技术融资的两个特点，即“大量投资涌入了那些私营部门参与得到鼓励的地方、那些旨在弥合数字鸿沟的公共政策得到落实的地方”，以及“多数发展中国家的信息通信技术基础设施融资以公有投资为主”。进而提出改进和创新融资机制的建议，包括强化融资机制，通过建立鼓励建设区域性骨干基础设施的机制来加强区域性合作并创建利益相关方的伙伴关系，通过降低骨干网提供商的国际互联网收费等方法为各国提供与其支付能力相适应的信息通信技术接入，帮助加快国内融资工具的开发等。

二是互联网治理问题，会议重申了日内瓦会议的原则，即互联网已发展成为面向公众的全球性设施，其治理应成为信息社会日程的核心议题。同时，将互联网治理问题划分为技术和公共政策两个方面，由所有利益相关方和相关政府间和国际组织参与，并再次强调了主权国家、私营部门、民间团体、政府间组织和国际组织在互联网治理中的角色和作用。

此外，第二阶段会议最终达成一致，授权互联网域名与数字地址分配机构（ICANN）在IPv4协议中分配稀缺资源，而关于跨境数据流动、文化多样性、新闻内容监管等内容都不在其讨论范围内。当然，由于美国在互联网发展早期的绝对优势，基于“利益攸关方”的域名分配和治理规则实

① 刘闯：《联合国世界信息峰会后续行动计划前沿领域研究——我国科技基础条件平台建设国际合作新机遇》，《中国科技资源导刊》2008年第2期。

② 信息社会世界峰会：《信息社会突尼斯议程》，2021年12月17日，https://www.un.org/chinese/events/wsis/agenda.htm#note1。

际上确立了美国主导的网络治理格局。

日内瓦和突尼斯峰会之后，《日内瓦行动方案》中的 11 条发展方向分别由联合国下设的几大国际组织机构协同承担，包括国际电信联盟（ITU）、联合国贸易和发展会议（UNCTAD）、联合国教科文组织（UNESCO）和联合国发展基金（UNDP）。①

第三节　互联网时代国际信息传播秩序的争议及走向

信息社会世界峰会第二阶段会议提出了召开互联网治理论坛（Internet Governance Forum，简称 IGF）的倡议。2006 年，联合国授权启动互联网治理论坛，并决定每十年发布"WSIS + 10"进程。互联网治理论坛的使命包括：讨论与互联网治理的关键要素相关的公共政策问题；与相关政府间组织和其他机构就其职责范围之内的问题进行沟通；加强和促进各利益相关方，特别是发展中国家的利益相关方参与互联网治理机制建设等。

2006 年 10 月 30 日至 11 月 2 日，第一届互联网治理论坛在希腊雅典举行，会议主题包括开放性、安全性、多样性和访问性等；2007 年第二届互联网治理论坛的主题是关键互联网资源……此后，论坛的主题围绕互联网治理、访问和多样性、开放性、安全性、互联网生态系统的未来、数字信任等方面展开。近年来，互联网治理论坛的主题还包括人工智能、假新闻等新议题。

然而，随着互联网的不断普及，早在信息社会世界峰会上提出的关于数字鸿沟、治理权责划分等问题，开始受到越来越多国家的重视，关于互联网传播秩序的讨论开始越来越受到重视，焦点主要围绕以下方面。

一　利益攸关方治理原则与"丛林法则"

信息社会世界峰会第一阶段会议上所确立的利益攸关方治理原则，实

① 胡献红：《世界信息社会峰会和全球互联网治理论坛十年回顾与未来展望》，《汕头大学学报》（人文社会科学版）2016 年第 6 期。

际就已经为互联网治理问题埋下了伏笔——根据《原则宣言》规定，互联网治理包括公共政策和技术标准两部分，其中，关于公共政策问题的决策权归主权国家共同拥有，政府间组织在其中应发挥协调作用；对于技术标准、技术融资等问题，私营部门、民间组织和国际组织则被授予了极大的权力。

而利益攸关方的治理模式，本质上就构成了互联网治理的丛林法则，即强者制定规则，弱者遵从规则，互联网治理的话语权完全掌握在互联网强国手中，具体可以从利益攸关方的组成成员看出。

主权国家方面，虽然《原则宣言》承认主权国家对互联网公共政策的决策权，但随着互联网的深入和普及，越来越多的国家发现，互联网公共政策和技术标准并不能一分为二。以美国为例，全球数据流动的信息中心交汇于美国，大型互联网公司集聚于美国，这也就决定了美国在互联网政策制定中掌握了绝大多数的利益攸关方话语权。

国际组织方面，互联网治理相关国际组织主要包括：互联网名称与数字地址分配机构（The Internet Corporation for Assigned Names and Numbers，ICANN）、互联网数字地址分配局（Internet Assigned Numbers Authority，IANA）、国际互联网协会（Internet Society，ISOC）、互联网工程任务组（The Internet Engineering Task Force，IETF）、互联网研究任务组（Internet Research Task Force，IRTF）、互联网工程指导组（Internet Engineering Steering Group，IESG）、互联网架构委员会（Internet Architecture Board，IAB）、地区性互联网注册管理机构（Regional Internet Registry，RIR）等。[①] 这些组织早期与美国政府机构有着诸多联系，例如美国政府就通过IANA以合同的方式授权ICANN执行技术职能。

私营企业方面，参与国际互联网组织并具有一定发言权的企业包括亚马逊、苹果、思科、谷歌、脸谱、华为、微软、三星电子等。[②] 由于美国拥有互联网技术和应用的先发优势，这些企业绝大多数来自美国，这一点在后面的章节仍会提及。

---

① 方滨兴：《论网络空间主权》，科学出版社2020年版，第128—129页。

② 方滨兴：《论网络空间主权》，科学出版社2020年版，第135页。

关于主权国家在互联网治理中的地位作用与利益攸关方共同治理原则之间的争议，仿佛成为世界信息传播秩序在互联网时代的延续。

主权与利益攸关方之原则的争议主要围绕“安全”框架展开。早在 1998 年，俄罗斯就提出了“安全信息和电信技术”这一概念。

1998 年，俄罗斯外交部部长伊格·伊万诺夫（Igor Ivanov）向联合国第一委员会提交“安全背景下信息和电信领域的发展”决议草案。在决议中，俄罗斯提出信息和通信技术在军事方面的潜能，并且高度关注技术的应用“不符合维护国际稳定与安全的宗旨”；美国并不认同俄罗斯提出的安全框架，但认为“有必要防止网络犯罪和网络恐怖主义”①。1999 年联合国大会通过了决议，即第 53—70 号决议。然而，俄罗斯尝试制定一份国际协议的倡议却遭到了美国和部分欧洲国家的反对，美国和部分欧洲国家由于担心“信息和电信安全”会被用于“限制信息自由”，故而一直投反对票。

2006 年，决议草案（A/C. 1/61/L. 35）从俄罗斯单独支持变为中国、亚美尼亚、白俄罗斯、哈萨克斯坦、吉尔吉斯斯坦、缅甸、塔吉克斯坦、乌兹别克斯坦等多国支持。争论持续到 2010 年，彼时，草案对制定网络军备控制协议相关的定义进行了明确，并且用“国际观念”和“可能的措施”代替了“国际原则”的提法，最终美国投票赞成。②

2011 年，中国、俄罗斯、塔吉克斯坦和乌兹别克斯坦向联合国秘书长递交了关于《信息安全行为国际准则》的决议草案，要求在 66 届联大上发放，主权国家在维护网络安全中的职责作用问题再次成为讨论焦点。美国对外关系委员会亚当·西格尔（Adam Segal）认为，接受《信息安全行为国际准则》的国家的意图主要在于“独立控制信息和通信技术”，而且由于《信息安全行为国际准则》的中心是国家级多边合作，这与互联网治理的利益攸关方原则相悖。③

---

① ［美］蒂姆·毛瑞尔：《联合国网络规范的出现：联合国网络安全活动分析》，曲甜等译，第 20 页，https：//carnegieendowment. org/files/full_ piece_ . pdf.

② ［美］蒂姆·毛瑞尔：《联合国网络规范的出现：联合国网络安全活动分析》，曲甜等译，第 20 页，https：//carnegieendowment. org/files/full_ piece_ . pdf.

③ ［美］蒂姆·毛瑞尔：《联合国网络规范的出现：联合国网络安全活动分析》，曲甜等译，第 20 页，https：//carnegieendowment. org/files/full_ piece_ . pdf.

此后这一话题在互联网治理论坛上屡被提及。2011 年论坛上，俄罗斯再次提出，互联网现在已经成为所有利益相关者，包括国家政府的重要全球基础设施。由于各类社会信息服务越来越多依赖互联网，政府行使其基本职能已变得至关重要，并且是用户在互联网服务发生任何严重中断时的最后求助对象。因此，正如在以前的互联网论坛上反复提到的，俄罗斯提出政府应该对信息资源和服务的稳定性、连续性和安全性以及关键网络基础设施的可靠性和安全性负责①；2013 年论坛上，俄罗斯参会代表再次提出互联网治理的角色问题，"所有各方和多方利益相关者的作用和责任应该被定义，首先是政府，因为他们在经济的关键领域发挥着共同的作用，安全和稳定的问题，关键基础设施，发现和制止互联网的非法行为，也就是互联网的安全……应该在国家政府和相关国际和政府间组织的主导作用的基础上考虑。这些问题不能成为私人部门和民间社会的专属管辖范围"②。

二 域名管理问题

如前所述，互联网治理问题包含公共政策和技术标准两个维度，二者不能一分为二。如果说关于网络主权国家职责同利益攸关方治理原则之间的争论尚属宏观领域，那么在技术层面的互联网管理问题则相对更为具体。

早在 2006 年的互联网治理论坛上，俄罗斯联邦就向论坛提交材料，"希望互联网治理论坛建立处理国际互联网治理的原则和未来机制，并讨论与域名系统和 IP 地址的管理有关的问题"③。

关于域名管理，经历了个人主导—研究机构管理—政府介入—全球合

---

① The Sixth Meeting of the Internet Governance Forum, IGF 2011 – 'Internet as a Catalyst for Change: Access, Development, Freedoms and Innovation', September 27 – 30, 2011, p. 282. https://www.intgovforum.org/multilingual/filedepot_download/3367/9

② The Eighth Meeting of the Internet Governance Forum, IGF 2013— 'Building Bridges-Enhancing Multistakeholder Cooperation for Growth and Sustainable Development', October 22 – 25, 2013, p. 149, https://www.intgovforum.org/multilingual/filedepot_download/3367/11.

③ Doria, Avri, and Kleinwächter, Wolfgang, *Internet Governance Forum (IGF): The First Two Years*, 2006, p. 71, https://www.intgovforum.org/multilingual/filedepot_download/3367/5.

作的过程。早期，著名计算机科学家乔·波斯特尔（Jon Postel）在南加州大学（University of Southern California）创立互联网号码分配机构（IANA），按照与美国国防部（U. S. Department of Defense）下属国防高级研究计划署签署的合同来分配互联网地址。国际互联网协会（ISOC）和 IANA 联合组建国际特别委员会（IAHC）编制《通用顶级域（gTLD）谅解备忘录（MoU）》，遭到包括美国政府在内的各方反对。1997 年，克林顿政府承诺对域名系统（DNS）进行私有化管理，从而促进竞争和全球合作。1998 年，《互联网域名和地址技术管理改进提案（Proposalto Improve the Technical Management of Internet Names and Addresses）》（即《绿皮书》）出台，提出将 DNS 管理从美国政府转交给美国一家新建的、全球参与式的非营利企业。与此同时，波斯特尔向美国商务部呈交了一份有关负责 DNS 管理的《章程》草案，这成为后来互联网名称与数字地址分配机构（ICANN）章程的基础。1998 年，ICANN 于加利福尼亚成立；成立后不就，ICANN 与美国商务部签署《谅解备忘录》，明确 ICANN 的职责是管理 DNS 的技术职能、互联网地址的号码分配、端口分配协调、协助维护互联网唯一标识符的稳定，并且规定 ICANN 定期向美国商务部汇报工作；同年 12 月，IANA 职能从南加州大学移交至 ICANN。2005 年 6 月，联合国下设的互联网治理工作组（WGIG）号召美国放弃对互联网域名和号码的单边管理。①

关于域名管理问题的争议，从早期美国研究机构扩展到全球治理。

首先是在美国国内，早期互联网社群同政府和企业之间就管理权的问题展开争议。最典型的事件当属 1998 年 1 月波斯特尔向十二个网络区域根域名服务器操作者中的八个发送了机密邮件，让他们将根区服务器从那时的 SAIC 辅助网络解决方案 NSI 的 A. ROOT-SERVERS. NET（198. 41. 0. 4）改为 IANA 的 DNSROOT. IANA. ORG（198. 32. 1. 98）。操作者遵守了波斯特尔的指令，从而划分了网络域名的控制：非政府操作者的 IANA，和美国政府的 4 个（NASA、DoD 及 BRL 的 NSI）。虽然互联网的使用没有中断，但他们很快接到政府高级官员撤销这一计划的命令。在一周内，美国国家电信和信息管理局（NTIA）发表名为《完善互联网域名和

① ICANN，《ICANN 与美国政府的关系》，https：//www. icann. org/zh/history/icann-usg.

地址技术管理》的提案，包括互联网 DNS 根区权限的改变，最终在争议中加强了美国对于互联网的控制。①

其次是来自其他主权国家关于域名管理的争议。

这一话题早在 2005 年信息社会世界峰会第二阶段会议上就发生了。会上，部分欧盟成员国尝试推动成立一个政府间组织取代 ICANN②，这一倡议未能实现。此后，随着互联网的发展普及，各国对互联网治理中的大国垄断表达出越来越多的不满。各国开始质疑互联网名称与数字地址分配机构的合法性，关于建立一套新的互联网治理机制的提议得到越来越多国家，特别是发展中国家的支持。③

2006 年互联网治理论坛上，俄罗斯信息技术部的代表提出“互联网的未来最重要的事情之一是对名称和域名的国际管理。我们已经和许多来自不同国家的代表团谈过这个问题，而且他们都很感兴趣，所以我们希望这个问题能够列入巴西论坛的议程”④。

2009 年互联网治理论坛上，埃及和俄罗斯提出优先申请顶级域名的要求。关于这一问题，2010 年互联网治理论坛上，有代表提出，国际化域名的推广将是一个漫长的过程。对于一些本土语言能够满足该国信息和通信技术或互联网功能的表述的国家，如阿拉伯世界、中国和俄罗斯，这一过程可能相当迅速。然而，对于一些国家来说，尤其是在互联网上使用英语的国家，自有的多语种顶级域名的推广、普及会受到英语传统的限制。因此，为了解决采用国际域名的问题，能力建设是一个首要问题。⑤ 2013

---

① 乔恩·波斯特，https://zh.wikipedia.org/wiki/%E5%96%AC%E6%81%A9%C2%B7%E6%B3%A2%E6%96%AF%E7%89%B9%E7%88%BE#DNS%E7%B3%BB%E7%BB%9F%E7%AE%A1%E7%90%86%E5%91%98%E6%9D%83%E9%99%90%E6%B5%8B%E8%AF%95%EF%BC%8C%E7%BE%8E%E5%9B%BD%E7%9A%84%E5%8F%8D%E5%BA%94.

② ［美］蒂姆·毛瑞尔：《联合国网络规范的出现：联合国网络安全活动分析》，曲甜等译，第 45 页，https://carnegieendowment.org/files/full_ piece_ .pdf.

③ 许祎玥、陈帅、方兴东：《信息社会世界峰会的演进历程及发展现状》，《汕头大学学报》（人文社会科学版）2017 年第 7 期。

④ Doria, Avri, and Kleinwächter, Wolfgang, *Internet Governance Forum (IGF): The First Two Years*, 2006, p. 207, https://www.intgovforum.org/multilingual/filedepot_ download/3367/5.

⑤ The Fifth Meeting of the Internet Governance Forum, IGF 2010-Developing the Future Together, September 14 – 17, 2010, p. 102, https://www.intgovforum.org/multilingual/filedepot_ download/3367/8.

年，互联网治理论坛宣布，阿拉伯文、俄文和中文通用顶级域名首次被添加到互联网根目录中。

由于中国、俄罗斯在2012年国际电信世界大会上强烈呼吁改变ICANN单边控制，加之2013年斯诺登事件带来的不良影响①，美国政府机构于2014年3月14日宣布放弃对ICANN的管理权，正如90年代互联网基础资源管理权不能移交给联合国一样，关于域名的管理权也没有交接给联合国，而是移交给利益攸关体。在2016年移交管理权时，ICANN负责移交工作的工作小组制定了7个不同移交方案，前提都是必须满足美国电信管理局提出的一揽子要求。②

需要指出的是，ICANN的移交，并不意味着互联网治理中强国地位的消亡，正如“棱镜”项目所披露，美国国安部等机构仍然通过互联网关键基础设施直接截取信息情报。此外，随着互联网与信息社会的持续耦合，公共政策与底层基础设施之间的关联越来越密切，利益攸关方的治理原则本质上将技术协议、管理规则制定的话语权更多地交到了一个或少数几个大国手中。相信在未来的网络空间中，国家主权与利益攸关方的治理原则仍将是各国争议的焦点之一。

三　信息社会发展使得知识鸿沟的问题愈加复杂

如前所述，在20世纪70年代信息传播新秩序之争中，联合国教科文组织扮演着极其重要的角色。新秩序的论争随着美国、英国退出教科文组织无果而终，教科文组织也逐渐将工作重点转移到信息素养教育和知识鸿沟消解等方面。此外，从技术角度看，一方面，世界信息传播新秩序建立在第三世界国家无线电和通讯社快速发展的技术背景下，而互联网初期，主权国家之间形成了断层式差距；另一方面，网络基础设施对信息的控制力相较于卫星、电报时代更为强大，因此，关于互联网信息传播秩序的争论主战场转移到了电信联盟、互联网治理论坛等场地。

---

① 程群：《互联网名称与数字地址分配机构和互联网国际治理未来走向分析》，《国际论坛》2015年第1期。

② 黄浩然：《论联合国在网络空间国际治理体系中的法律地位》，硕士学位论文，北京邮电大学，2018年。

在整个信息社会世界峰会进程中，教科文组织将自身定位为促进信息和传播技术在内容、政策和能力发展方面的催化剂。除了基础设施发展不均衡所带来的数字鸿沟之外，教科文组织提出，“消除知识鸿沟”同样重要，并将知识鸿沟与信息获取权、信息素养、信息意识、信息能力建构在了一起。[①] 例如，针对信息社会世界峰会《行动路线》中传统媒体和新媒体的方案（C9），教科文组织就将目标确定为言论自由、媒体发展和媒体人员能力建设、媒体和信息扫盲、通过社交媒体获取信息、性别平等等推动传统媒体和新媒体发展等方面[②]，这在某种程度上也是对 20 世纪 80 年代信息与传播新秩序中关于全球信息不平衡问题的另一种回应。

此外，教科文组织还于 2005 年发布《迈向知识社会》[③]，提出“信息和传播技术不仅涉及无线电、计算机、手机，还关乎人们创造、分享和获取知识”，这也意味着教科文组织的重点从新闻传播平等问题转向了数字时代包容性知识社会构建。

近年来，国际传播场域中处于非核心地带的国家也尝试发展自身媒体，突破话语垄断，例如“今日俄罗斯”（RT）、“半岛电视台”都是解决信息流动不平衡问题的有益尝试。然而，这并未改变国际传播话语权不平衡的问题；而且，媒体内容流动的不平衡问题不再是各国讨论的焦点话题，甚至被有意或无意地忽略了，关于媒体内容流动不平衡的议题逐渐从主权国家框架转向个人的沟通权利、媒介信息素养等个体框架。

随着知识社会的不断发展，网络跨境数据流动、网络安全等议题开始囊括到媒体路线的讨论中，网络治理的跨国协作属性与网络空间的主权属性交织，个体议题框架重新与主权议题框架合流，成为与公共政策紧密关联的话题。然而，经过多年的讨论与努力，技术鸿沟逐渐从数字鸿沟发展为知识鸿沟，这一议题的内涵和外延都在不断扩大，而且随着信息技术对

---

① 黄浩然：《论联合国在网络空间国际治理体系中的法律地位》，硕士学位论文，北京邮电大学，2018 年。

② UNESCO and WSIS, Media（C9）, 2005, https：//webarchive. unesco. org/20170129215204/http：//www. unesco. org/new/en/communication-and-information/unesco-and-wsis/implementation-and-follow-up/unesco-and-wsis-action-lines/c9-media/.

③ UNESCO. Towards Knowledge Societies：UNESCO world report（chi）, 2005, https：//unesdoc. unesco. org/ark：/48223/pf0000141843_ chi.

社会改造的加深而日益复杂严峻。

随着互联网的发展普及，各国关于网络空间的争夺愈演愈烈，与其说互联网的传播秩序已经形成，不如说，互联网全球互联互通的二三十年间，互联网的全球传播秩序并未真正成型。未来何去何从，我们将在后面的章节中展开讨论。

第三部分

互联网国际信息传播格局中各国的行为机制特征

第七章　国际信息传播格局与秩序现状

自20世纪90年代互联网投入商用，到现在已30年有余。在这30多年间，全球网络格局发生了诸多改变，呈现去中心化与再中心化交织的特点。一方面，美国依托在信息技术领域抢占的先机，在全球互联网基础结构布局、行业标准制定、基础设施建设等方面占有优势；另一方面，互联网全球普及，到2021年全球互联网用户数量达46.6亿、社交媒体用户数量近42亿。① 互联网历经web1.0、web2.0和web3.0阶段，从平台向用户的单向传播、大众自我传播，进一步向去中心化的方向发展。本章聚焦2020年全球新闻信息流动的实时状态，通过对2020年9月至12月重点新闻网站、大型平台和搜索引擎的流量分析，从新闻信息流的表象进入传播渠道、网络结构的本质，进而呈现当下全球信息传播格局的最新特点。

第一节　研究问题、研究方法及数据准备

一　研究问题

为全面呈现当前全球信息传播格局，掌握各主权国家在网络空间中的传播力，本书综合采取人工标注、行业排序相结合的筛选手段，选取全球60个国家和地区的288个信息资讯类网站②。利用全球网络流量Alexa数据库的公开接口，对其流量进行分析，探讨各国在网络空间中的位置和相

① 《报告：全球网民数量达46.6亿 中国人每天上网5小时22分》，2021年1月27日，https://finance.sina.com.cn/tech/2021-01-27/doc-ikftpnny2352791.shtml。

② 为确保网络完整性，本章将部分地区作为节点纳入计算体系。但在后文的分析中，“地区”不作为研究对象，第八章至第十章仅考察国家主体的行为特征及特点。

互关系。

本书将具体从以下几个问题着手，尝试解答当前网络传播场域的现状和特点。

第一，全球信息传播格局在内容生产、信息扩散、信息索引、网络结构等方面，呈现何种特点？

第二，以各国大众媒体在全球信息传播场域中的表现为着眼点，各国的信息服务、信息获取和对外传播能力如何？主要国家的力量对比有何特点？

第三，当前互联网环境下，各国在全球传播网络中所处的绝对和相对位置如何分布？哪些国家处于核心区域，哪些处于半核心、半边缘和边缘区域？各自有何特点？

二 数据选取

相较于既有研究或聚焦国别域名，或聚焦社交媒体链接，本书尝试从媒体网站入手，通过媒体网站的流量详情，分析各国的媒体辐射范围、信息获取来源，进而由表及里、以小见大地分析信息资讯网络乃至全球网络格局权力对比。

在筛选标准上，首先，笔者对 Alexa① 媒体行业全球排行榜、各国网站综合排行榜中的主要网站进行人工标注，选取影响力大的信息资讯类网站，共计 500 个，形成网站列表；其次，为尽量避免社交媒体的多级传播、各国网民数量等因素所造成的重复计算，从第一步中形成信息资讯的网站列表中剔除搜索引擎类（如 google. com，该网站在行业排名中标注为媒体行业）、具有社交属性的媒体（如 reddit. com）、门户类网站（如韩国门户网站 daum. net），形成大众媒体网站列表；再次，采用人工校验的方法对同一网站的不同子站进行剔除，对不同域名的跳转网站统一记录其最

① Alexa 是亚马逊（Amazon. com）旗下的一家网站数据分析公司，该公司以全量互联网用户为样本，通过浏览器工具栏和网页浏览器的扩展程序从网站中提取互联网用户（包含真人用户和机器爬取用户）近三个月的浏览行为，分析网站的流行度。Alexa 分为中国版（alexa. cn）、亚马逊版（alexa. com）和站长之家版，其中中国版对部分国家的网站收录不全。本书中，基本流量数据采用站长之家版，热点文章、特定网站的深入分析采用亚马逊版。

终形成流量的单一域名（如 bbc. com 和 bbc. co. uk 保留 bbc. com）；最后，选取 Alexa 排名前 1 万名，以及首选 500 个网站中 Alexa 流量在中位数以上的媒体网站，形成来自 60 个国家和地区的 288 个重要媒体网站列表。

需要补充的是，一是除了英语外的部分多语种网站的标注信息来自基于人工智能语料库的机器翻译，由于笔者个人知识背景限制，不排除会出现标注不准或疏漏之处；二是对于流量，是 Alexa（站长之家版）基于自有算法计算，网站声明该数值为估值，与真实流量可能存在差异。但本章由于聚焦宏观层面国家之间的新闻信息传播力对比，重点研究各国之间的相对位置，并不具体研究某一媒体的个性化特征，因此，以上两点限制因素并不会对结果造成统计学意义上的影响，综合专家评议、公开数据校验等，认为结果可信。

通过站长之家提供的 Alexa 公开 API 接口，获取具体数据如下：

（1）排名数据：即 Alexa 数据库通过网站流量和用户访问行为综合分析得出的网站当日、周平均、月平均和三月平均的全球排名和在不同国家的排名，排名数字越小，意味着该网站的影响力越大。

（2）流量数据：①网站在当日、周平均、月平均和三月平均的 UV（unique visitor，网站的独立访客）和 PV（page view，单页点击率）。UV 数据记录的是特定时间内第一次进入网站具有唯一访问者标识的访问者，而 PV 数据则记录的是用户访问网页的全部次数。根据 Alexa 网站描述，UV 和 PV 数据非精确统计，仅作为参考。之所以选择 PV 而非 UV 指标，是由于对于大型网站平台来说，其本身由于用户黏性、内容丰富度等原因，PV 更能反映其网站的网民访问行为。②媒体主站下属网站近三月的访问比例、页面访问比例和人均浏览量，该数据对网站二级域名的访问流量进行了排序和比例分析。

（3）国别区域数据：网站所属国家或地区，以及该网站用户访问的国家和地区来源。

（4）访问行为数据：网站近三月访客（人次）的国别及区域分析，包括网站 PV 流量的国别/地区详情分析、页面浏览比例，该数据对网站的访问流量进行国别/地区层面的粗略划分，用以呈现该新闻网站的访客地域属性。

三　研究方法

为解决本章开篇提出的三个问题，将采取如下方法：

第一，流量分析法。

人们的思维受到其所接收信息的影响，这不仅体现在信息本身，也体现在媒体和传播渠道对信息生产、传播、再加工的整个流程。信息传播网络正是这种在横向地理空间中不断延展的生产控制和社会控制的基础性工具。[①] 对于传统媒体而言，议程设置（agenda setting）、媒介的铺垫作用（priming）、框架（framing）在信息塑造中起到关键作用；对于互联网媒体而言，除了内容生产环节，对信息重要性的排序、对信息信源的索引等也都对信息传播起到重要作用[②]，也就是我们所说的信息索引（indexing）对信息构建的补充，这不仅体现在媒体网站内部的信息排序，更体现在搜索引擎、社交媒体对信息的引流和排序。

面对错综复杂的网络传播环境，流量成为一般研究者所能使用的相对客观反映信息权重的指标之一。本书借鉴了网页排名（Pagerank）的思路，即以网页之间的超链接个数和质量作为主要因素粗略分析网页重要性的算法。在具体方法上，运用 Alexa 流量衡量网站流行度，网站排名数字越小，说明该网站的访问量越大，流行度越高，反之亦然。此外，考虑到国际传播的属性特征，将计算主体单元划归到主权国家（或地区）。

之所以选取 Alexa 数据库流量进行分析，一是由于网络流量就是网络上传输的数据量，正如根据来往车辆的多少和流向来设计道路的宽度和连接方式，流量大小是衡量网站、应用流行度，信息辐射范围、网络结构设计的客观标尺。二是 Alexa 把互联网上的网站流量数据与使用情况结合，是目前公认的最权威的网站流量排名系统之一。Alexa 排名包含总体排名、国别排名和行业排名，总体排名可以呈现全球范围内的总体情况，而行业排名又可以快速锁定媒体行业，国别排名则能够凸显主

① 王维佳：《网络与霸权：信息通讯的地缘政治学》，《读书》2018 年第 7 期。

② Castells, M., *Communication Power*, Oxford: Oxford University Press, 2009, pp. 157 – 158.

要网站在不同国家的传播效果，从三个维度提供本书所需数据。

具体方法上，重要概念界定如下：

对某个国家/地区 k 而言，该国/地区所拥有的新闻网站聚合为 S_k，pv_i 表示网站 i 近三个月的平均访问 PV 量，R_{ik} 表示国家/地区 k 在网站 i 的访问量的占比。所有被研究的国家/地区总数为 K。

①信息服务量（ISN）：以国家/地区为单位，将该国/地区所拥有的新闻网站的三月平均流量（PV）总和记作该国/地区对外提供的信息量；

$$ISN_k = \sum_{x_i \notin S_k} pv_i$$

②信息获取量（OIN）：以国家/地区为单位，将该国/地区网民访问以及其境内大数据爬取的各主要新闻网站流量总和记作该国家/地区信息获取总量；

$$OIN_k = \sum_{k=1}^{K} \sum_{x_i \notin S_k} pv_i * R_{ik}$$

③对外传播量（OPN）：对目标新闻网站的访问流量进行细分，剔除其所在国/地区网民访问后形成“对外传播”流量。

$$OPN_k = \sum_{x_i \in S_k} pv_i * (1 - R_{ik})$$

综合国家和地区的信息服务量、信息获取量、对外传播量，分析主要国家的国际传播行为特征及其在国际传播场域中所处的位置。

第二，社会网络分析法。

社会网络分析（Social Network Analysis，SNA）是一种结构主义范式，根据行动者之间的关系结构对社会生活进行概念化。关于社会网络的分析可以追溯到 20 世纪 30 年代，该方法后来被陆续应用在企业权力、社区结构、政治和政策网络等多个领域。①

本书使用社交网络分析集成软件 UCINET（v6.212），对筛选出的 288 个全球范围内影响力大的媒体网站基于所属国家进行整理聚类，形成以国家/地区为单位的网络节点，以国家/地区所拥有的网站流量作为“出度”

① ［美］约翰·斯科特、彼得·J. 卡林顿：《社会网络分析手册（上册）》，刘军等译，重庆大学出版社 2018 年版，第 2—7 页。

流量，以该国/地区网络用户的访问行为作为“入度”流量。通过描述性统计分析和中心性分析，拟解决前面所提到的第三个问题。

在具体方法上，本书采取中心性（Centrality）分析。中心性是社会网络分析的重要指标，相关理论认为，个人或组织在社会网络中具有怎样的权力，或者居于怎样的中心地位，并不由其个体决定，而是由该节点与他者存在怎样的关系、如何影响乃至控制其他节点所决定的。①

中心性用以表达社交网络中一个节点（在本书中即指一个国家/地区）在整个网络中所在中心的程度。通过单个节点的中心度，就可以判断该节点在整个传播网络中的重要程度。

（1）度数中心度（Degree）：一个节点的度数中心度表征该点与其他点直接连接的总和，如果某点具有最高的度数，则称该点居于中心，公式1中的C值越高，意味着该节点在整体网络中所处的位置越核心。在衡量与他人“关联紧密”程度时，一般认为该点所对应的行动者也是中心人物，因而拥有较大的权力。②

$$C_D(N_i) = \sum_{J=1}^{g} x_{ij}(i \neq j) \tag{1}$$

具体到国际信息传播关系中，度数中心度可以用于表征一个国家/地区所拥有的主要新闻网站出入度的总和，度数中心度越高，则意味着该国/地区在整个国际传播场域中的传播力和影响力越大。

（2）接近中心度（Closeness Centrality）：接近中心度用以反映在网络中某一节点与其他节点之间的接近程度。一个非核心位置的成员在传递消息时必须依赖他者，因此，弗里曼（Freeman）等学者提出接近中心度的概念，一个节点越接近其他节点，该节点就越不依赖他者。③

$$C_v = \frac{|V| - 1}{\sum_{i \neq v} d_{vi}} \tag{2}$$

公式2表征一个点与其他点的最短距离之和，归一化处理之后（Normalization）得到一个（0，1）之间的数字，这个数字越大，说明这个点的

① 刘军：《整体网分析讲义——UCINET软件应用》，格致出版社2009年版，第54页。
② 刘军：《整体网分析讲义——UCINET软件应用》，格致出版社2009年版，第55页。
③ 刘军：《整体网分析讲义——UCINET软件应用》，格致出版社2009年版，第60页。

接近中心度越高。接近中心度用于衡量一个节点在局部的核心与否，公式中的分子趋于无限大（∞）时，C 的值就趋于 0，因此当一个点距离其他所有点非常远的时候，也就是说这个点不在中心位置上，那么它的接近中心度就趋于 0。

需要补充的是，度数中心度关注一个节点与其他节点之间的关系，而接近中心度则更强调一个节点在整体网络中的控制能力。在网络计算中，二者的结果总趋势是一致的。但由于两种测量方法均未考虑行动者之间的交换或交往规模，因而部分数据会受到影响。因此，在后面的分析中，仅保留有价值数据，将数据样本过小的节点剔除，以防止结果混淆。

此外，本书在网站选取方面尽可能地规避了大型平台垄断作用和计算传播对新闻流量客观性的影响，同时通过人工校正的方法避免了重复计算，进而聚焦于主权国家的作用。但是，本书所选取的网站均为公共属性信息资讯类网站，并未将即时通信工具囊括其中，这主要是因为即时通信工具采取点对点的加密流量传输，公开的流量数据无法获取即时通信工具的流量详情。考虑到中国人口众多，加之海外华人、跨境流动的国人数量众多，这些人员都是“微信”等即时通信工具的用户，都是我国对外传播的重要出口，未统计这一要素可能一定程度上影响我国对外传播力的计算结果。但同时，由于加密流量的限制，本书也未将美国、俄罗斯的即时通信工具纳入统计范围，因此，这一不足之处对当前结果有一定的改变，但不会影响结论的提出。

第二节　结果与讨论：国际信息传播网络关系

一　基本情况

在具体分析大众媒体的传播力之前，为了总体了解全球主要信息服务类网站在信息转载、引流等方面的传播力，笔者对全球综合排名前 30 位的网站进行了疏理。

这 30 个网站几乎全部由中国和美国所有。从数量上看，中国拥有 14 个网站，美国拥有 13 个，俄罗斯、加拿大和印度尼西亚分别拥有 1 个网站。具体如表 7 - 1 所示。

表 7 - 1 **网站流量前 30 名的网站所属国家**

国家	中国	美国	俄罗斯	加拿大	印度尼西亚
社交媒体	2	7	1		
网络销售	4	1		1	
新闻媒体	1				
信息服务	5	5			
娱乐平台	2				1
拥有网站个数	14	13	1	1	1

信息服务网站中，美国拥有数量最多，拥有 7 个社交媒体和 5 个信息服务平台，在使用时间、流量分布等方面具有一定优势。而在销售类平台网站方面，中国相较于其他国家优势明显，天猫（Tmall）、淘宝（Taobao）、京东（JD）均位于前列，美国位于前 30 名的则只有亚马逊（Amazon）一家网站，这与中国网民绝对数量多，以及零售业、加工制造业发达，产品行销全球有着密切关系。

表 7 - 2 展示的是对 30 个网站的流量情况的详细分析，从中我们发现如下特点：

表 7 - 2 **前 30 名网站详细情况①**

网站	国家	类别	日均使用时间（分钟）	日均 UV（人次）	搜索引流（贡献百分比）	链接链入（个）
google. com	美国	搜索引擎	15：56	17. 26	0. 30%	1300441
youtube. com	美国	社交媒体	17：43	9. 98	14. 50%	988820
tmall. com	中国	网络销售	7：09	3. 92	0. 90%	6212
baidu. com	中国	搜索引擎	8：27	4. 81	5. 60%	101279
qq. com	中国	社交媒体	3：45	3. 97	2. 90%	262198

① 数据查询于 https：//www. alexa. com/topsites，2021 - 02 - 11。

续表

网站	国家	类别	日均使用时间（分钟）	日均 UV（人次）	搜索引流（贡献百分比）	链接链入（个）
sohu. com	中国	门户网站	3：38	4. 56	2. 00%	25945
taobao. com	中国	网络销售	4：33	3. 55	3. 70%	24826
facebook. com	美国	社交媒体	18：39	8. 85	8. 80%	2181031
360. cn	中国	搜索引擎	3：20	4. 19	0. 40%	14998
amazon. com	美国	网络销售	10：38	9. 93	19. 20%	363277
yahoo. com	美国	门户网站	5：21	4. 89	8. 90%	319186
jd. com	中国	网络销售	3：31	4. 39	1. 60%	8481
wikipedia. org	美国	信息服务	3：48	3. 11	73. 90%	763999
zoom. us	美国	社交媒体	8：00	3. 85	12. 70%	3009
weibo. com	中国	社交媒体	3：03	3. 59	1. 80%	68824
sina. com. cn	中国	门户网站	2：52	3. 38	2. 70%	45672
xinhuanet. com	中国	新闻媒体	2：56	5. 65	2. 50%	34113
live. com	美国	社交媒体	5：26	5. 5	10. 00%	43223
reddit. com	美国	社交媒体	5：50	4. 56	34. 60%	163041
netflix. com	美国	社交媒体	4：29	3. 26	9. 60%	10865
microsoft. com	美国	信息服务	4：24	3. 3	25. 70%	235680
panda. tv	中国	娱乐媒体	2：48	5. 3	0. 80%	340
zhanqi. tv	中国	娱乐媒体	2：51	5. 38	0. 90%	334
office. com	美国	信息服务	10：33	10. 08	7. 10%	5767
okezone. com	印尼	娱乐媒体	4：05	4. 25	7. 60%	10399
alipay. com	中国	网络销售	2：60	3. 2	1. 40%	3513
instagram. com	美国	社交媒体	8：50	9. 91	14. 30%	622099
vk. com	俄罗斯	社交媒体	7：16	3. 76	9. 30%	124054
csdn. net	中国	信息服务	3：25	4. 9	8. 00%	6438
myshopify. com	加拿大	网络销售	21：54	13. 86	3. 10%	118

日均使用时间方面，谷歌（Google）和优兔（Youtube）拥有的数据量最大，Alexa 数据显示，这两个网站每个用户的平均日使用时间分别为 15

分钟 56 秒和 17 分钟 43 秒，是第三名和第四名天猫（Tmall）和百度（Baidu）的 2 倍左右。此外，前 30 名网站的日均使用时间中位数为 4 分 31 秒，在中位数之前的 15 个网站中，美国拥有 10 个，包括脸书、优兔、谷歌、雅虎（Yahoo）、照片墙（Instagram）等，以社交平台和信息服务类网站为主；中国拥有 3 个，为百度、天猫和淘宝，属于搜索引擎和电商平台；俄罗斯拥有 1 个，是社交媒体接触（VK）；加拿大拥有 1 个，是网络销售类网站。排名中位数后的 15 个网站以中国拥有最多，有 12 个，包括新华网、新浪、搜狐、QQ 等。

日均访问来看，前 30 名网站的用户访问呈重点网站集聚特征，30 个网站日均访问流量的中位数为 4.56，而平均值则为 5.9，在平均值以上的网站有 7 个，其中 5 个是美国的网站，另外 2 个分属加拿大和中国。具体而言，谷歌的日均 PV 指数为 17.26，其他搜索引擎如百度仅为 4.81。在社交媒体方面，脸书的日均单人访问时间为 18 分 39 秒，而微博的时间为 3 分 3 秒。

搜索引流方面，维基百科的引流占比最高，为 73.9%，这意味着访问维基百科的用户中，有 73.9% 来自搜索引擎搜索后的引流。经过数据细分发现谷歌与维基百科有着强关联，这说明，谷歌提供的首层信息主要导向维基百科，而维基百科成为建构搜索引擎知识链传播的重要信源。谷歌的其他重要导流网站还包括红迪（Reddit）、微软、亚马逊、优兔、照片墙等。从国别来看，美国网站形成了圈群集聚的特点，例如谷歌作为流量最大、用户黏性最强的网站，其向美国的 9 家网站导流最多。

在网站通联性方面，脸书、谷歌、优兔、维基百科、照片墙、亚马逊、雅虎、QQ、微软、红迪（Reddit）、接触（Vkontakte，简称 VK）、百度等都位于前列，说明这些网站的双向信息交互频繁。其中，脸书和谷歌的双向交互性最强。

二　媒体国际传播力分析

通过对筛选所得的来自 60 个国家和地区的 288 个媒体网站进行分析，以国家/地区为单位获取了国家/地区拥有媒体网站数量、信息服务量、信息获取量和对外传播量情况（如表 7－3 所示），基本情况如下：

表7－3　　主要国家/地区新闻网站信息服务情况

国家/地区	媒体网站数量	信息服务量	信息获取量	对外传播量
中国	21	205083425	202278650	3244344
美国	69	79500600	69753186	23726831
英国	16	27435850	3083136	24256917
印度	19	20913900	20666019	3890810
俄罗斯	13	12763575	4408405	8522099
巴西	6	11859750	11228787	942438
德国	10	7214000	6904129	2370029
伊朗	6	4608600	3721294	1002544
法国	12	4559500	3324021	1721175
西班牙	7	4388250	2540097	2203304
土耳其	3	4255890	4351804	473537
日本	5	3784800	11709418	857409
澳大利亚	8	3691500	4672609	1027464
希腊	7	3662910	3984994	90539
印度尼西亚	3	3669090	3511687	238522
埃及	3	2857800	2635324	605882
中国台湾	3	2809800	3250625	—
韩国	7	2452650	6020858	175412
阿根廷	3	2135250	2707876	404683
加拿大	4	1536600	4953756	344892
意大利	1	1449000	1557824	270963
墨西哥	3	1132500	3497544	75776
智利	3	827475	980619	86498
哥伦比亚	3	824250	1078154	143903
秘鲁	2	773250	652631	243008
奥地利	2	757500	921177	149403
比利时	2	738750	800650	52086
瑞士	2	690000	1607597	45743

续表

国家/地区	媒体网站数量	信息服务量	信息获取量	对外传播量
阿拉伯联合酋长国	2	683250	69463	—
挪威	2	618000	647859	30900
瑞典	2	529200	521563	42758
新加坡	2	492000	1007680	311820
卡塔尔	1	468000	825793	430092
泰国	1	462000	459827	28644
丹麦	1	430500	390931	72324
多米尼加共和国	1	419250	433233	—
孟加拉国	1	410550	827914	—
厄瓜多尔	2	382500	324946	110824
芬兰	2	367500	373366	28676
荷兰	1	360000	822565	124560
摩洛哥	2	353910	381497	86314
南非	1	346500	850344	59252
巴基斯坦	1	325500	1078815	80985
新西兰	1	306000	249030	116280
菲律宾	2	270600	353351	97931
斯里兰卡	2	243075	202134	45689
匈牙利	1	241500	191986	49749
斯洛文尼亚	1	196350	192266	10407
沙特阿拉伯	1	189000	845360	11322
突尼斯	1	185925	244391	38357
约旦	3	175875	181723	18994
萨尔瓦多	1	172800	142801	55936
巴拿马	2	172725	230980	25979
危地马拉	1	147900	111404	54812
委内瑞拉	1	132300	662441	18522
哥斯达黎加	1	123750	187246	—
伊拉克	2	120600	87043	78483

续表

国家/地区	媒体网站数量	信息服务量	信息获取量	对外传播量
尼泊尔	1	102300	63369	39273
加纳	1	72450	50416	27358
柬埔寨	1	9679	43618	603

注：信息服务量表示该国/地区所拥有的重点媒体网站单日流量加和的估值；信息获取量表征来自该国/地区的 IP 访问各国新闻网站的流量，单位为人次。

从网站的分布看，美国拥有重要媒体网站最多，达 69 个；其次为中国、印度、英国、俄罗斯、法国、德国、澳大利亚、西班牙等国，分别拥有 21 个、19 个、16 个、13 个、12 个、10 个、8 个、7 个网站。

从国家/地区提供的新闻信息看，中国具有绝对优势，位列第一，第二位是美国，其次是英国、印度、俄罗斯、巴西、德国、伊朗、法国、西班牙、土耳其、日本、澳大利亚。本书所获取的单个国家/地区提供信息的流量表示全球网民访问该国/地区主要媒体网站的流量，通常来说，信息提供量越高，说明议题建构能力和传播力越强。当然，这一数据也与一国/地区网民数量有着强关联，网民数量多的国家/地区则流量也大，例如中国、美国、印度的网民数量相较于其他国家/地区有着绝对优势，因此绝对流量自然相对较高。

从国家/地区网民访问行为看，中国、美国、印度、日本、巴西分别位于“入度”流量的前五位，这意味着这五个国家的网民访问新闻网站的行为频次最高；其次是德国、韩国、加拿大、澳大利亚、俄罗斯、土耳其、希腊、伊朗等国，这与这些国家的网络发展水平、网民数量等有直接关系，当然也和一国网民的新闻获取习惯、该国的网络管理政策有关。

从国家/地区的对外传播量来看，英国、美国的对外提供流量几乎持平，可以说是并列位于第一梯队，英国略高于美国，但英国重要网站如路透社（reuter. com）的运营总部在美国，因此美国访问量巨大，均记作对外传播流量；俄罗斯、印度、中国、德国、西班牙、法国、澳大利亚位于第二梯队，其中俄罗斯的对外传播力明显高于其他国家，但与美国和英国有一定差距。

综合以上数据，得出各国的媒体传播力特点如下：

第一，英国所拥有的16个网站提供对外传播流量最高。值得指出的是，英国网站凸显了全球化的特点，例如路透社虽然是英国的老牌通讯社，但其总部目前设在纽约，这也就从侧面解释了为何路透社网站的主要访问流量来自美国，而非英国；此外，《金融时报》同样是英国的老牌报纸，其运行总部设在伦敦，但其所有者为日本报业集团。英国媒体的国际化运营水平相对来说最高，加之英国本国网民在绝对数量上并不占优势，因此，英国的对外传播流量巨大。

第二，美国所拥有的69个网站提供的对外流量与英国基本持平，位列第二。这些网站基本均位于美国本土，除其本土访问外，日本、加拿大、印度、韩国、墨西哥、澳大利亚、印度尼西亚、新加坡等国的网民对这些新闻网站均有较为频繁的访问行为。值得指出的是，美国的国际传播网络全球化程度高。这些国家虽然呈现一定的语言、地域集聚特征，但总体全球分布均衡，无明显的圈群特点。

第三，部分国家虽然绝对流量很大，但本国网民占比较大，其中最为典型的国家是中国，中国的绝对流量位列第一，但对外传播流量排名第五。在对中国的流量分析中发现，有超过98%的流量来自本国。究其原因，一方面与中国的绝对网民数量巨大有直接关系，截至2020年底中国网民数量已超过10亿人，占全球总网民数量的近四分之一；另一方面也与中文语言特殊性和网民网络使用习惯有一定关联。同类国家还包括日本，这与日本网民的网络使用习惯和日语语言限制等原因有着密切关联。

第四，部分国家呈现显著的圈群化特点，这与前期部分学者对2003年、2009年的网络分析结论有着延续性。例如，俄罗斯的入度、出度流量并不显著，其入度流量为第10名、出度为第5名，而其国际传播流量却位列第三，虽然较美国、英国有一定差距，但是第四名印度的2.2倍。从俄罗斯新闻网站的网民访问国别来看，访问量较大的国家有乌克兰、哈萨克斯坦、土库曼斯坦、乌兹别克斯坦、白俄罗斯等独联体国家，还有德国、阿塞拜疆等周边国家。俄罗斯与这些国家之间的人员迁移频繁，俄罗斯移民或务工人员访问俄罗斯新闻网站频率高；此外，叙利亚、委内瑞拉、也门、伊朗等同俄罗斯地缘政治亲近的国家，虽然与俄罗斯语言不通、地理距离较远，但由于政治交往密切，也成为俄罗斯新闻网站的重要访问来源。

第五，部分国家提供信息量和国民获取信息量的相对位置差异较大，这说明国际传播网络并非对称网络，出度和入度并不均衡。例如，俄罗斯的信息提供量排名第 5 名，而信息获取量的排名则为第 10 名，这说明网站的信息生产、议题建构能力较强，热度较高，而俄罗斯本国网民对新闻信息的访问热度有限，这也侧面说明了俄罗斯的对外议题建构能力和传播力较强；伊朗的特点与俄罗斯类似，这与伊朗的地缘政治特点有关。

三　社交网络分析

通过 Alexa 数据的不完全统计，来自 60 个国家的 288 个网站累计向 141 个主要节点提供信息，笔者利用社交网络分析法对全球传播网络进行了深入分析。需要指出的是，由于 Alexa 数据库所提供的国别流量情况只有排名靠前的主要国家，所以获取到的国家累计共 140 个，还有一些国家由于互联网发展相对落后、网民基数过小，未能统计进去，为确保数据的相对完整性，按照 Alexa 接口所提供信息，将无法统计的国家统一记作“其他”。此外，如前所述，流量为基于三个月平均访问流量的估值，存在一定的浮动空间，本书爬取数据为 2020 年 12 月至 2021 年 1 月期间的数据情况，统计所使用的数据为 2020 年 9 月至 12 月的流量。

（一）度数中心度分析

度数中心度是衡量一个国家或地区在国际传播网络中与其他国家或地区的通联情况的最直接指标，一个国家的连接线数越多，度数中心度就越高，即意味着该国同其他国家之间的通联越频繁。

141 个传播节点的度数中心度分析如表 7 - 4 所示，结果显示，各国的信息服务和网民访问流量是不对称的。具体有以下特点：

表 7－4　　度数中心度分析

国别/地区	入度（InDegree）	出度（OutDegree）	标准入度（NrmIn Deg）	标准出度（NrmOutDeg）
印度	20666018	2811834	0. 855	0. 116
美国	13970011	23333210	0. 578	0. 965
其他	12742832	24449944	0. 527	1. 011
日本	11630875	20827988	0. 481	0. 862
巴西	11228786	325630. 2	0. 465	0. 013
德国	6891787	3689293	0. 285	0. 153
韩国	6020858	828176. 3	0. 249	0. 034
加拿大	4952087	3712977	0. 205	0. 154
澳大利亚	4668690	4149520	0. 193	0. 172
俄罗斯	4404052	738424. 5	0. 182	0. 031
土耳其	4351628	491508	0. 18	0. 02
希腊	3984994	189000	0. 165	0. 008
伊朗	3717919	3669874	0. 154	0. 152
印度尼西亚	3511687	529200	0. 145	0. 022
墨西哥	3497544	0	0. 145	0
法国	3322812	1983874	0. 137	0. 082
中国台湾	3250625	2857579	0. 134	0. 118
英国	3066982	7177836	0. 127	0. 297
阿根廷	2707875	0	0. 112	0
埃及	2635324	0	0. 109	0
西班牙	2539965	683607	0. 105	0. 028
瑞士	1604023	0	0. 066	0
意大利	1477574	12618285	0. 061	0. 522
尼日利亚	1331242	0	0. 055	0
阿拉伯联合酋长国	1125819	172682. 8	0. 047	0. 007
乌克兰	1104082	0	0. 046	0
巴基斯坦	1078815	4389016	0. 045	0. 182
哥伦比亚	1078154	0	0. 045	0

续表

国别/地区	入度（InDegree）	出度（OutDegree）	标准入度（NrmIn Deg）	标准出度（NrmOutDeg）
新加坡	996149. 1	4461254	0. 041	0. 185
智利	980619	0	0. 041	0
阿塞拜疆	935138. 1	4596340	0. 039	0. 19
奥地利	871130. 8	172869. 1	0. 036	0. 007
南非	847824. 6	175914. 2	0. 035	0. 007
沙特阿拉伯	845360. 2	0	0. 035	0
孟加拉国	827913. 6	2443262	0. 034	0. 101
卡塔尔	825793. 4	0	0. 034	0
荷兰	820522. 9	823924. 5	0. 034	0. 034
比利时	800057. 1	195368. 3	0. 033	0. 008
委内瑞拉	662441. 1	102300	0. 027	0. 004
秘鲁	652631. 1	0	0. 027	0
挪威	645740. 7	419082. 3	0. 027	0. 017
中国香港	641476	11864722	0. 027	0. 491
安哥拉	535665. 9	0	0. 022	0
瑞典	515349. 1	462462	0. 021	0. 019
泰国	459827	382529. 3	0. 019	0. 016
中国	439568. 8	3243142	0. 018	0. 134
多米尼加共和国	433232. 8	0	0. 018	0
爱尔兰	406970. 5	353780. 9	0. 017	0. 015
丹麦	389350. 3	0	0. 016	0
摩洛哥	381497. 3	0	0. 016	0
芬兰	373058. 8	353880	0. 015	0. 015
菲律宾	335415. 6	738807	0. 014	0. 031
厄瓜多尔	324946. 3	0	0. 013	0
阿富汗	309331. 8	0	0. 013	0
叙利亚	271425. 8	1450449	0. 011	0. 06
科威特	253167. 2	0	0. 01	0

续表

国别/地区	入度（InDegree）	出度（OutDegree）	标准入度（NrmIn Deg）	标准出度（NrmOutDeg）
新西兰	245565.9	342688.5	0.01	0.014
突尼斯	244391.4	0	0.01	0
巴拿马	230980	0	0.01	0
斯里兰卡	202133.7	241741.5	0.008	0.01
波兰	201595.8	1132335	0.008	0.047
匈牙利	191920.9	72319.6	0.008	0.003
斯洛文尼亚	187830.5	0	0.008	0
哥斯达黎加	187245.9	0	0.008	0
约旦	181723.1	1537127	0.008	0.064
苏丹	177036.1	270600	0.007	0.011
古巴	171217.2	0	0.007	0
阿尔及利亚	159963.2	468468	0.007	0.019
萨尔瓦多	142801.1	0	0.006	0
斯洛伐克	121995	0	0.005	0
马来西亚	117740.8	3652576	0.005	0.151
危地马拉	111404.5	0	0.005	0
立陶宛	109458	0	0.005	0
以色列	107304.7	0	0.004	0
白俄罗斯	102139.1	0	0.004	0
哈萨克斯坦	96521.4	0	0.004	0
伊拉克	87042.91	147914.8	0.004	0.006
爱沙尼亚	85074	0	0.004	0
土库曼斯坦	83547	0	0.003	0
也门	77120.38	0	0.003	0
巴林	70672.81	0	0.003	0
尼泊尔	63369.46	690000	0.003	0.029

续表

国别/地区	入度 (InDegree)	出度 (OutDegree)	标准入度 (NrmIn Deg)	标准出度 (NrmOutDeg)
加纳	50416. 88	0	0. 002	0
利比亚	49399. 56	0	0. 002	0
阿曼	48833. 91	0	0. 002	0
乌干达	45821. 75	0	0. 002	0
柬埔寨	43617. 58	367500	0. 002	0. 015
乌兹别克斯坦	41826. 38	0	0. 002	0
卢森堡	38891. 56	0	0. 002	0
特立尼达和多巴哥	38592	0	0. 002	0
巴布亚新几内亚	35640	0	0. 001	0
罗马尼亚	28444. 85	0	0. 001	0
布基纳法索	27932. 72	0	0. 001	0
缅甸	27885. 31	410303. 7	0. 001	0. 017
葡萄牙	20930. 57	132432. 3	0. 001	0. 005
乌拉圭	20625. 92	0	0. 001	0
埃塞俄比亚	20556. 5	0	0. 001	0
马恩岛	20424	0	0. 001	0
肯尼亚	17305. 81	0	0. 001	0
塞内加尔	14914. 5	0	0. 001	0
直布罗陀	12547. 5	0	0. 001	0
几内亚	12087	0	0. 001	0
尼加拉瓜	12036. 08	0	0	0
老挝	12012	0	0	0
波多黎各	11978. 69	0	0	0
拉脱维亚	10842	0	0	0
马达加斯加	10657. 5	0	0	0
阿尔巴尼亚	10200. 5	773360. 3	0	0. 032
安道尔共和国	10037	0	0	0
黎巴嫩	8172. 945	617592	0	0. 026

续表

国别/地区	入度（InDegree）	出度（OutDegree）	标准入度（NrmIn Deg）	标准出度（NrmOutDeg）
莫桑比克	7886. 25	0	0	0
喀麦隆	6546. 975	0	0	0
越南	6135. 487	430500	0	0. 018
玻利维亚	4580. 377	306306	0	0. 013
巴拉圭	4546. 65	0	0	0
捷克	4067. 618	123750	0	0. 005
马里	4032. 96	0	0	0
刚果	3672	0	0	0
巴勒斯坦	3513. 615	0	0	0
坦桑尼亚	2652	0	0	0
洪都拉斯	2340. 735	0	0	0
加蓬	2244	0	0	0
布隆迪	2244	0	0	0
中国澳门	1677. 945	0	0	0
文莱	1514. 961	0	0	0
多哥	1114. 185	0	0	0
塞浦路斯	955. 29	0	0	0
海地	796. 575	0	0	0
马尔代夫	523. 08	0	0	0
安圭拉岛	377. 325	0	0	0
蒙古	162. 202	243121. 2	0	0. 01
利比里亚	152. 145	0	0	0
保加利亚	151. 148	0	0	0
亚美尼亚	126. 158	185943. 6	0	0. 008
格鲁吉亚	126. 158	120588	0	0. 005
马其顿	108. 135	9433. 153	0	0
塞舌尔	107. 73	0	0	0
伯利兹	103. 53	0	0	0

续表

国别/地区	入度(InDegree)	出度(OutDegree)	标准入度(NrmIn Deg)	标准出度(NrmOutDeg)
塞拉利昂	86. 94	0	0	0
马耳他	36. 225	0	0	0
赞比亚	28. 98	0	0	0

注：入度与出度是根据流量（人次）所产生的估值，计算公式参见 3. 1. 3 公式（1），表征网络中的有向连接总和及其归一化结果。

从出度中心度来看，美国、日本、意大利、英国的中心度较高，意味着这些国家直接或间接对外提供信息最活跃。美国的出度中心度排名第一，客观上说明美国的网站同其他国家和地区的绝对通联数最高，也从一定程度上说明了美国位于传播链路的中心位置。

从入度中心度来看，印度、美国、日本、巴西、德国、韩国的核心度递减。印度位列第一，说明印度在信息获取方向的路径上处于最核心位置，甚至高于美国，这与印度网民基数大、本国新闻媒体网站多、媒体所用语言多样有关。此外，印度作为英联邦国家与其他英联邦国家联系紧密也一定程度上造成通联密切。

需要补充的是，在全球传播网络中，各国的出度和入度并不均衡，较为典型的有印度（入度第 1 名而出度第 13 名），说明印度网民访问活跃，且对别国网站存在一定依赖；而中国（出度第 9 名而入度第 31 名）则恰恰相反，说明中国网站提供的信息量巨大而中国网民的对外访问行为并不活跃。与第二部分中对外流量绝对值分析不同，度数中心度的衡量既包括了直接链路，也包括了间接链路，但在国际传播场景中，加之 Alexa 数据本身的统计误差，并不能确定中介节点究竟是否发挥了信息的中转作用。因此，度数中心度仅可表征大趋势，仍需几个指标综合研判国家之间的相对位置，例如，除美国、英国外，新加坡、意大利虽然出度中心度较高，但更多是由于这些节点发生了重要的中转作用。

（二）接近中心度分析

接近中心度反映网络中某一节点与其他节点之间的接近程度，接近中心度越高，意味着该节点在局部所处位置越核心。需要指出的是，这 288 个网站中，由于部分国家/地区仅有 1 个或 2 个网站，其访问网民的区域计算又有一部分由于数量过小而被记作了“其他”，因此会存在一定的误差。在本部分中，笔者剔除了部分拥有网站过少的国家，仅保留主要国家来分析典型性特征。

表 7－5　**接近中心度分析**

国别	入度接近中心性（in Farness）	出度接近中心性（out Farness）	内接近性（in Closeness）	外接近性（out Closeness）
美国	217	11930	65. 438	1. 19
中国	222	11980	63. 964	1. 185
印度	284	11960	50	1. 187
英国	260	11958	54. 615	1. 187
俄罗斯	333	11972	42. 643	1. 186
法国	332	11959	42. 771	1. 187
德国	273	11956	52. 015	1. 188
澳大利亚	346	11956	41. 04	1. 188
希腊	311	11972	45. 659	1. 186
西班牙	326	11964	43. 558	1. 187
韩国	332	11967	42. 771	1. 187
巴西	268	11973	52. 985	1. 186
伊朗	276	11979	51. 449	1. 185
日本	267	11962	53. 184	1. 187
加拿大	341	11949	41. 642	1. 188
土耳其	287	11968	49. 477	1. 186
约旦	315	12007	45. 079	1. 183
印度尼西亚	320	11977	44. 375	1. 186
墨西哥	20306	11824	0. 699	1. 201
阿根廷	20306	11826	0. 699	1. 201
哥伦比亚	20306	11827	0. 699	1. 201
智利	20306	11829	0. 699	1. 2
埃及	20306	11833	0. 699	1. 2

注：计算公式参见公式（1），表征网络中节点接近程度及其归一化结果。

表7－5数据显示，美国在接近中心度的分析中指数最高，这意味着美国在传播网络中对其他节点的控制力最强，位于最核心位置。其次为中国、英国、日本、巴西、德国、印度、伊朗。但这些国家的具体特征仍有差异。具体特点如下：

中国的接近中心度值较高，但度数中心度的出度和入度均较低，这主要由于中国的节点交互绝对数量较美国存在差距，但国内绝对流量巨大。当我们把全球网络作为一个整体，中国节点由于绝对流量巨大，在整个传播网络中发挥着重要影响。

英国的接近中心度较高，但度数中心度较低，这主要和英国在传播网络控制力上与美国趋同有一定关系，而英国提供的绝对关联边较少。

印度的度数中心度高，但接近中心度相对低，这说明印度是与其他节点有着密切联系的关键点。

此外，俄罗斯、法国等国家的接近中心度较低，但度数中心度高，这说明这些国家在整体网络中嵌入了高度集聚化的区域网络，例如后面将提到的独联体国家圈、西语国家圈等，这与其地缘文化、地缘政治有一定关系。

第三节　国际信息传播秩序下的国家分布

为了进一步分析国际传播格局和主权国家的相对位置和绝对位置，笔者进行了288个网站的信息服务流量分析、141个节点（含“其他”节点）的网络访问行为分析，以及整体网络关系分析，全球主要国家/地区传播网络示意图如图7－1所示。

美国位于国际传播场域的最核心位置；中国、俄罗斯、法国、德国、新加坡、日本、巴西等位于次核心区域；乌克兰、乌干达、肯尼亚、罗马尼亚、卢森堡、尼日利亚、阿富汗等位于外围。

一　当前国际信息传播秩序中的核心国家

国际信息传播秩序中的核心国家是指在国际信息传播场域中位于核心位置，本国传播网络发达，在信息生产、信息传播和本国新闻用户的信息

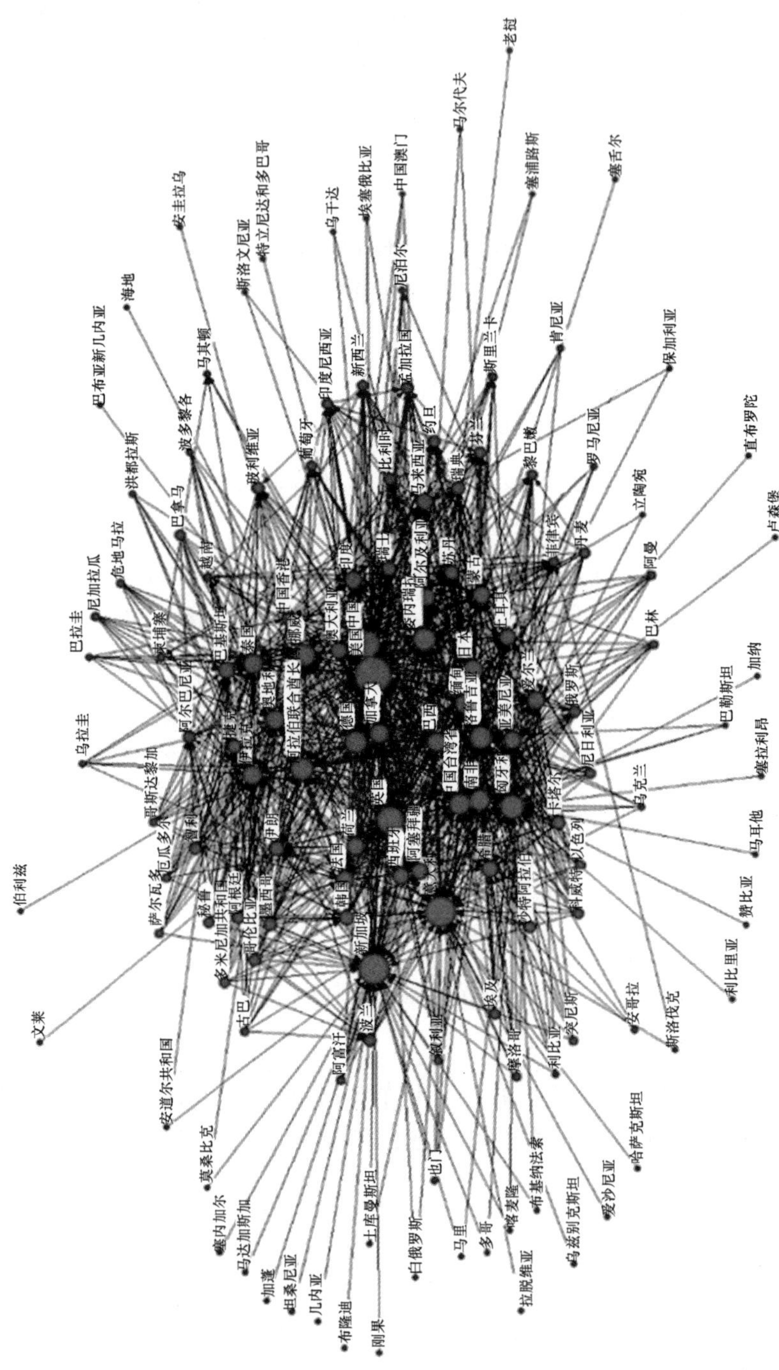

图7－1　全球主要国家/地区传播网络示意图

获取方面均成熟完善。通过上述综合数据分析，本研究将美国界定为当前国际信息传播秩序的核心国家。

第一，在信息生产方面，288 个重要新闻网站中美国有 69 个，占比 24%，包括美国有线电视新闻网（CNN）、《纽约时报》《华盛顿邮报》、福克斯新闻、美国全国广播公司财经频道（CNBC）、今日美国、《华尔街日报》、美国全国广播公司（NBC）等。这些媒体总的来说都具备较为明显的国际传播属性，例如美国有线电视新闻网的网络端受众中，有 29% 的外国用户，《纽约时报》和《华盛顿邮报》的外国受众比例则为 38% 和 42%，排名本国第 4 位的福克斯新闻的外国受众较少，但是也达到了其用户占比的 15%。

第二，在信息传播方面，美国的接近中心度指标最高，说明美国位于整个国际传播网络中的最核心位置。此外，除了大众媒体类新闻网站，美国社交媒体和搜索引擎的优势明显，如前文所讨论，谷歌、脸书、红迪等媒体的新闻引流作用显著，在信息传播中起到了重要作用。

第三，在信息受众方面，虽然美国新闻网站的绝对访问流量少于中国网站，但美国的对外辐射绝对流量是中国的近 7.5 倍，其中，美国本国网民访问流量近 70%，主要对外传播辐射国共 74 个，占据流量约 21%，还有约 9% 的流量由于辐射国家多且单个国家流量较少统一记录为“其他”项。

需要指出的是，虽然美国位于整体网络的中心位置，但在单个指标数据方面，国际信息传播开始呈现一定意义上的去中心化特点。例如，在网站提供的绝对信息流量上，中国位列第一，英国、印度、俄罗斯分列第三到第五；在对外传播方面，英国位于第一，而美国、俄罗斯、印度位列第三到第五；在接近中心度方面，中国、英国、德国、印度均位于较为核心的位置。

综上所述，虽然国际信息传播秩序总体走向与国际经济政治秩序一致，尤其是在中心国家（主导国家）方面呈现高度一致性，但在信息传播领域，由于媒体商业化、全球化、集团化和网络化的趋势特点，多媒体业务集团形成，电信公司、计算机公司、互联网公司和媒体公司高度融合，媒体所有权呈现日益集中的趋势。[①] 因此，在网络传播关系图谱上，美国

① Castells, M., *Communication Power*, New York: Oxford University Press, 2009, pp. 41, 56.

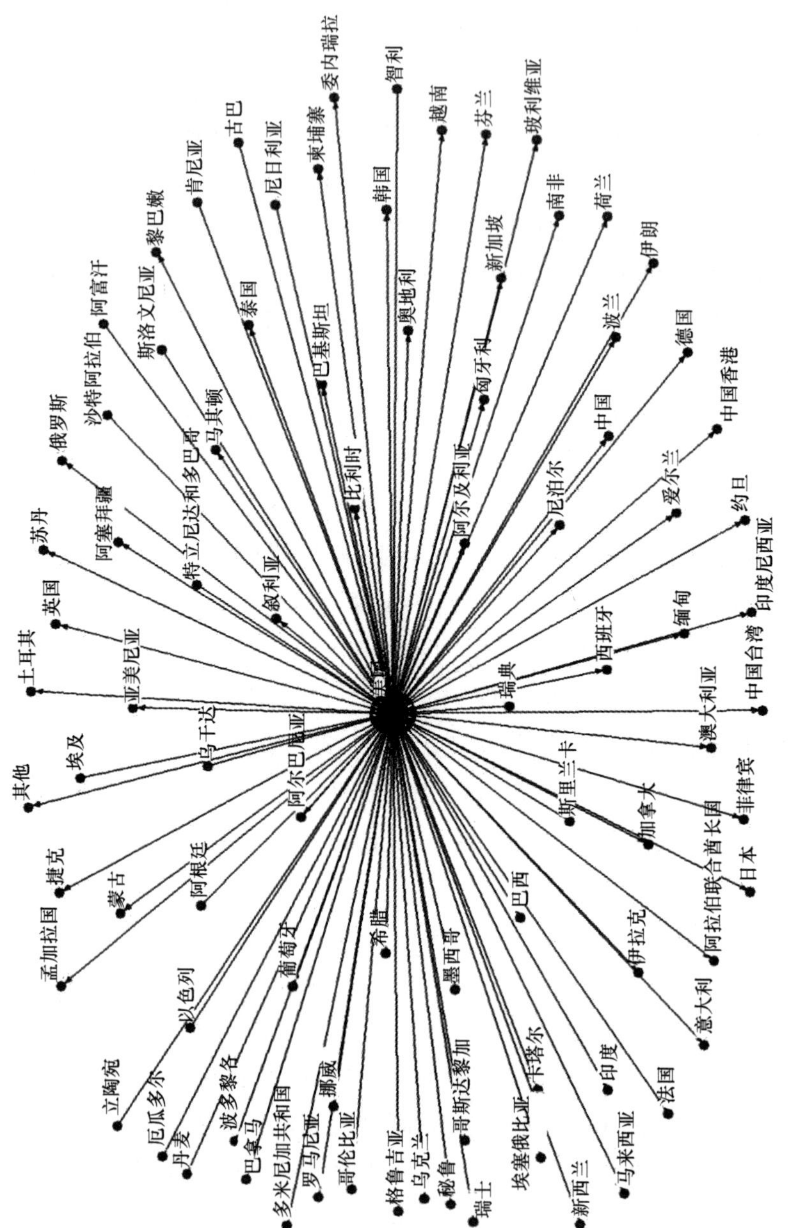

图 7-2 美国新闻网站链入链出关系图谱

仍旧处于国际信息传播场域的核心位置；同时，去中心化和多中心化的趋势逐渐增强，法国、德国、中国、俄罗斯等国属于核心区域国家或半核心区域的相对核心国家。

二　当前国际信息传播秩序中的半核心/半边缘国家

和劳动分工中的半边缘国家类似，国际信息传播场域中，位于核心区域和边缘区域中间的国家被称为半核心/半边缘国家。之所以界定两个维度，是为了突出这些国家同时与核心国家和边缘国家发生关联，即其中一些国家对于核心国家而言，属于信息接收或二次加工的角色，在核心国家圈层扮演着边缘角色；而与此同时，其部分国家出于地缘政治和地缘文化等原因，又构成了自我传播圈群，将边缘国家囊括其中，扮演着独立圈层中的核心角色。典型的半核心/半边缘国家如表 7－5 所示，包括英国、俄罗斯、印度、中国、德国、法国、澳大利亚、伊朗、巴西、日本、埃及、土耳其、卡塔尔等。

表 7－5　**国际信息传播体系中典型半核心国家**

国家	对外传播流量	媒体及网站
英国	24256917	美国广播公司、《卫报》、《每日邮报》、路透社、《独立报》、《金融时报》、天空电视台、《镜报》、《太阳报》、《泰晤士报》等
俄罗斯	8522099	今日俄罗斯、俄罗斯新闻社、lenta. ru、俄罗斯卫星通讯社、gazeta. ru、1tv. ru、kommersant. ru、rg. ru、ria. com、vesti. ru、ntv. ru、novayagazeta. ru、5－tv. ru
印度	3890810	《印度时报》、manoramaonline. com、ndtv. com、mathrubhumi. com、《印度快报》、《金融快报》、hindustantimes. com、andhrajyothy. com、《印度教徒报》
中国	3244344	新华网、环球网、红网、东方网、人民网、《北京晨报》、光明网、中国青年网、《中国日报》、凤凰网、中央电视台等
德国	2370029	德国之声、《明镜》、《图片报》、今日新闻、n-tv. de、《世界报》、《经济学人》、《南德意志报》、gamestar. de、天空电视台
法国	1721175	《世界报》《费加罗报》《回声报》《巴黎快报》《西部报》
澳大利亚	1027464	《澳洲新闻》《悉尼先驱晨报》《世纪报》《对话》《先驱》《太阳报》等

续表

国家	对外传播流量	媒体及网站
伊朗	1002544	迈赫尔通讯社、yjc. ir、伊朗学生通讯社、塔斯尼姆通讯社、tabnak. ir、shahrekhabar. com
巴西	942438	globo. com、uol. com. br、campograndenews. com. br、ig. com. br、r7. com、estadao. com. br、
日本	857409	日本广播协会、yomiuri. co. jp 、nikkansports. com、sponichi. co. jp
埃及	605882	youm7. com、albawabhnews. com、elbalad. news
土耳其	473537	hurriyet. com. tr、haber7. com、onedio. com
卡塔尔	430092	半岛电视台

从新闻信息流量及方向看，处于国际信息传播半边缘地区的国家主要可以分为三类：

第一类，位于核心国家辐射区的半核心国家，此类国家虽然本国传媒体系完善，但本国媒体的信源、本国用户的访问习惯都与核心国家有着紧密联系，较为典型的有英国、德国、日本、澳大利亚。以英国为例，虽然英国的对外传播信息量位于第一梯队，甚至略高于美国，但其主要原因一方面与英国网民绝对数量少有关，另一方面则由于英国的媒介高度国际化运作，路透社的总部就设立在美国，这就造成了英国媒体网站的31%访问量来源于美国用户，也说明了英国媒体受到美国媒体影响较大，从绝对意义上说位于美国传播圈群的半核心/半边缘地带。

第二类，拥有局部传播圈群，有能力辐射其他半边缘、边缘国家的半核心国家。此类国家在局部传播圈群中位于核心地带，影响半边缘、边缘国家，典型的有俄罗斯、法国、西班牙等。俄罗斯在此类国家中最为典型，俄罗斯拥有完整的传媒体系，其本国的新闻信息生产基本能够满足本国受众需求，但由于俄罗斯本国网民绝对数量较少，其本国网民对国内新闻媒体的访问量仅占33.23%，其余的热门访问国家一是乌克兰、阿塞拜疆、白俄罗斯、哈萨克斯坦等语言相通、地缘文化接近的独联体国家；二是德国、荷兰、土耳其等地理距离接近的国家；三是委内瑞拉、叙利亚、古巴等地缘政治接近的国家。

第三类，“自给自足”式半核心国家，此类国家或地区的媒体受众以本国为主，对外新闻依赖度较低，同样，本国媒体的对外传播信息量也较低。以中国为例，中国的本国流量占比超过98%，对外传播流量占比仅约1.5%；印度媒体的本国流量占比为81.4%，对外流量占比为18.6%；巴西的本国流量占比为92.05%，对外流量占比为7.95%。这些国家的媒介体系有一个共同点，就是本国传媒体系完整、成熟，能够满足本国受众的日常信息需求。此外各国还有各自的特点，例如中国完整的传媒体系与中文语言的独立性有关，印度国内巨大的流量则与其本国族群、语言的复杂性有一定关联。

第四类，拥有本国完整传媒体系、但不具备较强国际传播能力的半边缘国家。此类国家拥有完整的传媒体系，本国媒体能够满足本国受众需要，但却受到核心或半核心国家影响，而且尚无能力辐射其他国家，典型的有印度尼西亚、阿根廷、加拿大、韩国等。

需要补充的是，位于半核心/半边缘地区的国家角色并非单一化的，一个国家可以同时具备第一类和第二类特点，也就是说，在受到核心国家影响的同时，也拥有自己的传播圈群，影响着诸多其他半边缘国家和边缘国家，如法国、西班牙、伊朗、卡塔尔等。国际信息传播秩序的结构由主体国家之间的关系和互动模式决定，当各国在国际传播场域中的相对位置和相互关系稳定，就会形成一定时期内稳定的国际信息传播秩序；而当国家之间的信息流动关系变化，尤其是半边缘国家的相互位置、相对关系发生改变，就会影响国际信息传播秩序，进而使之发生改变①，例如委内瑞拉由于本国经济危机、政治不稳定，而从半边缘国家下滑为边缘国家。

三　当前国际信息传播秩序中的边缘国家

位于国际信息传播格局边缘地带的国家和地区主要是信息接收国，由于本国经济落后、教育水平低、政治不稳定，因此这些国家信息生产能力较弱或无法形成独立完整的传媒体系，媒体高度依赖半核心和核心国家。

① Barnett, G. A., B. S. Chon and D. Rosen, “The Structure of International Internet Flows in Cyberspace”, *NETCOM* (*Network and Communication Studies*), Vol. 15, No. 1 - 2, 2001, pp. 61 - 80.

综合2020年世界银行发布的各国人均GDP指标，国际信息传播场域中典型的边缘国家有布隆迪、莫桑比克、刚果、阿富汗、海地等国，典型边缘国家/地区信息获取情况见表7－6。

表7－6 国际信息传播体系中典型的边缘国家/地区

国家/地区	单日获取信息量
赞比亚	28.98
马耳他	36.225
塞拉利昂	86.94
伯利兹	103.53
塞舌尔	107.73
亚美尼亚	126.1575
格鲁吉亚	126.1575
保加利亚	151.1475
利比里亚	152.145
蒙古国	162.2025
安圭拉岛	377.325
马尔代夫	523.08
海地	796.575
塞浦路斯	955.29
多哥	1114.185
文莱	1514.961
布隆迪	2244
加蓬	2244
洪都拉斯	2340.735
坦桑尼亚	2652
巴勒斯坦	3513.615
刚果共和国	3672
马里	4032.96
莫桑比克	7886.25

续表

国家/地区	单日获取信息量
马达加斯加	10657.5
几内亚	12087
埃塞俄比亚	20556
布基纳法索	27932.72
缅甸	28131.65
乌干达	45822
尼泊尔	63369.46
也门	77119.88
苏丹	177035.9
叙利亚	271425.9
阿富汗	309331.3

注：单日获取信息量是通过流量产生的估值，单位为人次。

处于国际信息传播秩序中的边缘国家主要可以分为以下几类：

第一类，经济欠发达、媒介素养低下的国家。在世界银行公布的2020年贫困国家人口情况数据中，低收入国家中撒哈拉以南的非洲占据23个，中东和北非占据2个，南亚、东亚、中亚、拉丁美洲各有1个国家。而国际电信联盟公布的2019年区域发展情况也显示，无论是电脑普及率还是互联网接入率，非洲地区均位列最后。而这些地区由于经济落后，传播技术、文化普及度都较低，这也就成为制约这些地区传媒体系发展的直接原因。例如，也门、海地、刚果共和国、马里等国家都是世界银行公布的低收入国家，而这些国家的新闻网站流量也位列末位。

第二类，动乱地区。战乱与经济的落后往往是相伴相生的，阿富汗、巴勒斯坦等均是此类代表。以中东地区的国家为例，中东地区作为全球暴力程度最高的地区，叙利亚、伊拉克、也门、利比亚、巴基斯坦等国家和地区面临着错综复杂的冲突和对抗，也承受了美国、俄罗斯等诸多大国在其中的外交和军事利益冲突，因此，这些地区无论是在政治秩序、经济秩序还是信息秩序方面，都毫无疑问地处于被影响区域，其除了事件本身自带“热度”外，在信息塑造、信息传播方面可以说并无自主权可言。

第三类，国内政治秩序不稳定的国家。部分国家由于国际国内各方面因素而受到国际制裁，经济发展受到影响，加之本身处于信息传播秩序中的半边缘或接近边缘地区，经济、社会的失序会直接影响到信息传播领域。例如，委内瑞拉由于国内局势动荡和美国制裁，2019 年国内生产总值增长率为 -23%，在拉美和加勒比地区国家中排名倒数第一，极端贫困人口占拉美贫困人口的比例已经达到33%。其虽然之前在国际传播领域有诸多积累，但经济的落后加之整个拉丁美洲地缘政治挑战总体是向内的而非向外的[①]，导致其没有办法形成切实有效的国际传播话语权，而其因地域特性本身又不足以引起核心或半核心国家的关注，因此，快速滑向边缘地区。类似的国家还有缅甸，近年来缅甸内部政治动荡导致经济落后，但其绝对地缘政治和相对地缘政治都不足以引起大国的过度关注，因此，也处在边缘地区。

第四类，体量和影响力较小的国家。此类国家并未发生大规模战乱和内部动荡，经济、社会发展总体稳定，但由于本国国家、人口、经济总体体量较小，所处地缘政治稳定，又受到周边国家的影响较大，因此，也处于边缘地区。典型的代表有蒙古国、马尔代夫、亚美尼亚、保加利亚等国，这些国家的新闻传播体系相对完善，但在国际传播能力方面处于被影响的地位，因而，它们介于半边缘和边缘国家之间，相对处于边缘位置。

① ［美］理查德·哈斯，《失序时代：全球旧秩序的崩溃与新秩序的塑造》，黄锦桂译，中信出版集团 2017 年版，第 132—133 页。

第八章　核心国家参与国际信息传播秩序行为及作用机制

核心国家又被称作主导国家，沃勒斯坦在《现代世界体系》中指出，“处于核心地位的国家提供一种对世界的设计，通过对文化领域、金融领域的控制，实现对世界的建构。”[①] 正如荷兰提倡宗教宽容、尊重国家主权，并在此框架下主导了《威斯特伐利亚条约》，使之成为当时世界政治秩序的合法性框架；又如英国设计了以立宪议会制度为基础的自由主义国家，赋予“危险阶级”以政治权利、金本位制度并结束了奴隶制；而美国则以多党选举制度、人权、温和的非殖民化和资本自由流动[②]为基础构建了其所谓“自由主义世界秩序”。时至当下的国际秩序和信息传播秩序，虽然美国的相对优势呈现下降趋势，但其依托第二次世界大战之后积累的技术优势和权力优势，仍旧停留在国际信息传播领域的核心区域。本章将聚焦互联网时代下美国的传播战略、媒介体系和议题建构特点，进而分析核心国家如何依托传播网络优势影响全球传播秩序。

第一节　核心国家的全球信息传播媒介布局及特点

如第七章数据所示，美国在国际信息传播网络的核心位置，对其国内、半核心国家、半边缘国家和边缘国家都可施加影响，这不仅体现在基

① ［美］伊曼纽尔·沃勒斯坦：《世界体系（第二卷）：重商主义与欧洲世界经济体的巩固：1600—1750》，郭方等译，社会科学文献出版社2020年版，前言第16页。

② ［美］伊曼纽尔·沃勒斯坦：《世界体系（第二卷）：重商主义与欧洲世界经济体的巩固：1600—1750》，郭方等译，社会科学文献出版社2020年版，前言第15—16页。

础信息结构之中（如本书第六章中所提及），也体现在美国国家意志的战略设计和媒体布局之中。本小节将聚焦美国媒体布局及其特点，详细分析美国对国际信息传播秩序的结构性影响的表现。

一 信息控制权及对全球传媒网络的塑造

如前所述，美国在互联网信息传播中不仅在重要的国际传播媒体所有量方面位列第一，而且其国内媒体、甚至地区性媒体本身也具有国际传播的特点。表 8－1 展示的是全球排名前 1000 位中美国的重要媒体网站，数据显示，前 1000 位的媒体网站中，美国拥有 17 个。

表 8－1 美国主要新闻网站基本情况

网址	名称	排名	估算网页访问量
cnn. com	有线电视新闻网	63	12640800
nytimes. com	《纽约时报》	73	10999575
washingtonpost. com	《华盛顿邮报》	159	5934900
foxnews. com	福克斯新闻	162	4510350
cnbc. com	全国广播公司商业频道	240	4507650
forbes. com	福布斯	272	2637600
usatoday. com	今日美国	386	1653000
bloomberg. com	彭博新闻	399	2980800
wsj. com	《华尔街日报》	446	1647000
nypost. com	《纽约邮报》	456	1581750
Npr. org	美国国家公共广播电台	465	1271250
nbcnews. com	全国广播公司	482	1186500
abcnews. go. com	美国广播公司新闻事业部	488	1732500
buzzfeed. com	嗡嗡喂	582	1656000
usnews. com	美国新闻与世界报道	675	1336500
cbsnews. com	美国电视广播网哥伦比亚广播公司	736	969000
drudgereport. com	德拉吉报道	968	692100

从上表可以看出，美国媒体网络呈现多中心、多节点、多通联的特点。以美国国内排名前五位新闻网站（美国有线电视新闻网、纽约时报、华盛顿邮报、福布斯新闻、美国全国广播公司财经频道）的受众用户分析为例，Alexa 网站通过对这些媒体受众和搜索关键词的相关性分析显示，美国有线电视新闻网、《华盛顿邮报》和《纽约时报》的用户具有高度同源性，福克斯新闻和美国全国广播公司财经频道则各成体系，分别构成了传播网络的中心节点。

图 8－1 展示的是这五个媒体的网络关系图，可以看出，在美国有线电视新闻网、《纽约时报》和《华盛顿邮报》圈群中，这些媒体不仅同国内的同质化媒体今日美国（USATODAY）强关联，并向其他不同圈群如美国国家广播公司（NBC）、《华尔街日报》（WSJ）、福布斯（Forbes）新闻等相互引流，其用户群体还与英国的媒体如英国广播公司（BBC）、《卫报》（The Guradian）等高度重合。这一方面说明美国的媒体本身体系完善，在议题建构、受众等方面呈现了多样化和去中心化的特征，受众的选择也从消费端印证了这些媒体的议题建构的相似性；另一方面，也说明这些媒体作为核心国家的主要媒体，通过索引和导流等手段，对其他非核心国家有着较强的影响作用，美国媒体同时与英国、德国、中东国家的媒体和受众有着密切关联，说明了它的全球布局能力依旧发挥较大影响。

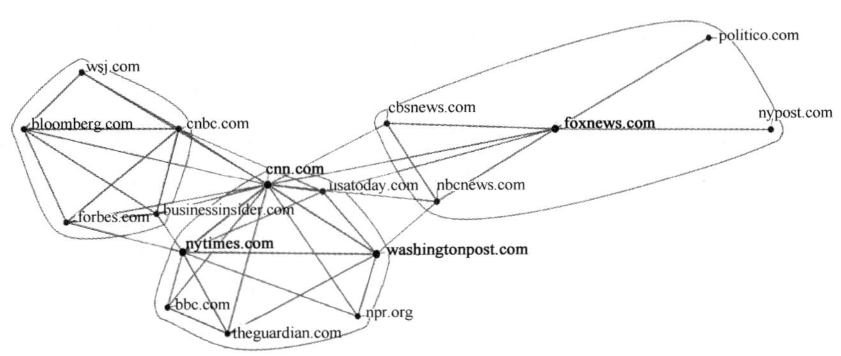

图 8－1 美国主要新闻网站传播网络

由此可见，美国自 1969 年开始逐步打造互联网技术的先机优势，至 1994 年提出构建信息高速公路以来，已经从底层技术层面发展到了应用层面，即美国在信息社会的构建上也同样抢占了先机。正如曼纽尔·卡斯特在《网络社会崛起》中说，信息技术之于信息技术革命，就像能源之于工业革命一样，信息技术的核心是“信息处理与沟通的技术”[①]，使用者通过对技术的控制，将整个社会构建在了信息化、网络化的结构之中，信息的生产、加工、传播就构成了生产力与权力的基本来源。[②] 正因为如此，美国依托对自身传播网络的控制权，将信息生产、信息传播、信息落地纳入了权力体系之中，进而形成了自己的国际传播布局。

信息的控制力来源于网络的建构，多中心、多节点、多通联的媒体组织形态客观上说明了美国的媒体网络是成熟且完善的。需要指出的是，多样化和去中心化的表象并不意味着控制权减弱，媒体受众的圈群与媒体的集团化运作、新闻批量化生产模式有着直接关系。大集团形成、策略性联盟建立折射在传播领域，也恰恰更利于传媒集团瓜分市场，商业竞争与集中的最终结果是观众更加区隔化与多样化，并且在全球的尺度上日益形成独占的局面[③]，从这个角度来看，核心国家对信息流动的控制权将不降反升。

二　全球化特性与“宣传”的边界

根据第七章流量数据分析显示，美国媒体有约73%的用户来自本国，其他重要受众国家可以分为以下几类：一是地理距离接近的国家，如邻国加拿大（9.7%）、墨西哥（1.4%）；二是语言接近的国家，如同样将英语作为第一语言的澳大利亚（1.2%），以及将英语作为第二语言或官方语言的印度（2.8%）、新加坡（0.5%）；三是美国的重点传播目标国受众，如印度尼西亚（0.7%）、日本（0.1%）、韩国（2.6%）、以色列（0.04%）等。

---

① ［美］曼纽尔·卡斯特：《网络社会的崛起》，夏铸九等译，社会科学文献出版社2001年版，第35页。

② ［美］曼纽尔·卡斯特：《网络社会的崛起》，夏铸九等译，社会科学文献出版社2001年版，第18页。

③ ［美］曼纽尔·卡斯特：《网络社会的崛起》，夏铸九等译，社会科学文献出版社2001年版，第421页。

以美国影响力最大的媒体有线电视新闻网（CNN）为例，该媒体在美国国内的访问量占总访问量的71%，而其余29%的用户均来自其他国家，这与美国媒体受众的总体情况基本一致，其中最大比例海外用户来自其邻国加拿大（4.7%），其余还包括印度（1.6%）、澳大利亚（1.5%）、英国（0.4%）等语言距离相近的国家，也包括韩国（0.6%）、日本（1.5%）等地缘政治接近国家。

关于国家的对外传播边界问题始终是国际传播领域讨论的重点之一，在web1.0时期，人们普遍认为新传播技术改变了传统的时间和空间界限，地域脱离了文化、历史、地理的意义，并重新整合到功能性网络之中，正所谓流动的空间取代了地方性空间。然而，到了web2.0和web3.0时代，随着大众媒体与社交媒体不断融合，去中心化趋势进一步凸显，信息流动的边界问题重新引起人们的思考。信息主权和边界主权的概念并未重叠，信息主权是一个柔性概念，受到国家主权边境和虚拟文化边境的碰撞影响。从这个维度看，美国媒体的信息权力边界大于疆域边界。

纵使是位于国际信息传播秩序核心区域的美国，内部也同样面临“碰撞”的问题，甚至由于互联网发展的相对成熟，美国可以说是面临问题最为突出和复杂的国家之一。

近年来，美国的社会撕裂同样折射在了网络传播领域，自2016年以来，“假新闻”（fake news）逐渐成为美国媒体的代名词，时任总统特朗普的推特较早提出这一说法，并使该词汇成为美国社交媒体的热门词，以有线电视新闻网、《纽约时报》等为代表的一系列代表民主党利益的媒体被贴上了“假新闻”标签，而支持保守党的福克斯新闻则一度受到特朗普的“青睐”。

特朗普本人也将推特当作重要发声平台——据笔者通过推特公开数据接口统计，特朗普自2016年参加总统竞选的一年内，平均每天发送的推文数量达到7.6条，转发率11%，回复率1%，其当选总统后不到一年，粉丝数量就增长了一倍之多。①

始于社交媒体也终于社交媒体，到2020年1月8日，推特公司宣布永

① 数据统计时间为2016年9月至2017年11月。

久关停特朗普的账号。在关停特朗普个人账号（@ realdonaldtrump）后，推特又关停了美国总统官方账号（@ potus），与美国右翼阴谋论组织“匿名者 Q”（QAnon）相关的推特账号以及前竞选团队律师西德尼·鲍威尔（Sidney Powell）的账号。

推特公司 CEO 杰克·多西（Jack Dorsey）对此评论：

> （在特朗普煽动国会大厦骚乱后，）我相信这对推特来说是正确的决定……将我们的所有行动集中在公共安全上。我并不为我们不得不禁止@ realDonaldTrump 在推特上发表文章而感到高兴，也不为我们如何走到今天而感到自豪，网络言论造成的线下伤害是显而易见的，也是我们的政策和执法的首要驱动力。①

相较于以往美国总统依赖《纽约时报》、有线电视新闻网等美国传统意义上的精英媒体进行战略传播（或称之为公共关系管理，其本质都是宣传属性的大众传播），从特朗普执政时期的“宣传”工具选择特点来看，主要有以下几点不同：

第一，有线电视新闻网等以往的“主流媒体”被打上假新闻（fake news）的标签，而以国内受众为主的福克斯新闻被重视，与有线电视新闻网、《纽约时报》等30%到40%的海外受众不同，福克斯新闻的海外受众仅15%左右。这也侧面论证了“美国优先”原则的应用，似乎第45任总统并不将全球化信息传播秩序的维系作为重点，而是将战略转向了内卷。

第二，虽然特朗普看似将传播战略一并转向了美国国内，但是，无论是其最初的“推特外交”，还是后来推特账户被关停，推特中的“美国国内事件”自然而然地受到了国际媒体的关注。2020年美国总统大选也成为各个国家海外新闻的首选，“白宫”、“总统大选”则成为谷歌、推特、脸书等渠道的高频检索词。从这点来看，美国的战略内卷并未能够真正实现，无论是出于主观的意愿，还是客观的信息传播秩序滞后性，美国的宣

---

① Riley, Charles, “Twitter CEO Jack Dorsey: Trump Ban was Right but Sets a ‘Dangerous’ Precedent”, https://edition.cnn.com/2021/01/14/tech/twitter-jack-dorsey-trump/index.html.

传边界已经远超其本国。

全球宣传的边界究竟在哪里？或者说信息把关的边境在哪里？这不仅与信息生产和信息选择有关，更与信息传输过程中的信息选择、信息阐释、信息加工有关，也正因为如此，美国依托其经济上的核心位置，以及在传播渠道、内容生产加工技巧、网络技术标准的先发优势，在全球范围内构建并不断扩张其传播网络，因此，和生产物资流、资金流一样，其新闻信息流的权力场域中也同样位于核心区域。而其信息主权在“宣传”领域的边界在超越地理边界的同时，也出现了“内卷”的复杂局面。

第二节 核心国家传播战略对国际信息传播秩序的主导作用

一 作为核心国家的美国的“大战略”

“战略”一词如今已普遍应用于政治、经济、商业、文化等各个领域。但实际上，“大战略”与如今普遍使用的商业意义上的“战略”有所不同，“战略”一词缘起于战争，我国最早的兵书《军政》《军志》就已经包含了如何“为战”的朴素战略思想，《宋书》“授以兵经战略”第一次明确了该词的概念。[①] 而西方“战略观”源于修昔底德《伯罗奔尼撒战争史》中描述的6世纪的东罗马帝国，原指军队将领的指挥艺术，直到18世纪才被译成英语，克劳塞维茨《战争论》将战略定义为“为了达到战争目的而对战斗的运用”。

到20世纪，“大战略”概念的真正提出是与总体战观念一同发展起来的。第一次世界大战结束后，英国战略家利德尔·哈特（Liddell Hart）在《历史上的决定性战争》中明确提出“大战略”概念，认为“大战略的任务是协调和指导国家的全部力量以便达到战争的政治目的，即国家政策所确定的目标”[②]。这里所说的“全部力量”指威胁、使用武力等综合手段，也包括用舆论战和心理战来实现政治目的的行为。第二次世界大战后，由

① 王荣：《美国国家安全战略报告研究》，时事出版社2014年版，第38—39页。

② 王荣：《美国国家安全战略报告研究》，时事出版社2014年版，第45页。

于美国在军事、经济、科技等方面取得压倒性优势，很快成为大战略研究的中心地区。无论是二战后对威尔逊自由主义的延续，还是冷战时期的“遏制战略”、奥巴马时期的“巧实力”，战略始终与美国的政治、经济、传播活动紧密相连。

正所谓“行动者实践或者说国家的战略选择是国际体系和国际秩序的重要成因和转型动力”[①]，当一个国家获得核心位置，乃至获得霸权地位，就会努力延续自身霸权地位，这就是所说的国家意志，无论是采取哪种战略路径，美国国家意志的目标都是延续权力优势。第二次世界大战后，美国在不同阶段提出了两种大战略[②]：

其一是现实主义大战略，这一战略思想的核心是乔治·凯南（George Frost Kennan）提出的遏制战略。1946 年，时任美国驻苏联代办的乔治·凯南向美国国务院发送 8000 字长电文，提出采取遏制、威慑、均势等手段削弱苏联实力、防止苏联扩张。凯南的外交思想和理论，反映甚至塑造了当时美国政府的观点，可以说某种程度上“颠覆了美苏合作的理论基础，为美国确立遏制战略提供了理论指南”[③]。此后，杜鲁门政府采纳了凯南的遏制战略思想，并在朝鲜战争中付诸实施。

其二是自由主义大战略（liberal grand strategy）。自由主义起源于欧洲宗教改革和法国大革命之间，强调个人自由的政治哲学，是欧洲城市中成长起来的由商人和工业家构成的资产阶级用于反对封建主义的思想武器。自由主义以政治理想主义的学说构建国际关系学科，认为应以国际制度、国际机制[④]和国际法为中心来安排国际秩序的基本结构[⑤]，并通过国际组织和跨国公司等非国家行为体维护国际秩序。自由主义的国际秩序观最早可

① 秦亚青：《国际体系、国际秩序与国家的战略选择》，《现代国际关系》2014 年第 7 期。

② 王立新：《美国外交政策：以 20 世纪美国对华政策为个案的研究》，北京大学出版 2007 年版，第 369—370 页。

③ 刘中伟：《遏制战略的起源、流变与衍生——评〈遏制战略：战后美国国家安全政策评析〉》，《国际政治科学》2006 年第 4 期。

④ 备注：这里所说的国际机制，是对 international regime 概念的翻译，指行为体愿望汇聚而形成的一套明示或默示的原则、规范、规则和决策程序，这一概念更接近于制度、规范，与本书所说的作用机制并不相同。

⑤ 潘忠岐：《世界秩序：机构、机制与模式》，上海人民出版社 2006 年版，第 215 页。

追溯到美国总统威尔逊，第一次世界大战后，威尔逊基于集体安全观的构想，提出了“十四点计划”，倡导建立“为了民主而安全”的新型国际秩序，希望通过建立多边机构，传播“美国例外”主义和民主思想，实现民主和安全。[①] 虽然威尔逊的主张提出不久就因各方面原因而流产，但关于自由主义世界秩序的构建影响持久，第二次世界大战后的自由主义秩序是围绕着新的和永久性的国际机构建立起来的，本质上说，二战后的世界秩序延续着自由主义世界秩序的基本特征[②]，作为主导国家的自由国际主义者试图围绕多边治理体系建立秩序。自由国际主义者认为，二战发生的根源在于地区性集团的建立、贸易保护主义和大国之间对战略地带和资源的争夺，为避免悲剧重演，自由国际主义大战略提出建立基于民主制度、开放市场和自由贸易以及多边国际机制的国际新秩序，强调公民个人权利、自由市场、出版自由和法治，将这些看作西方“普世价值观”（universal value），并通过对外政策“推广传播这些价值观念”。他们相信，“世界上存在着充满地区冲突和潜在冲突的灰色地带”，应采取“控制军事、建立合作安全机制以及保持西方世界科技领先”[③] 的方式来防范安全风险，只有在这一秩序中，美国才能更好地维护安全。

美国的国家行动正是在这两种大战略框架的交织之下开展的。冷战时期的“安全框架以及一系列松散多边机构”本质上是自由主义和权力平衡现实主义的结合。[④] 例如，通过查普尔特派克（Chapultapec）法令，美国确定了对拉丁美洲的控制，并同西半球建立起军事联盟[⑤]；此外，由于英国、法国、日本的力量衰弱，美国继续在希腊、土耳其、东北亚、东南亚等地接过了“接力棒”，使之成为自己的依附国，至此，美国的“自由主

---

① Nye, Joseph S., “The Rise and Fall of American Hegemony from Wilson to Trump”, *International Affairs*, No. 1, 2019, pp. 63 – 80.

② Hameiri, S., L. Jones, “China Challenges Global Governance? Chinese International Development Finance and the AIIB”, *International Affairs* (*London*), Vol. 94, No. 3, 2008, pp. 573 – 593.

③ 王立新：《美国外交政策：以20世纪美国对华政策为个案的研究》，北京大学出版社2007年版，第369—370页。

④ Nye, Joseph S., “The Rise and Fall of American Hegemony from Wilson to Trump”, *International Affairs*, No. 1, 2019, pp. 63 – 80.

⑤ ［美］特伦斯·K. 霍普金斯、伊曼纽尔·沃勒斯坦：《转型时代——世界体系的发展轨迹1945—2025》，吴英译，高等教育出版社2002年版，第15页。

义世界秩序"[①] 或称为"自由霸权"大战略[②]已然确定。这一"鼎盛"时期也恰与康德拉季耶夫周期的上升阶段（A 阶段，第二次世界大战后到 20 世纪 70 年代前后）相吻合，美国许诺向世界提供一种经验的、实证的普遍科学，这也就是其所建构的现代性理论[③]。这种带有浓厚意识形态色彩的承诺，旨在将非西方国家、非富裕国家纳入美国主导的秩序之中，并以此与共产主义阵营对抗。

而到了 20 世纪 80 年代，新保守主义在美国和欧洲普遍开始取代民主党的执政地位，欧美资本主义经历了右翼新自由主义的里根—撒切尔模式，他们积极推行私有化、放松政府的控制以及自由化的方针政策。[④] 1990 年后，随着冷战结束，一些美国政治家和学者提出"历史已经终结"，新保守主义认为，"自由主义的世界秩序，就像任何世界秩序一样，是被强加的东西，尽管我们西方人可能希望它是由优越的美德强加的，但它通常是由优越的权力强加的"[⑤]。

进入 21 世纪，传统的自由主义和现实主义的趋同之势愈加明显，第 43 任总统乔治·布什（George Bush）甚至宣布已经建立了"世界新秩序"，依据新保守主义强调民主和平、民主过渡的理论，2006 年乔治·布什发表的《国家安全战略》提出促进构建自由和民主社会，强调开放市场，并依此框架解释其对外军事行动。此后，第 44 任总统贝拉克·侯赛因·奥巴马（Barack Hussein Obama）斥责了布什的过激行动，呼吁美国只有在涉及持久国家利益时才能单独行动，而到了第 45 任总统唐纳德·特朗普（Donald Trump）时期，则似乎同时拒绝前两者的理论，但本质上，特朗普的举措也恰恰反映了其对内收缩战略的设计，我们将在后面具体分析。

---

① Ikenberry, G. John, *Liberal Leviathan: The Origins, and Transformation of the American World Order*, Princeton: Princeton University Press, 2011, pp. 169 – 193.

② ［美］巴里·波森：《克制：美国大战略的新基础》，曲丹译，社会科学文献出版社 2016 年版，第 7 页。

③ ［美］巴里·波森：《克制：美国大战略的新基础》，曲丹译，社会科学文献出版社 2016 年版，第 193 页。

④ 关世杰：《国际传播学》，北京大学出版社 2004 年版，第 93 页。

⑤ Nye, Joseph S., "The Rise and Fall of American Hegemony from Wilson to Trump", *International Affairs*, No. 1, 2019, pp. 63 – 80.

二　美国国家战略传播体系对全球传播秩序的建构

20 世纪 90 年代是美国战略的变更期，这一时期有两件大事发生，一是苏联解体冷战结束，另一件则是 1994 年美国启动信息高速公路计划。整个国家似乎陷入了“全球化”的狂欢，而信息传播领域的秩序构建则似乎进入短暂的真空期。

此时，冷战期间的一些国家机构设置被认为过时了，一个典型例子就是冷战期间显赫一时的新闻署（United States Information Agency，USIA）被并入国防部（DoS）①，因此既往研究往往认为从冷战结束到“9·11”事件爆发的十年间，似乎是美国战略传播体系架构断层的阶段。实际上，传播战略的逐渐暗淡是从 20 世纪 80 年代开始的，美国在康德拉季耶夫周期的下降期间，不再强调意识形态承诺，而是转向新现实主义理念的经济利益政策。②

转折点是 2001 年“9·11”恐怖袭击事件的发生。

第一，恐怖袭击事件促成了美国安全战略的转变，当时美国副总统迪克·切尼在与国防部长、国务卿、国家安全顾问的讨论中就说道，“我们正着手制定全新的政策，并不是简单地打击制造‘9·11’事件的恐怖分子，而是要瓦解他们的整个网络，打击整个组织、民族和支持他们的人”，“放眼全球战略才是最重要的”③；2002 年乔治·W. 布什政府发布的《国家安全战略报告》重申了 1950 年国家安全委员会 68 号文件（NSC-68）关于美国“普世价值”的宗旨④，这在某种意义上也成为自由主义战略与保守主义战略的又一次结合。

第二，信息环境发生了翻天覆地的变化，客观上推动美国将传播领域

---

① Clinton，William J.，*Presidential Decision Directive 68-International Public Information*，Washington：The White House，1999.

② Pickard，V.，“Neoliberal Visions and Revisions in Global Communications Policy from NWICO to WSIS”，*Journal of Communication Inquiry*，Vol. 31，No. 2，2007，pp. 118 – 139.

③ ［美］安妮·雅各布森：《五角大楼之脑：美国国防部高级研究计划局不为人知的历史》，李文婕等译，中信出版集团 2017 年版，第 281 页。

④ 程曼丽、赵晓航：《美国国家战略传播理念与实践的历史沿革》，《新闻与写作》2020 年第 2 期。

的战略纳入“大战略”范畴。“9·11”事件后，军方在其提交的报告中多次强调全球信息环境的变化，与传统现实主义观点不同，当时军方和政府已经意识到信息沟通的重要性。军方报告就曾指出，媒介技术发展导致信息流泛滥、人们对信息的诉求不断增长，人际传播、国际传播、大众传播都被纳入公共信息系统之中，客观上要求政府必须主动与国内外受众直接对话。新闻署为了更好地向公众阐释美国面对意识形态冲突所采取的行动、政策、价值观，提出了“向世界讲述美国故事”① 的计划，认为美国之所以深陷越南战争泥潭、在对阿富汗等地采取的反恐行动中未达到预定目标，是因为“无法在国内和国外讲述美国故事”②。2006 年，约瑟夫·奈在一篇关于“智实力”（smart power）的文章中也提到③，传统国际冲突中，军事力量的强弱起到决定作用，而在和平时期，政党是否构建了强大的故事（stronger story）往往成了决胜因素，将硬实力和软实力关联在一起的，就是一种战略。

正是这种理念上的转变，推动信息传播问题从策略层面转向了战略层面，并进一步与美国的大战略融为一体，成为全球布局中不可或缺的一个子集。甚至可以毫不夸张地说，在美国“大战略”理念导向下，国家战略传播体系实际就是美国在国际信息传播领域的战略实践，是维护其国际秩序的具体意志表达。

战略传播体系无论是制度设计还是起源，都体现出国家对信息资源控制的制度化设计，美国试图为其信息控制提供合理化解释框架。这在战略传播的理念设计中可见一斑。

2001 年至 2008 年，美国国防科学委员会、国防部等先后发布了多部与战略传播相关的文件，如《战略传播报告》（Report of the Defense Science Board Task Force on Strategic Communication）、《四年防务评估报告》

---

① Carlson, Brian E., *The Militarization of US Foreign Policy*, Georgetown: Georgetown University Press, 2014: 147.

② Borg, Lindsey J., Communicating With Internet: The Department of Defense and Strategic Communication, April 2007, https://www.airuniversity.af.edu/Portals/10/AFCSLC/resources/borg.pdf.

③ Nye, Joseph S., “In Mideast, the Goal is ‘Smart Power’”, *The Boston Globe*, August 19, 2006.

（2006 Quadrennial Defense Review）、《四年防务评估报告之战略传播执行路线图》（2006 Quadrennial Defense Review Strategic Communication Execution Roadmap）、《美国公共外交与战略传播国家战略》（U. S. National Strategy for Public Diplomacy and Strategic Communication）等，英国等盟国也开始使用这一概念。这一概念表面上与宣传（propaganda）有所区别，但本质上，却是运用“公共事务、信息操控、心理战、军事外交”等各类资源完成信息控制。

根据《2009 财年邓肯·亨特国防授权法案》第 1055 节的要求（总统需要提交一份全面反映公共外交和战略传播目标的跨部门工作报告），奥巴马政府于 2010 年提交了《国家安全战略报告》，明确指出要开展有效的战略传播，并认为这是“维护美国全球合法性和支撑其政策目标的根本手段”。紧接着，奥巴马政府提交了《国家战略传播架构》报告，首次全面、系统地阐述了美国国家战略传播体系的定位、性质及目标。此后，针对问责委员会关于战略传播架构职责不清晰、表述不一致等质疑，奥巴马政府又在 2012 年对 2010 年的报告进行了修订，至此，美国国家战略传播体系正式形成。

美国《国家战略传播构架》（2012 年修订版）将公共事务、公共外交、信息操控和对公共外交的防务支援纳入战略传播体系，并对战略传播明确定义如下：“第一，在传播中坚持言行一致的原则；第二，通过公共事务、公共外交和信息运作等多重手段，针对特定受众精心设计传播和接触活动。”

关于承担战略传播的组织机构和意图设计，美国国家战略传播体系界定如下①：

> 关于言行一致。传播领域以外的人必须共同承担言行一致的责任。由于美国政府的所有行动都具有传播价值和传递信息的责任，这一责任属于各机构及其高级官员。我们努力在领导层中灌输沟通文

① The White House, Update to Congress on National Framework for Strategic Communication, Washington: The White House, 2009, https: //fas. org/man/eprint/pubdip. pdf.

化，并建立机制，使之成为标准做法。在国务院、国防部和白宫，我们努力确保我们的言行与最高决策层同步。

关于深思熟虑的沟通和参与。同样，慎重的沟通和参与只是作为我们在重大外交政策和国家安全问题上的活动的一个支柱。我们在2010年的报告中高度重视在相互尊重和相互关心的基础上与世界各地的穆斯林地区进行接触——阿拉伯之春事件以及中东和北非地区的政治过渡表明了这些计划的重要性，也论证了继续强调互动交流和接触的重要性，正如2010年报告中所阐述的那样，与关键利益攸关方建立联系，倾听他们的意见……

与2010年一样，政府仍然认为传播应由各部门共同完成，包括但不限于：公共事务（PA）、公共外交（PD）、军事信息行动（IO）——以及对公共外交的国防支持（DSPD）……制定传播策略的目标包括：（1）使外国受众认识到与美国在特定领域拥有共同利益；（2）使外国受众认为美国在全球事务中发挥着建设性作用；（3）使外国受众认为美国在应对复杂的全球挑战中是一个受人尊敬的伙伴。

《国家战略传播构架》对如何平衡经济资源、军事资源等进行了设计，同时也明确了美国政府海外信息活动的“白色”“黑色”“灰色”行动[①]之分，其中白色宣传就是政府主导的公开新闻活动；灰色和黑色宣传则是军方和情报部门主导的隐秘活动以及介于公开宣传和情报活动之间的工作，对受众的细分本质也是对整个传播秩序格局的划分。而到了2012年，在向国会提供的《关于国家战略传播框架的最新情况》中，又补充了关于战略传播的具体内容[②]：

在2010年（奥巴马政府）向国会提交（《国家战略传播框架》）报告后不久，国务院发布了《公共外交战略框架》，该框架强调了美

① 程曼丽：《谈战略传播视角下的议题设置——以美国涉外舆论为例》，《对外传播》2016年第8期。

② The White House, Update to Congress on National Framework for Strategic Communication, Washington: The White House, 2009, https://fas.org/man/eprint/pubdip.pdf.

国公共外交的五个重点任务，这也成为对战略传播体系的进一步完善，包括：第一，塑造叙事；第二，扩大和加强人际沟通；第三，打击暴力极端主义；第四，更好地为决策提供情报支撑；第五，根据当前的有限任务部署资源。

此外，美国还提出了“无论是盟友还是对手，都更擅长使用传播工具”，因此其所面临的传播环境更为快捷，也更为复杂。针对竞争对手大幅增加国际广播、语言教育、文化中心的预算的现象，2012 年的《战略传播体系报告》也提出建议加大相关投入。

然而，随着唐纳德·特朗普当选第 45 任美国总统，传统的自由主义国际秩序的观念被否定，特朗普成为第二次世界大战后美国历史上第一个明确反对自由主义国际秩序的总统，战略传播体系框架中针对自由主义国际秩序而提出的“普世价值观”也随着自由主义秩序被否定而被“美国优先”取代。但是和经济领域的贸易战、政治领域的外交冲突不同，信息传播领域的改变相对滞后，仍旧有历史的延续性。例如，海外传播方面，在国家国际传播战略体系中占有举足轻重地位的广播理事会（Broadcasting Board of Governors，BBG）改名为美国国际新闻署（U. S. Agency for Global Media，USAGM）。该部门 2018 年至 2022 年的重要战略规划就包括加强与美国之音（VOA）和自由亚洲电台（RFA）的合作，如建立全球普通话数字网络（Mandarin-language digital network），加强对俄罗斯、古巴的海外传播。2020 年一年，新闻署获得了 6.28 亿美元的支持，用来完成上述目标。[①]

当然，不可否认，战略传播体系渊源自“9·11”事件后的反恐理念，其倡议来源于国防部等军方机构，其逻辑基础也是“安全观”。在网络传播时代，安全的边界在何方，以美国为样板的“普世价值观”在经历了一系列变动后势必受到种种质疑和挑战，正如沃勒斯坦[②]所言，在过去的 200

① U. S. Agency for Global Media. USAGM Budget Request Supports Modernization and Strategic Priorities, March 18, 2019, https://www.usagm.gov/2019/03/18/usagm-budget-request-supports-modernization-and-strategic-priorities/.

② Winseck, D., "Information Operations' Blowback: Communication, Propaganda and Surveillance in the Global War on Terrorism", *The International Communication Gazette*, Vol. 70, No. 6. 2008, pp. 419 – 441.

年里，美国获得了相当多的意识形态积累，但如今，美国消耗这些信用的速度甚至超过了它在20世纪60年代消耗黄金盈余的速度，国际秩序之下的信息传播秩序究竟是重建还是维系，仍需时间的验证。

三 美国传播战略的全球控制力式微

除了依托本国传播战略影响世界外，主导国家还通过国际机制塑造普遍意义上的认同，以实现本国意志。国际机制为各国行动、交往或冲突提供合法化制度依据，是集体安全观的具体践行，也是大国意志以及国际社会认同构建的具体表现。

由于国际秩序的稳定高效运作依赖于主导国家、主要大国以及中小国家在既有利益格局所限定的范围内实现自我利益[①]，因此，各国参与国际机制设计的过程，也恰恰是利益交织、认同构建的过程。

如前所述，早在第一次世界大战后，托马斯·伍德罗·威尔逊（Thomas Woodrow Wilson）就提出要建立国际组织，各国作为独立行为体参与全球治理、开展国际合作，也为后来的理想主义国际秩序奠定了基础。第二次世界大战后，联合国实际上就是美国在继承威尔逊“十四点计划”基础上，规避了第一次世界大战后国联的诸多弊端而设计出来的国际机制，美国利用“政治的力量”来规制世界秩序，其对联合国的控制权主要体现在对联合国机制的设计上——联合国内部存在着层次划分，大部分真正的权力赋予了安理会五大常任理事国——美国、苏联、英国、法国和中国；第二层次是所有成员国均获得一票否决权。美国通过联合国建立了“国家间关系”，各国公民都以主权国家公民的身份被包容到了国家间体系中。[②] 沃勒斯坦就曾在《转型时代：世界体系的发展轨迹》中指出，联合国的主权国家表决权某种意义上是美国在意识形态层面付给边缘区域人民的期票，许诺他们可以像大国那样享有政治独立、进步与平等。[③]

① 刘丰：《国际利益格局调整与国际秩序转型》，《外交评论》（外交学院学报）2015年第5期。

② ［美］特伦斯·K. 霍普金斯、伊曼纽尔·沃勒斯坦：《转型时代——世界体系的发展轨迹1945—2025》，吴英译，高等教育出版社2002年版，第25页。

③ ［美］特伦斯·K. 霍普金斯、伊曼纽尔·沃勒斯坦：《转型时代——世界体系的发展轨迹1945—2025》，吴英译，高等教育出版社2002年版，第24页

正如席勒所指出的，自由流动原则被进一步作为美国外交政策的意识形态工具，“自由信息流动”原则被写入《联合国宪章》《世界人权宣言》（1948 年）和教科文组织的相关宣言。美国在第二次世界大战后的最初 20 年里几乎控制了教科文组织，教科文组织在成立之初拥有 20 个成员国，其中绝大多数国家是核心国家或半核心国家，当时该组织被美国、英国、法国实际控制①；后来，当时完全受美国影响的拉丁美洲国家占到了教科文组织 45 个成员的 40%，其余的主要是欧洲盟友。② 无论是如第五章中提到的美国将大众传播理念写入教科文组织章程，还是美国启动的一系列海外传播项目，实际都体现了核心国家意志依托国际组织的向外转化。

权力的控制力存在波动起伏，当美国的权力周期处于下行状态之时，对国际组织的控制力同样减弱，主权国家退出国际组织也成为战略收缩的一种表现形式。1984 年，美国国务院宣称教科文组织“议题政治化、宣扬政治集权概念、管理混乱和财务不负责任”③ 等，建议美国退出教科文组织。④ 无独有偶，2017 年，因所谓“节省资金、敦促改革、抗议反以色列偏见”，美国宣布退出联合国教科文组织。⑤

据媒体统计，1985 年到 2020 年间，美国先后一共 14 次退出国际组织或国际协约。在 14 次“退群”行动中，冷战结束前有 1 次，2001 年至 2002 年间集中出现 4 次，皆是为其海外军事活动提供合法性解释。而到 2017 年后，仅仅 4 年间出现 9 次“退群”行为；特朗普上任一年，就先后退出了《跨太平洋伙伴关系协定》（TPP）、《巴黎协定》、联合国教科文组织、《全球移民协议》《联合全面行动计划》（即伊核协议）、联合国人权理事会，并且威胁退出《韩美自由贸易协定》（KORUS）和《北美自由贸易协定》（NAFTA），涉及政治、军事、文化、意识形态、环境保护等多个

---

① ［美］托马斯·麦克费尔：《全球传播：理论、利益相关者和趋势》，张丽萍译，中国传媒大学出版社 2016 年版，第 21 页。

② Tunstall, Jeremy, *The Media Are American*, New York: Columbia University Press, 1977, pp. 208 – 214.

③ ［英］达雅·屠苏：《国际传播：延续与变革》，董关鹏译，新华出版社 2004 年版，第 73—74 页。

④ Giffard, C. A., *UNESCO and the Media*, New York: Longman, 1989.

⑤ 甄有理：《那些年，美国退出的“群”》，https://opinion.huanqiu.com/article/3yyRK7IxSiM.

领域。而这些领域的国际组织所倡导的协议机制，恰恰是美国第二次世界大战以来所推行的自由主义国际秩序的核心关切所在。

如果说1985年、2001年、2002年的“退群”行为是为了规避战争行为的合法性质疑，那么2017年后的“退群”行为，则可以说是完全有悖于美国一直以来的战略意图，更有学者提出特朗普开启的是“非自由主义霸权”[①] 外交。倡导建立联合国教科文组织，将“大众传播”理念写入章程，标志着美国开启自由主义国际秩序大战略，到了2020年左右，美国走向了权力衰落期，正如约瑟夫·奈所分析的：

> 当前我们处于西方主导的全球化时期和一个地缘政治时期，冷战后美国主导的全球秩序的单极时刻在走向尾声，美国在二战后主导建立起来的自由秩序，或称为美国秩序正在走向尾声。[②]

“制度收缩”的背后，是特朗普政府所代表的极端民族主义者对自由主义国际秩序的挑战，但无论是自由主义还是保守主义，都不能避免一个事实：“自由主义国际秩序”“集体安全观”等被以“美国优先”为代表的一系列单边主义政策取代。然而，相较于1985年和2001年的“退群”行为，2017年至2020年间的“退出外交”恰恰侧面证明了各国间力量对比的变迁以及美国国内民粹主义思潮的兴起。在1945年后的70年中，美国始终保持的领导力和影响力优势开始下降，加之世界局势更为复杂，美国对国际机制控制力开始下降。2017年美国退出联合国教科文组织后，德国等欧盟国家、中国、俄罗斯、印度等主体继续推动教科文组织的有关活动，弥合“数字鸿沟、社会鸿沟、政治鸿沟”[③] 依旧是教科文组织积极推动的理念，教科文组织的活动并未像20世纪80年代末那样举步维艰。对此，美国国内学者也提出建议调整政策，约瑟夫·奈等学者认为，美国应继续向世界提供公共服务，领导权不等于统治权，领导权的实施也应当包

---

① 杨双梅：《制度地位、“退出外交”与美国的国际制度选择》，《外交评论》2020年第4期。

② Nye，Joseph S.，“The Rise and Fall of American Hegemony from Wilson to Trump”，*International Affairs*（*London*），Vol. 95，No. 1，2019，pp. 63 – 80.

③ Guterres，UN Secretary-General Remarks to the IGF 2019，July 8，2020，https：//www. intgovforum. org/multilingual/content/un-secretary-general-remarks-to-the-igf-2019.

含允许他人行使权利。①

需要指出的是，信息传播本质上是“意义”的传播，这就意味着相较于资本流动、原材料流动、人员流动，信息流动更容易受到文化、历史、意识形态的影响。因而，纵使对跨国信息流动的控制力下降，美国仍旧依靠语言文化积累的优势以及传播渠道上占有的市场，保持在国际信息传播场域的中心位置。如前面分析，信息传播秩序的变迁呈现周期性和时序“滞后”性，此次短周期将向怎样的方向发展，不仅与美国自身国内政治、传播战略有关，也与其同欧盟、中国、俄罗斯、巴西以及拉丁美洲诸多国家的相对关系有着紧密联系。

第三节　来自非核心国家的挑战

国际信息传播秩序随权力周期变迁而变化，并呈现历史延续性、内部不稳定性等特点。相较于卫星传播初期和互联网发展初期的“控制性优势”，今日美国在信息传播秩序中的核心地位面临来自多个方面的挑战。

一　传播“洼地”国家对美传播战略的接纳

美国的战略传播体系强调针对不同受众进行精准传播，具体而言，对于潜在受众进行重点传播，即公开渠道的“白色宣传”，而对于难以转化的目标受众则不以“白色宣传”为主，而采用“灰色”、甚至“黑色”宣传手段进行传播。自冷战以来，美国打造了“美国之音”（VOA）等一系列对外宣传的网站，就是介于“灰色宣传”和“白色宣传”之间的中间地带的重要代表。

近年来，互联网的发展让“内”“外”的区分不再明显，但对于“黑色”“白色”“灰色”地带的区分却并未消弭。如果说针对半核心国家的传播是以有线电视新闻网、《纽约时报》等传统的“精英媒体”为主的，那么“美国之音”则成为针对边缘国家的重要传播工具。

① Nye, Joseph S., “The Rise and Fall of American Hegemony from Wilson to Trump”, *International Affairs* (*London*), Vol. 95, No. 1, 2019, pp. 63 – 80.

Alexa流量数据显示，2020年，美国之音被访问最多的子站是波斯语版，主要为来自伊朗的网民访问，占整个网站访问比例的29%左右；而另一个有较大访问量的子站则是“VOA学英语”网站，占整个网站访问比例的20%左右；其他访问量较大的子网站还包括美国之音缅甸语版、美国之音埃塞俄比亚语版和美国之音乌克兰语版。从受众国不难发现，这些国家基本都属于边缘国家或动乱地区。

一方面，伊朗、乌克兰、缅甸、埃塞俄比亚、伊朗成为美国的重点传播受众。从美国战略传播的布局来看，美国国家战略传播体系强调精细化的传播，并将对白色区域、灰色区域的传播手段进行区分，对伊朗、乌克兰、缅甸的传播策略同对英国、澳大利亚、印度的传播策略不同，这也验证了战略传播体系“努力影响最易被改变受众”的策略。

另一方面，美国之音成立之初就带有明显的意识形态色彩，在意识形态的对外输出中，位于核心区的美国对外宣传媒体的主要受众为边缘国家，而对半边缘国家的信息提供却并不明显。这一变化与美国力量、战略的变化有关，与受众的选择也有一定关联。相较于美国所处国际传播权力鼎盛时期的媒体布局能力，其对外传播的网站也逐步存在向英语学习、知识服务类网站转化的趋势。此外，传播网络并不决定信息的流动，信息本身就是信息，信息依赖全球的和地方的多媒体大众传播网络，通过符号传递和框架建构，在人们的头脑中建构意义，从而行使权力。[①] 因此，除了信息发出者，信息的使用者同样也是网络的塑造者，美国作为信息发出者的控制力固然重要，但接收国作为信息的接收或使用者，是否接受信息，如何对信息进行二次阐释和多级传播，对信息是否“传得出”“传得开”至关重要，而这实际上是由这些接收者的集体心智决定的。[②]

二 历史文化的持续性影响对核心国家的挑战

信息的流动实现了人与人、人与群体、群体与群体之间的交流，交流

① Castells, Manuel, *Communication Power*, Oxford: Oxford University Press, 2009, pp. 414 - 416.

② Castells, Manuel, *Communication Power*, Oxford: Oxford University Press, 2009, pp. 417 - 418.

发生在特定的背景或系统中，交流的内容、方式以及信息所包含的意义，很大程度上受到环境的影响，因而，这也决定了交流是一个动态的、共享的、代际传递的过程。[①] 在这一动态过程中，信息流动格局受技术创新的塑造，同时也受到来自历史、宗教、语言、价值观等要素的影响。国际信息传播秩序的形成和变迁同样受到文化和历史层面的深刻影响。

所谓历史的延续性，即以往核心国家的权力、地缘政治和地缘文化传统作用于当今信息传播秩序。正如前面笔者对历史的梳理，信息传播秩序虽然由于国家间技术、权力对比的变化而变化，但不同于政治、军事、经济秩序，各国根据力量对比而建构起了合法性认同，并依据相关国际机制行事；文化领域的交流更多需要依靠基于集体记忆而构建出的认同，认同来源于人们对信息背后符号意义的阐释和个人经验的积累，只有行动者将其内化，并围绕着内化的过程对信息进行加工和阐释[②]，才能够实现。正因为如此，信息传播秩序受到历史和文化的影响。

例如，美国在第二次世界大战之后占据了主导地位，尤其是在冷战结束后，出现了一定时间段的“一超多强”局面。英国作为曾经的主导国家，虽然在第二次世界大战后地位有所下降，但在信息传播领域的影响不容小觑。从第七章分析的当今网络传播的流量数据来看，在各国主要媒体的对外信息提供量上，英国和美国同属于第一梯队，而英国的流量甚至略高于美国。

表 8－2 展示的是基于 Alexa 网站流量得出的英国和美国主要媒体的重叠性分析，可以看出，《卫报》（The Guardian）、《独立报》（The Independent）、《每日邮报》（Daily Mail）、英国广播电台（BBC）同美国有线电视新闻网（CNN）具有高度重叠性。一方面，这是由于英国媒体的全球化和集团化运作，部分英国媒体（如路透社）甚至将总部设置在美国；另一方面，也说明英国媒体国际新闻资讯服务能力和影响力依旧强劲。

① ［美］拉里·A. 萨默瓦、理查德·E. 波特、艾德温·R. 麦克丹尼尔：《跨文化传播》，闵惠泉等译，中国人民大学出版社 2013 年版，第 8—10 页。

② ［美］曼纽尔·卡斯特：《认同的力量》，夏铸九等译，社会科学文献出版社 2003 年版，第 3 页。

表 8 – 2　　英美主要媒体受众重叠度分析

网站	名称	重叠性得分	Alexa 排名
theguardian. com	《卫报》	39. 2	161
cnn. com	有线电视新闻网	33. 2	70
independent. co. uk	《独立报》	32. 8	1094
dailymail. co. uk	《每日邮报》	32. 2	263
bbc. com	英国广播公司	27. 3	100
nytimes. com	《纽约时报》	20. 1	82
reuters. com	路透社	20	452
thesun. co. uk	《太阳报》	12	1585
bloomberg. com	彭博社	8. 1	403
cnbc. com	全国广播公司商业频道	7. 5	238
wsj. com	《华尔街日报》	7. 2	472
washingtonpost. com	《华盛顿邮报》	6. 7	174
marketwatch. com	《市场观察》	6. 6	358
nypost. com	《纽约邮报》	6. 5	468
foxnews. com	福克斯新闻	6	205
ft. com	《金融时报》	5. 8	1468
businessinsider. com	《商业内幕》	5. 7	225
forbes. com	福布斯	5. 7	281
mirror. co. uk	《镜报》	5. 7	2031
people. com	《人物》	5. 7	998
telegraph. co. uk	《每日电讯》	5. 5	1754

注：混合重叠性得分是 Alexa. com 根据网站的访问用户和检索词计算得出，分数越高意味着相似性越高。

以著名通讯社路透社为例，作为昔日“三社四边”协议中的重要一员，路透社在很长一段时间对全球信息结构的塑造甚至起到了决定性作用。随着国际信息权力对比的变化，路透社也几易其主。2008 年，加拿大汤姆森公司（The Thomson Corporation）与路透集团合并，成立汤森路透（Thomson Reuters），汤姆森家族企业 Woodbridge 集团公司持有新公司汤森路透 53% 股份。2011 年，汤森路透开始转型，发布了数据平台“Thomson Reuter Eikon”（以下简称 Eikon），Eikon 为金融行业专业人士提供市场数据、传递信息，从诞生之日起就与彭博社的数据终端相竞争。截至 2017 年底，汤森路透以 112.5 亿美元的年收入成为金融数据市场领导者，彭博社在金融数据供应商行业拥有 33.2% 的市场份额，而路透社拥有 22.5% 的市场份额；2018 年，汤森路透和领先的资产管理公司黑石集团创建了一家名为 Refinitiv 的公司，黑石拥有 55% 的股份。Refinitiv 是一家金融信息提供商，为大约 190 个国家的 4 万多家机构提供服务，并签订了一份为期 30 年的路透社数据使用协议。Refinitiv 现在也负责管理金融数据平台 Eikon。①

目前，公开资料显示，路透社承担着汤森路透集团的新闻业务，占整个集团营收比例的 10% 左右，而其在金融资讯上的转型也是与路透社经济新闻起家的历史分不开的。从历史上看，英国作为传统的国际新闻资讯提供大国，在自己的"圈内"和"圈外"的影响力依旧持续，其在经贸领域积累的历史优势依旧存在；而从媒体传播的角度来看，转型后的商业信息平台汇聚了大量的行业数据，这就为他们关联媒体的公信力和权威性奠定了基础。因此，即使在内容生产层面不再位于最核心位置，但在信息服务、信源提供方面，英国仍旧具有较为明显的优势，甚至在某些方面超越美国。

三　全球化、集团化媒介组织运作方式对核心国家的挑战

互联网时代的媒介所呈现的两个最大特点正是全球化和网络化，全球化意味着生产、消费、流通等核心活动，与其相关的资本、劳动、原料、市场等都是全球范围内组织的，而网络化则意味着企业全球活动促进生产力增长的同时，竞争也不断加剧。② 在此背景下，全球金融网络和全球媒体网络是紧密连接在一起的，这个特殊的网络掌握着网络构造权力（network-making power）、网络权力（networked power）和网络连接权力（networking power）。正如卡斯特所说，这些权力并不是独立存在的，它们依赖

① Kolakowski，Mark，"Bloomberg vs. Reuters：What's the Difference?"，https：//www.investopedia.com/articles/investing/052815/financial-news-comparison-bloomberg-vs-reuters.asp.

② ［美］曼纽尔·卡斯特：《网络社会的崛起》，夏铸九等译，社会科学文献出版社 2001 年版，第 84—90 页。

于政治网络、文化生产网络、军事网络、全球犯罪网络，以及具有决定性意义的全球生产和应用科学、技术、知识管理等方面的网络。① 各个网络权力相连接的过程，也是多种力量相互作用和利益转化的过程，大型跨国集团由此形成。

传媒集团的整合并非互联网时代所独有，早在20世纪80年代，在时任美国第40届总统罗纳德·威尔逊·里根（Ronald Wilson Reagan）私有化理念的支持下，美国传媒业就实行了一系列商业整合。1986年，澳大利亚国际传播巨头鲁珀特·默多克购买了6家美国电视台，并联合105家独立电视台，创办了福克斯广播公司（Fox），形成了全国性的广播网络。② 2004年，默多克的新闻集团（News Corporation）从澳大利亚迁往美国，时至今日，虽然受到聚合类、社交类新媒体的冲击，其影响力发生了改变，但新闻集团仍旧拥有英国《太阳报》《泰晤士报》《星期日泰晤士报》《美国纽约邮报》《华尔街日报》、福克斯广播公司以及澳大利亚、印度等多个国家的诸多媒体。图8－2展示的是英国、美国主要媒体的受众圈群关系，可以看到，《卫报》和有线电视新闻网、《独立报》《每日邮报》的相似度较高，英国广播公司和《纽约时报》、路透社的相似度接近，而在圈群关系中，美国福克斯新闻、《纽约邮报》、英国《太阳报》《每日电讯报》同属一个圈群，这些媒体也恰恰同默多克新闻集团的传媒版图吻合。除了传统媒体方面的布局，默多克新闻集团也开始向新媒体领域进军，其标志是收购了世界上最大的社交网站“友你友我”（MySpace. com）。③

除了传统的大众媒体集团，互联网新型媒体也呈现出集团化的特点，不同于大众媒体机构以新闻生产为突破口，互联网公司从渠道着手，通过信息服务对信息进行另一个维度上的整合。以目前引流作用最大的谷歌公司为例，2004年，谷歌推出电子邮件服务系统，在当时提供1GB容量的邮箱，是雅虎和微软的200倍；同年，推出地图（Google Maps和Google Earth）和图片服务（Google Picasa）；2005年，谷歌收购安德鲁·鲁宾

① Castells, Manuel, *Communication Power*, Oxford: Oxford University Press, 2009, p. 426.

② Castells, Manuel, *Communication Power*, Oxford: Oxford University Press, 2009, p. 179.

③ Castells, Manuel, *Communication Power*, Oxford: Oxford University Press, 2009, p. 429.

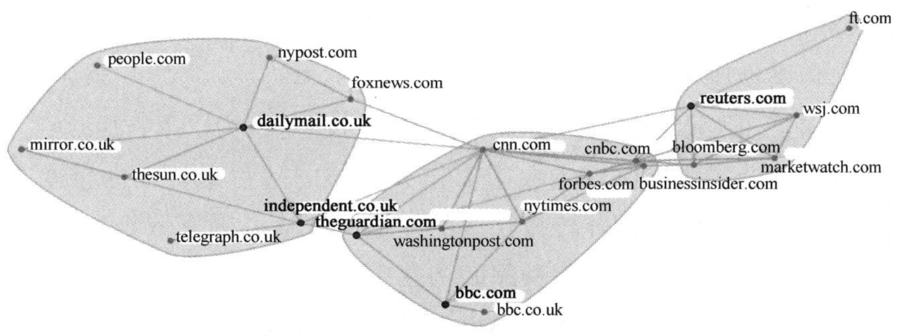

图 8-2 美国主要新闻网站海外传播网络关系

(Andrew Rubin)的手机 Linux 操作系统公司安卓(Android),进入手机操作系统市场;此后,谷歌利用在云服务上的优势,推出了免费的云上办公软件 Docs。随着互联网 2.0 时代的到来,谷歌又通过在线合作的方式,与友你友我(MySpace)达成合作;以 16 亿美元的价格收购了优兔。

三类跨国公司对新闻信息传播秩序的挑战,引出了传播权力的深入讨论。正如曼纽尔·卡斯特在说明默多克如何利用其传媒集团进行整合,以及经济、文化权力的转化时所说,默多克的新闻集团曾将总部设置在澳大利亚,为了更接近全球经济、政治的中心地区,默多克将总部从澳大利亚迁至美国。此外,默多克实行三管齐下的策略,一是向其意欲发展的国家政府提供宣传平台,二是向反对派提供资金支持,三是向政客群体提供个人恩惠①,进而拓展了其媒体集团的全球布局。大型跨国集团与国家主体之间的关系更为复杂多样,并不能直接或简单地将其同核心国家、半核心国家、半边缘国家相等同。而其对全球信息流动秩序的影响,又与主权国家的新闻管理政策、数据跨境治理密不可分。

第四节 核心国家参与国际信息传播秩序的行为机制与特点

本章从 1945 年以后就成为国际传播秩序核心国家的美国出发,从其

① Castells, Manuel, *Communication Power*, Oxford: Oxford University Press, 2009, p. 429.

国家战略、传播战略、传播渠道布局、媒体议程设置等角度，分析核心国家在国际传播秩序中的行为方式和作用机制。

核心国家在国际传播秩序变迁中的作用机制总结为以下方面。

一是行动者实践机制。主权国家作为参与国际信息传播的重要主体，其行为实践直接影响着国际传播秩序的变迁。而核心国家依靠信息控制力优势和技术优势，在国际传播秩序的构建中起到了至关重要的作用。以美国为例，1945 年至 20 世纪 70 年代处于上升期，而 70 年代后处于下降期，但由于前面所说的信息传播技术的发展和全球辐射，使得其虽然在经济、政治领域有所波动，但在信息传播领域仍持续了一定时间的上升调适。随着当今互联网技术的普遍发展，以及部分半核心国家的崛起，美国的控制力开始下降，不得不将影响重点收缩至信息传播“洼地”。所谓收缩，一是指美国的传播边界有所改变，相较于 70 年代的全球传播边界，如今美国对外传播重点受众主要是信息传播“洼地”（如伊朗、缅甸、乌克兰等）；二是指相较于康德拉季耶夫周期的上升（A）阶段，当前美国的影响力有所下降，具体的表现之一就是美国在联合国教科文组织等国际组织中的影响力和议题建构能力下降，一部分功能被区域性组织和发展中国家取代。

二是国际组织运作机制。依托传播技术的领先和基础设施的优势，美国在很长一段时期内处于实力压制地位，并先后通过联合国教科文组织、电信联盟将其传播战略理念推向全球，以此实现了制度性话语权的构建。具体而言，美国将信息定义为公共产品，而将信息传播相关的基础设施、渠道定义为公共服务设施。在此基础上，将信息自由流动、享受信息服务成果等理念写入了联合国教科文组织章程，这些成为当前国际信息传播秩序的基础和前提。当然，媒介全球化、集团化的发展态势，客观上对主权国家的主导机制形成了一定的挑战。在利益攸关的共同治理原则下，无论是跨国公司还是国际组织或区域组织，一方面直接参与秩序的构建，另一方面成为主权国家参与国际传播秩序构建的重要影响要素。

三是全球化整合机制。信息主权与国家的信息控制力相关联，这就意味着信息主权相对于物理边界成为更为柔性的概念，控制力强的国家，主权边界外延就会扩大。美国之所以选择将信息服务能力推向全球，其中隐藏着一个产业转移与生产力发展之间的悖论。20 世纪 70 年代，发达国家为了降低劳动成本，纷纷将加工业生产线转移至发展中国家，这就对信息沟通能力建设提出了客观要求。1974 年，美国信息产业协会主席保罗·泽考斯基（Paul Zurkowski）在提交给美国国家图书馆和信息科学委员会的《信息服务环境关系与优先事项》报告中也提出，当时虽然美国的识字率达到百分之百，但只有六分之一的人具有新技术处理能力，鉴于信息服务环境发生变化，亟待提高“掌握信息工具，获取信息，解决实际问题的能力”①，而这将直接关系到工作效率等问题。此时，无论是狭义上的新闻信息生产能力，还是广义上的咨讯服务能力，都要求美国将经济领域的非核心国家纳入其信息辐射版图，这也客观上解释了其对全球传播网络格局的塑造。

① Zurkowski, P. G., “The Information Service Environment Relationships and Priorities Related Paper”, No. 5, November, 1974, https://files.eric.ed.gov/fulltext/ED100391.pdf.

第九章　半核心/半边缘国家参与国际信息传播秩序行为及作用机制

世界体系理论将位于核心国家和边缘国家之间的国家定义为半边缘国家。在国际信息传播秩序中，由于信息传播的复杂性、多样性、圈群性等特点，位于核心区和边缘区之间的国家也具有复杂多样的个性化特征。根据不同国家的新闻生产力、传播力的差异，本研究将经典世界体系理论中的半边缘国家划分为半核心/半边缘国家。对于核心国家而言，这些国家处于相对周边的位置；而对于边缘国家而言，它们或又位于区域或圈群的中心。正如第七章中所论及，其中既包括英国、法国、德国等发达国家，而这些国家在经济领域往往被划分为核心国家；也包括俄罗斯、中国、巴西、印度等大国；同时还包括位于全球政治经济格局中相对半边缘地区，但在传播领域仍具有一定影响力的国家，如土耳其、卡塔尔、埃及、伊朗。

第一节　半核心/半边缘国家在国际信息传播秩序中的总体特点

根据半核心/半边缘国家的绝对位置和相互关系，总体来看，半核心/半边缘国家具有以下特点。

一　半核心/半边缘国家一般拥有相对完整的传媒体系

互联网快速发展的当下，无论是半核心国家还是半边缘国家，大都拥有自有的相对完整的传媒体系。所谓自有的完整传媒体系，包括新闻媒体、资讯聚合平台和门户网站，这些媒体和网站为信息生产者、受众提供服务。

例如，英国所拥有的主要媒体中，就包括英国广播公司、《卫报》《每日邮报》《金融时报》、路透社、天空电视台、镜报等知名媒体，其中，英国广播公司、《卫报》《每日邮报》、路透社、《独立报》等5家媒体网站位列Alexa全球排名前1000位。这些媒体完成了新闻生产、传播，并为信息的二次加工提供基础“原料”，以此形成本国完整的信息服务网络。俄罗斯影响力较大的媒体机构网站有今日俄罗斯（RT）、俄罗斯新闻社（RIA）、卫星通讯社（Sputniknews）、《俄罗斯日报》（Gazeta）等。值得一提的是，俄罗斯网民高度依赖本国信息，从本国媒体获取新闻信息的比例达到96%，而对美国、英国等信息提供国的网站访问占比较小，换言之，俄罗斯民众很少会直接阅读《纽约时报》等媒体，主要是通过二次编码后的俄语版接触外国舆论。[①] 而对于日本、法国等国家，它们也同样拥有本国完整的传媒网络，但相反，这些国家的网民对核心国家媒体存在一定程度的依赖，《赫芬顿邮报》在上述国家的使用热度均名列前茅。

需要补充的是，虽然在媒体网站方面各国均拥有了独立完整的传播网络，但是在信息索引和引流方面却大多依赖外部平台。就搜索引擎和社交媒体而言，绝大多数半核心/半边缘国家网民习惯使用谷歌、推特等大型平台。英国作为对外传播绝对流量排名第一的国家，其主要媒体仍旧依靠谷歌、推特等大型平台进行引流和二次传播。

当然，也有部分信息传播大国拥有自有的搜索引擎和社交媒体平台，例如俄罗斯和中国。以俄罗斯为例，在搜索引擎方面，俄罗斯网民除使用谷歌俄语版（google. ru，俄罗斯国内排名第4[②]）搜索外，使用频次最高的另一个热门搜索引擎是其本国网站yandex. ru（俄罗斯国内排名第8，占俄罗斯搜索引擎市场份额的52%[③]），同时yandex还为阿塞拜疆、荷兰、土

① Fedor, J. & R. Fredheim, “We Need More Clips About Putin, and Lots of Them: Russia's State-Commissioned Online Visual Culture”, *Nationalities Papers*, Vol. 45, No. 2, 2017, pp. 161 – 181.

② 本部分排名数据采集自https: //alexa. chinaz. com/Country/index_ RU. html，为年度综合排名，相较于alexa. cn三月平均排名略有出入

③ “How to Be Successful In Russia”, December 20, 2020, https: //forwardpmx. com/events/roundtable/how-to-be-sucessful-in-russia.

库曼斯坦、哈萨克斯坦、白俄罗斯、乌兹别克斯坦等国家提供搜索服务，在土库曼斯坦、白俄罗斯、乌兹别克斯坦等俄语区国家都是排名极为靠前的重要网站。在社交媒体平台方面，俄罗斯拥有自己的社交媒体平台 vk. com（俄罗斯国内排名第 2）、ok. com（俄罗斯国内排名第 7）；同时，优兔在俄罗斯的排名为第 3 名，而 Instagram 在俄罗斯的排名则为第 100 名。

二 半核心/半边缘国家存在明显的信息双向流动

半核心/半边缘国家存在明显的双向流动，即一方面它们接受核心国家和其他半核心国家的信息；另一方面，一部分半核心国家拥有自己的区域性传播圈，并担当其他半边缘和边缘国家的信源。

信息的双向流动主要受到以下几方面的影响：

一是几乎所有半核心/半边缘国家都从核心国家获取信息，并且或多或少受到核心国家影响。从中心度分析可以看出，核心国家在总体国际传播网络中的控制力和影响力都是最大的，绝大多数半核心/半边缘国家都在内容、渠道等各方面受到核心国家的影响。例如，印度、德国、法国等国在信息转载和信源选取上与美国媒体有着较大一致性，在引流等方面也高度依赖谷歌、推特等大型互联网平台，形成了从渠道、内容到受众的全方位圈群。

二是由于历史、文化和语言等因素的作用，一部分半核心国家拥有自己的传播圈群。例如，以法国为中心的法语传播圈，在非洲等法语地区影响显著；而以西班牙为中心的西语传播圈，则在拉丁美洲仍旧拥有较大影响力，西班牙的部分媒体甚至超过美国在拉丁美洲的影响（这将在第十章中展开论述）。此外，还有一些半核心国家，由于自身语言文化和制度特点，并未形成以国家为单位的圈群，但依靠人际传播、文化传统仍旧拥有自有的散在传播圈群，典型代表有中国、日本。

三是地缘政治的影响。地缘政治是影响传播圈群形成的重要因素之一，部分国家由于地缘政治的特殊性，构建了突破语言文化的新的传播圈群。例如，俄罗斯在俄语圈传播的基础上，以影响最容易被影响的受众为策略，逐渐形成了地缘政治传播圈群，叙利亚、委内瑞拉、古巴、科威特、卡塔尔、塞尔维亚、阿尔及利亚、也门、伊朗等国皆被纳入其中。

三　大多数半核心/半边缘国家存在对大型互联网平台的依赖

大型互联网平台包括信息资讯类、网络销售类、娱乐类平台等，如前所述，半核心/半边缘国家基本都拥有本国完整的传媒体系，但这并不意味着都拥有完整的信息传播网络。一是由于在搜索引擎使用方面，大多数半核心/半边缘国家基本都依赖于谷歌等平台，而搜索引擎通过信息索引、引流，某种意义上实现了对信息的议题设置；二是由于在信息二次传播环节，这些国家所依赖的社交媒体平台也集中于推特、照片墙（Instagram）等跨国大型平台，社交媒体对信息内容的审核则实现了对信息的新型把关。

表 9－1 展示的是俄罗斯主要搜索引擎和公共平台的平均流量。从数值上可以看出，俄罗斯网民习惯使用的搜索引擎为谷歌和燕基科斯（yandex），其中，流量最大的是谷歌主站，其次为谷歌俄语版，再次为俄罗斯本国搜索引擎燕基科斯。此外，优兔作为谷歌公司旗下的视频类社交媒体，流量优势和引流作用也十分显著。

表 9－1　**俄罗斯主要门户和平台日均访问流量**

网站	日均流量
google. ru	69075000
yandex. com	6963000
google. com	33532323000
YouTube	9921289000
twitter. com	271128000

而对于英国、德国、法国、日本、印度等半核心/半边缘国家而言，其网民所使用的搜索引擎和社交媒体也均集中在谷歌、推特、照片墙、脸书等，并无自有平台能够实现对这些大型互联网平台的功能替代。

第二节　半核心/半边缘国家参与国际信息传播秩序构建的行为特征

由于各国相互关系和作用形式的差异，半核心/半边缘国家可以分为四类，即位于核心国家辐射区的半核心国家，拥有局部传播圈群、有能力辐射其他半边缘、边缘国家的半核心国家，“自给自足”式半核心国家，拥有本国完整传媒体系、但不具备较强国际传播能力的半边缘国家。如前所述，位于半核心/半边缘地区的国家角色并不是单一化的，一个国家可以同时具备两个甚至三个特点，例如一个国家可以既位于核心国家的周边，同时又拥有自己的传播圈群。综合来看，半核心/半边缘国家参与国际信息传播秩序的行为存在以下特点。

一　位于核心国家辐射圈的半核心/半边缘国家对核心国家的信息存在一定依赖

对于位于核心国家辐射圈内的半核心/半边缘国家而言，这些国家同核心国家在信息生产、信息传播等环节存在密切的关联。例如，在信息生产过程中，半核心/半边缘国家的信息生产者往往选择核心国家媒体信源，以及与核心国家类似的议程框架。以最典型的位于核心国家辐射区内的半核心国家英国为例，其重要媒体《卫报》《独立报》《每日邮报》等都与有线广播电视新闻网等美国主流媒体存在较高的重叠性（如第八章数据所示，重叠性得分均超过30分）。

表9－2展示的是Alexa数据库根据流量计算所得的英国广播公司、《纽约时报》2020年度的热点新闻。内容方面，美国总统大选成为两国主要媒体的关注重点，从《追踪各州哪些新闻机构已经宣布总统选举的消息》《大选结果：拜登胜出》等热点文章可以看出，英国广播公司和《纽约时报》所刊载的热点议题存在较高的一致性，而这些议题又与英国《卫报》、美国有线广播电视新闻网有着较强关联。

表 9－2　　BBC、《纽约时报》2020 年度热点新闻

媒体	热点文章	参与度	关联媒体
BBC	追踪各州哪些新闻机构已经宣布总统选举的消息（Tracking Which News Outlets Have Called the Presidential Race in Each State）	1587176	《卫报》（Theguradian. com）；《纽约时报》（Nytimes. com）；有线广播电视新闻网（cnn. com）；英国广播公司（Bbc. co. uk，Bbc. com）
	大选结果：拜登胜出（Presidential Election Results：Biden Wins）	1516305	
	那个让每个人都拿 7 万的老板（The Boss Who Put Everyone on 70k）	556620	
	随着举报人的关注度越来越高，希夫提前得到了指控结果（Schiff Got Early Account of Accusations as Whistle-Blowers' Concerns Grew）	506111	
《纽约时报》	追踪各州哪些新闻机构已经宣布总统选举的消息（Tracking which News Outlets Have Called the Presidential Race in Each State）	1587169	《卫报》（Theguradian. com）；《纽约时报》（Nytimes. com）；有线广播电视新闻网（Cnn. com）；《华盛顿邮报》（Wahshington-post. com）；《今日美国》（usatoday. com）
	大选结果：拜登胜出（Presidential Election Results：Biden Wins）	1516287	
	随着举报人的关注度越来越高，希夫提前得到了指控结果（Schiff Got Early Account of Accusations as Whistle-Blowers' Concerns Grew）	506111	
	博尔顿书中说，特朗普将乌克兰援助与他所寻求的调查联系在一起（Trump Tied Ukraine Aid toInquires He Sought，Bolton Book Says）	463129	

由此可见，核心国家媒体的话题选取、议题设置和情感倾向，一定程度上影响着半核心/半边缘国家媒体的议题构建。半核心国家通过转发、二次加工来自核心国家的信源，完成了对核心国家声音的“放大”。当然，这种紧密的联系也在一定程度上造成了非新闻中心地带的“角色缺失”，这不仅体现在重大事件中这些国家的“失语”，也体现在新闻议题构建中这些国家的“缺位”。

二　一部分半核心国家构建了区域性传播圈群

一部分半核心国家拥有自己的区域性传播圈，这些国家往往属于在国际政治或文化格局中有一定影响力的国家，其所构建的区域性传播圈群往

往依托地缘政治优势或地缘文化优势。在传播圈群中，这些国家根据自己的国家意志，制定国家战略和传播战略，这些传播战略往往也是区域性的，在传播圈群中发挥作用，并传导到国际信息传播秩序中。

首先，地缘政治是形塑半核心国家圈群的最重要因素之一。地缘政治因素是基于国际关系、历史文化、民族心理等多种要素综合而成的，一方面，地缘政治影响着半核心国家圈群，例如俄罗斯在阿拉伯语和西班牙语区域打造的传播圈群就是依赖地缘政治要素；另一方面，地缘政治要素也影响着一部分半边缘国家在传播格局中的崛起，例如第七章数据显示，伊朗、卡塔尔等国家利用自身地域冲突性和地缘的复杂性，在国际传播场域中获得一席之地。

其次，地缘文化是世界体系的文化框架，对整个体系的制度形成、认同构建都有着深刻影响。文明是世界特定地区长久和独特的文化遗产结构，其边界是根据宗教和语言中心来定义的，文化中心及文化中心之间的关系又与政治经济中心的形成有着深刻关联。因而，历史、文化要素就成为塑造和影响信息传播圈群的重要因素之一。历史、文化等因素的作用在俄罗斯、西班牙、法国等半核心国家更为明显。

以俄罗斯为例，俄罗斯基于地缘文化和地缘政治构建起了自己的传播网络，并在网络中扮演着区域核心国家的角色。在俄语文化圈，由于地理位置和文化距离接近，俄罗斯在独联体国家的信息传播影响力不可小觑。而对于拉丁美洲国家，由于近年来美国与拉丁美洲国家国际关系走向的变化，俄罗斯利用其西班牙语对外传播将古巴、委内瑞拉等国家也纳入了自己的传播网络。而在阿拉伯语国家，虽然俄罗斯将阿拉伯语国家列为优先级最高的传播对象之一，但阿拉伯语国家并未处于俄罗斯的地缘政治或地缘文化圈群之中，传播效果不及俄语圈和西班牙语圈。

俄罗斯的外宣媒体今日俄罗斯的全球布局就是对俄罗斯对外传播战略布局的呈现。从全球布局来看，今日俄罗斯的首要目标是阿拉伯语地区人群，其次是俄语人群，再次为英语和西班牙语人群。① 之所以设定这样的

---

① Orttung, R. W. & E. Nelson, "Russia Today's Strategy and Effectiveness on YouTube", *Post-Soviet Affairs*, Vol. 35, No. 2, 2018, pp. 77 – 92.

战略目标，是由于俄罗斯的目的是优先影响那些有可能接受其反西方叙事的受众。在辐射国家中，通过对网站的流量分析，我们发现，今日俄罗斯网站的最重要浏览国家包括俄罗斯、美国、埃及、委内瑞拉、墨西哥、德国、沙特阿拉伯、奥地利、阿根廷、日本、叙利亚、古巴、阿尔及利亚等。考虑到网民数量的国别差异，今日俄罗斯传播力辐射圈如下（网站流量分析见表9－3所示）：影响力最强的是阿拉伯语版，辐射国家为埃及、沙特阿拉伯、叙利亚、阿尔及利亚；其次是西班牙语版，辐射国家为委内瑞拉、墨西哥、阿根廷、多米尼加等；再次为俄语版，辐射国家包括俄罗斯、阿塞拜疆、土库曼斯坦、白俄罗斯、哈萨克斯坦；其后是英语，辐射国家为美国、印度。

表9－3　**今日俄罗斯不同语种网站流量分析**

被访问网址	近月网站访问比例	近月页面访问比例	人均页面浏览量
russian. rt. com（俄语）	30. 89%	1. 34%	16. 03
arabic. rt. com（阿拉伯语）	27. 69%	3. 73%	40
rt. com（英语）	19. 56%	2. 60%	19. 74
actualidad. rt. com（西班牙语）	18. 41%	2. 90%	20. 86
deutsch. rt. com（德语）	2. 23%	1. 60%	1. 39
de. rt. com（德语）	2. 05%	1. 50%	1. 17
francais. rt. com（法语）	0. 62%	1%	0. 29
cdni. rt. com（其他）	0. 58%	1. 20%	0. 27
rtd. rt. com（其他）	0. 10%	2%	0. 06

此外，西班牙也由于历史文化的影响，在拉丁美洲的西语国家享有较大的媒介影响力，这一点将在第十章中进行论述。

三　“自给自足”式和“边缘型”国家的有限影响力

在半核心/半边缘国家中，还有一部分属于受到核心国家辐射，但基本没有形成自有圈群，其中既包括由于语言文化等因素的限制而没有形成圈群的半核心国家，例如日本，我们称之为“自给自足”模式；还有一部分则是由于自身在全球政治、经济秩序中的地位所限，尚未形成强大的影响力，而未能形成自有圈群。这两类半核心/半边缘国家在传播秩序构建中的影响力总的来说是有限的。

对于第一类“自给自足”式国家，其影响力有限主要由语言文化的圈群化所致。语言不仅决定着信息交流和理解的成本，同时也影响着思维方式。正如雅各布逊（Jackbson）所说，语言和任何符号系统一样，其首要功能是交流，此外，语言还具有情感功能、意动功能、信息功能等。[①] 正是由于语言在情感表达、信息交流、思维形成等方面的影响，一些国家在信息获取和信息转发过程中，更倾向于使用本国媒体，进而形成了类似于“自给自足”式的信息传播圈群。以日本为例，日本广播协会（NHK）、《读卖新闻》等主要媒体中，均有90%的受众来源于本国，说明日本媒体主要服务于本国民众，其他受众国仅有美国（占总流量的7.7%）、韩国（占总流量的1.2%）和墨西哥（占总流量的1.7%）以及其他国家和地区（占总流量的1.1%）。由此可见，这类国家虽然在经济秩序中处于更为重要的地位，但是在传播秩序中，由于自身语言的限制，其影响力是有限的。

对于第二类“边缘型”国家，由于政治、经济格局中其影响力和作用有限，因而限制了其地缘政治和地缘文化圈群的形成，进而只能作为核心国家的辐射国家出现，并不能对传播秩序起到关键性影响。例如比利时的主要新闻网站中，其服务本国网民的流量占比达到近93%，其余流量则来自荷兰等周边国家，还有少部分流量来自美国。又如芬兰，其入选的两个新闻网站中，92%的流量来自本国受众，其余受众国包括美国（2.9%）、瑞典（0.95%）等。由此可见，对于部分经济发展程度、互联网普及程度相对较高的半核心/半边缘国家，它们虽然在经济秩序中有可能位于核心圈群，但是在传播秩序中，由于政治和文化影响力有限，主要处于“被辐射”的地位，受众也主要是本国民众和周边国家民众，并未形成对传播秩序更为深远的影响。

① 胡壮麟：《语言学教程》，北京大学出版社2008年版，第7—9页。

四 半核心/半边缘国家对既有传播秩序的反抗

无论是位于核心国家辐射圈群中的半核心/半边缘国家，还是拥有自有传播圈群的半核心国家，都会出现对核心国家或其他半核心国家的反抗。

媒体通过框定（framing）、索引（indexing）和启动效应（priming）构筑认知。媒体的议程设置能力，既取决于决策层和意见领袖对某一问题的认同或分歧程度，也取决于受众对信息的选择。如果分歧不大，媒体就会根据对某一问题的单一评价进行引导；而当受众对事件存在较大分歧时，媒体就会在设置议程时引入多重倾向，进而调动人们的情绪。[①] 然而，随着大众自我传播（mass self-communication）的兴起，正如卡斯特在《传播力》中所分析的，随着社交媒体参与到大众媒体传播过程中，受众对信息的选择越来越凸显，人们往往根据自己的认知框架来选择信息，从而影响信息处理和决策。[②] 在常规框架中，媒体的议题建构能力在其固定圈群中起作用，而当冲突事件或认知失常事件中，反框架往往会挑战既有框架。所谓"反框架"，即与原有议题框架相左的人提出另一种框架，同原框架形成潜在的动态竞争。[③] 反框架的作用在冲突事件中尤为凸显，有学者提出，信息本身并不会改变人们的态度，产生情绪效应的刺激物可以激活某些框架，从而影响人们对信息的处理和决策[④]，即使受众方接受了既定框架，但是在具体决策时，仍按照自身的原本认同构建出反框架的认知呈现。

半岛电视台和今日俄罗斯这两家国际传播媒体就是早期反框架的典型代表。

今日俄罗斯成立于2005年，其总编辑西蒙尼扬提出，今日俄罗斯的

① Manuel, Castells, *Communication Power*, Oxford: Oxford University Press, 2009, p. 187.

② Manuel, Castells, *Communication Power*, Oxford: Oxford University Press, 2009, p. 169.

③ Chong, D. & J. N. Druckman, "Counterframing Effects", *The Journal of Politics*, Vol. 75, No. 1, 2013, pp. 1–16.

④ Manuel, Castells, *Communication Power*, Oxford: Oxford University Press, 2009, p. 169.

新闻议程旨在打破西方媒体的“信息垄断”[①]。在2013年的一次演讲中，她谈到信息战争是现代世界军事侵略的手段，以及俄罗斯如何在世界信息市场上夺回失去的位置：“信息和宣传武器是每个有机会的人都会使用的……我们今天所知道的信息武器的使用是从海湾战争开始的……”德国《每日新闻报》就曾写道：“今日俄罗斯与俄罗斯天然气工业股份公司和军火贸易一起，是俄罗斯外交政策中最有效的工具。”[②]

根据沃勒斯坦的世界体系理论，世界体系中的各个国家存在“融入”和“边缘化”的过程，即圈群外的国家会被纳入圈群内，而圈群内的国家也会退回到圈群外，这就意味着不断有国家受到核心区域国家的影响，深入地参与到体系中来。同时，也有国家由于对核心国家或其他半核心/半边缘国家的反抗，而在现有秩序中出现位置的变化。今日俄罗斯的发展就在一定程度上改变了俄罗斯的传播圈群。此外，随着半岛电视台的崛起，卡塔尔在国际传播秩序中的位置也出现一定程度的上升，其对外传播流量排名第15位，这也侧面佐证了反框架的重要作用。

第三节 基于典型半核心/半边缘国家的案例分析

一 法国及法语文化的国际传播

（一）法国传播圈群基本情况

法国在国际传播网络中位于半核心区域，其对外传播量位于第8位，在度数中心度排名中位列第15位。

从媒体基本情况看，第七章定量研究所筛选的法国主要媒体共12家，详见表9－4。

---

① Simonyan M.，“‘Smertel’ noe Oruzhie v Efire”，*Rossiiskaia Gazeta*，July 3，2013，http：//www.rg.ru/2013/07/03/simonian.html.

② Маргарита Симоньян，“Смертельное Оружие В Зфире：Войну Упаковали в Мини-Серии и Показывали в Прайм-тайм”，July 3，2013，https：//rg.ru/2013/07/03/simonian.html.

表 9－4　　法国主要媒体及其流量

网站	名称	排名	流量（PV）
lemonde. fr	《世界报》	1149	607500
lefigaro. fr	《费加罗报》	1152	655500
ouest-france. fr	《西部报》	1525	495000
euronews. com	欧洲新闻台	1929	420750
france24. com	法兰西 24 小时	2661	315000
leparisien. fr	巴黎人	3701	165000
tf1. fr	法国电视一台	3748	985000
rfi. fr	法国广播电台	3937	204000
nouvelobs. com	《新观察家》	5715	156750
lesechos. fr	《回声报》	5758	285000
lepoint. fr	《观点周刊》	7598	48000
lexpress. fr	《巴黎快报》	17501	222000

其中，《世界报》（Le Monde）和《费加罗报》（Le Figaro）是法国排名前两位的报纸，也是法国对外“高级报纸的代表”①。《世界报》是法国在海外销售量最大的日报，该报纸订户主要来自欧洲、北美洲和非洲国家。互联网时代，该报纸的网站也成为重要信息资讯服务平台，在 Alexa 全球排名第 1149 名，访问来源主要是法国（65%），其余为美国（5.6%）、瑞士（1.6%）、韩国（1.9%）、瑞士（1.6%）、布基纳法索（1.2%）、摩洛哥（0.7%）、印度（0.9%）、新加坡（1.1%）、以色列（0.7%）、突尼斯（0.8%）等。而《费加罗报》是法国最大的全国性日报，也是法国历史最悠久的报纸，创办于 1825 年，目前 Alexa 全球排名第 1152 位。与《世界报》类似，该媒体 64.5% 的受众来源于法国，其余受众主要来自美国（6.3%）、墨西哥（2.2%）、加拿大（1.8%）、希腊（1.5%）、阿尔及利亚（1.3%）等。

此外，法国的其他主要媒体网站还包括《西部报》、欧洲新闻台、法

① 刘笑盈、何兰：《国际传播史》，中国传媒大学出版社 2011 年版，第 129 页。

兰西24小时、法国电视一台、法国广播电台、《新观察家》《回声报》《观点周刊》等。

总的来看，法国的信息辐射能力明显呈现地缘性特点，依托欧洲国家的文化认同以及法语的语言优势，形成了多层级的自有辐射圈群。法国主要媒体的受众中有近62%来自本国，其他受众较多的国家包括美国（5.34%）、瑞士（1.52%）、阿尔及利亚（1.35%）、加拿大（1.24%）、土耳其（1.19%）、希腊（0.91%）、突尼斯（0.87%）、摩洛哥（0.86%）、伊朗（0.8%）等。从法国的辐射国家可以看出，法国的辐射圈群主要分为以下几类：一是以美国为主的核心国家及其圈群；二是欧洲国家，如土耳其、德国等；三是北非法语国家，如阿尔及利亚、突尼斯等；四是其他法语区国家，如加拿大。

（二）法国文化对外传播战略的设计与实施

法国拥有浓厚的对外传播传统。18、19世纪，依托殖民网络，法国逐步构建起包括欧洲、北美洲、非洲和中东部分国家在内的法语文化圈群。而随着法语在这些国家的普及，法语文化圈也成为法国对外传播的重点所在。

从组织机构来看，法国对文化传播的重视由来已久，其主责文化传播的机构是外交部。1909年，隶属于外交部的海外学校及作品管理办公室（Bureau des écoles et des oeuvres françaies à l'étranger）成立，1920年，该机构更名为法国作品海外推广处（Service des oeuvres françaises à l'étranger）。作品海外推广处成立之初，其行动纲领中就明确将“法国文化的渗透”作为“最有效的海外行动方式之一”。此后，该机构先后于1956年更名为文化及技术事务总局（Direction générale des affaires culurelles et techniques），1969年更名为文化、科学及技术关系总局（Direction générale des relations culturelles， scientifiques et techniques）。1998年，该机构被改制为国际合作与发展总局（Direction Générale de la cooperation international et du développement），并延续至今。[①] 2011年，外交部又成立了法国文化中心，

① 雷霏：《文化媒介与国家使命：现代法国对外文化传播研究》，暨南大学出版社2017年版，第48—49页。

负责文化策划、培训和文化传播，其具体职能包括法国文化的对外传播，开展与欧洲、法语国家的文化交流，对发展中国家的艺术创作和发展进行资助，法语及法语教育的海外推广等。法国希望通过多机构协同，实现文化传播在目标国的进一步“落地”[①]。

从对外传播策略来看，法国的一个重要策略是将法国文化、法国国家形象与法语文化打造为有机整体，通过构建文化认同形成自有地缘圈群。

语言作为民族身份的重要象征，与文化有着不可分割的关系。语言因文化而异，是文化特征的构筑基础之一，也是文化身份和文化多样性的重要表征。法国将法语文化、法国文化、法国国家形象有机统一，形成了以法语为导向、多部门协调的文化对外传播战略。

一是高度重视对语言的“纯化”。法国始终强调法语的文化优势，通过官方手段规定大众传媒完全使用法语进行制作和发行的比例，以保证语言的纯粹性；此外，法国还成立了官方语言科学院对语言的发展进行监督管理，一旦发现法语被英语等其他外语“污染”，就会立即采取措施加以制止。[②] 通过对法语的保护，法语甚至成为某种意义上法国形象的文化符号之一，在构建认同中起到了至关重要的作用。

二是提出多元文化平衡发展。早在联合国教科文组织成立之初，面对美国大众传播项目的崛起，法国就曾多次提出各国媒体发展的不平衡将加剧文化发展的不平等，并多次提出保护欠发达国家的文化多样性和传播权。进入互联网时代，法国在对外传播策略的制定中仍旧高度重视欠发达国家的文化发展，还将保护和促进这些国家法语文化作品的传播作为文化战略之一。多元文化保护进一步加强了发展中法语国家的认同，一定程度巩固了法语传播圈群。

（三）法国对英语传播圈群的反抗

回顾历史不难发现，法国在国际信息传播格局中经历了从核心区域向半核心区域的滑落。早在19世纪，法国依托殖民网络优势，成为经济秩

---

① 雷霏：《文化媒介与国家使命：现代法国对外文化传播研究》，暨南大学出版社2017年版，第57页。

② ［美］拉里·A. 萨默瓦、理查德·E. 波特、艾德温·R. 麦克丹尼尔：《跨文化传播》，闵惠泉等译，中国人民大学出版社2013年版，第159页。

序网络中的核心国家。随着1835年哈瓦斯通讯社的成立以及海底电缆的搭建，法国同英国、德国成为电报时期国际信息传播格局中的核心国家。此后，随着国际政治、经济、军事、文化力量的重构，欧洲中心格局逐渐被美国为核心的传播格局所取代，法国也从信息传播秩序中的核心区域滑落至半核心区域，兼具核心国家的辐射区、法语圈群的区域中心的双重特点。

首先，所谓核心国家的辐射区，法国作为半核心国家，虽然拥有自己的传播圈群，在非洲等法语区有着重要影响，然而，它还是受到来自核心国家的影响。一是媒体方面，信息使用依赖美国，美国媒体的受众中，来自法国的受众占全球受众的比例为0.3%；而根据ACPM2022年公布的网站和应用程序排名数据显示，美国媒体《赫芬顿邮报》在法国的排名为第19名。[①] 二是在搜索引擎、社交媒体、商业平台等方面，都不可避免地依赖于美国所有的大型互联网平台。例如，法国网民使用最为广泛的搜索引擎是谷歌，而法国最热门的社交媒体则是推特、脸书等。由此可见，虽然法国在媒体方面实现了自给自足，甚至拥有相对平衡和广泛的传播网络，但是在信息索引、信息引流等方面，仍旧依托谷歌等大型互联网平台。

其次，作为法语圈群的区域中心，法国不仅实现了在区域圈群内的传播力打造，而且通过维护文化多样性来实现对英语圈群的反抗。

法国虽然一定程度上也是作为核心国家的辐射区存在的，但其在对抗核心国家辐射方面进行了一系列努力。1993年，欧洲新闻电视台（Euronews）成立，该电视台用英语、法语、德语等8种语言向欧洲及周边78个国家的1.5亿观众发送电视节目，在西欧和东欧地区每周收视率达5400万人次。该电视台作为BBC、CNN的补充，关注欧洲和北非的非英语地区的专题，受到非英语国家青睐。[②] 法国国际广播电台在非洲的法语国家具有较强的影响力，2000年，法国国际广播电台开设网络广播，使用19种语言进行对外广播。而2006年成立的法兰西24电视台（France vingt-qua-

---

① ACPM. SYNTHÈSE DES CLASSEMENTS AVRIL 2022, April, 2022, https://www.acpm.fr/Les-chiffres/Frequentation-Sites-et-Applications/Synthese-des-classements2.

② 刘笑盈、何兰：《国际传播史》，中国传媒大学出版社2011年版，第129页。

tre)，更是直接提出捍卫法兰西价值观，并以此对抗英语在世界的主导地位。[①] 成立后，电视台的首要任务是“向世界传播法国对国际时事的看法，促进世界新闻报道视角的多样化”[②]，被称为“法国自己的 CNN”。

二　卡塔尔与“半岛电视台”的崛起

在第七章全球信息传播能力量化计算中，卡塔尔当属一个特例，其对外传播流量位列全球第 15 名，但是，它的信息服务量和信息获取量却并不占优势，分别位列第 33 名和第 32 名。这也就意味着，卡塔尔在国际传播格局中，以信息的对外输出为主。值得一提的是，这些流量均为一个媒体所贡献，即著名的半岛电视台（Al Jazeera）。本小节将聚焦“半岛电视台”，探讨卡塔尔如何在国际传播格局中崛起。

（一）卡塔尔的国际传播战略与半岛电视台的成立

卡塔尔位于波斯湾西南岸的卡塔尔半岛，作为世界上第一大液化天然气生产国和出口国，可谓世界上最富有的国家之一。根据世界经济论坛（WEF）发布的《2011—2012 全球竞争力报告》，卡塔尔全球竞争力位居阿拉伯国家及中东国家首位；2012 年美国《福布斯》杂志公布的全球最富国家和地区排行榜中，卡塔尔位列第一。

卡塔尔所处的中东地区一直以来都不可避免地处于动荡之中。然而，在中东地区如此复杂的地缘政治环境中，重大事件的媒体议程往往掌握在美国等国手中，阿拉伯世界的媒体难以传播自己的声音。面对自有媒体长久以来的“失声”，卡塔尔外交大臣哈马德·本·贾希姆提出建立一个“类似于 CNN 和 BBC、在阿拉伯世界具有影响力的电视新闻频道，以提高卡塔尔在全世界的知名度”[③]。

半岛电视台正是在这样的背景下成立的。半岛电视台是一家以卡塔尔首都多哈为基地的国际传播媒体，由卡塔尔王室资助，于 1996 年组建，

---

① 刘笑盈、何兰：《国际传播史》，中国传媒大学出版社 2011 年版，第 129 页。

② 雷霏：《文化媒介与国家使命：现代法国对外文化传播研究》，暨南大学出版社 2017 年版，第 76 页。

③ 胡正荣、关娟娟：《世界主要媒体的国际传播战略》，中国传媒大学出版社 2011 年版，第 139 页。

初期投资达1.37亿美元。1996年11月1日，半岛电视台阿拉伯语频道正式开播，经地面电视信号、有线电视信号以及卫星向阿拉伯世界广播。

半岛电视台在成立之初就强调阿拉伯特色，其早期工作人员200余人，这些记者、编辑和技术人员主要来自1995年解散的“BBC中东频道”，除卡塔尔人外，还有来自沙特阿拉伯、叙利亚、突尼斯、埃及、科威特、伊拉克、巴勒斯坦的阿拉伯人。[①]

1999年，半岛电视台成为中东地区第一家24小时播报新闻的阿拉伯语电视台，被称为“阿拉伯世界的CNN”。

2001年，半岛电视台推出阿拉伯语网站，2003年，又推出英语版网站。半岛电视台还在优兔等平台开设账号，进一步打开互联网市场。

2006年，半岛电视台开设英语国际频道，这也是中东第一家英语国际新闻频道。同年11月，半岛电视台英语版（Al Jazeera English）账号在优兔推出，截至2022年，该账号为2.82亿个家庭提供信息服务，累计播放量超过28亿次。

此外，半岛电视台还成立了公共事务频道、儿童频道、幼儿频道、纪录片频道、巴尔干频道、土耳其频道等。

（二）半岛电视台的崛起与发展

半岛电视台作为最早崛起的非核心国家国际传播媒体，其发展历程既印证了对阿拉伯声音的捍卫和传播，也反映了对占主导地位的国际信息流的抵抗。半岛电视台的发展策略如下。

一是传播阿拉伯世界的声音。

根据达雅·屠苏对国际信息流的分类，非主流的国际信息流可分为区域性信息流和文化性信息流，区域性信息流指非西方媒体所生产的信息流，文化性信息流则指以少数族裔为受众的信息流。半岛电视台正是抓住了这两点，专注于生产区域性和文化性信息流，实现了从阿拉伯语圈向全球的“出圈”。

半岛电视台在国际舞台崭露头角可以追溯到1998年，美英绕开安理会对伊拉克发动“沙漠之狐”空袭行动，半岛电视台作为唯一一家获得伊

① 王星白：《透析“半岛卫视”的异军突起》，《国际新闻界》2003年第1期。

拉克政府许可的外国电视台，在巴格达进行了第一现场新闻报道。[①] 这些来自第一现场的报道被世界各国主要媒体引用，扩大了半岛电视台的国际影响力。

此后，半岛电视台开始利用自身身份认同优势和地缘政治优势，以独家报道的形式，对重大事件进行跟踪式报道，这一策略在2001年的阿富汗战争中得到进一步应用。如果说在“9·11”事件之前，半岛电视台的影响力还仅仅停留在阿拉伯语世界，阿富汗战争和伊拉克战争则让它“一战成名”。

在英美空袭阿富汗的前一天，该媒体独家播放了本·拉登讲话的录像带。此后，半岛电视台全程跟踪战争，并且连续播出本·拉登和奥马尔的讲话录像。[②] 这些报道不仅在阿拉伯语国家传播，而且美国广播电视新闻网、英国广播公司等西方媒体对相关内容进行转发，使得半岛电视台作为第一信源，从阿拉伯语圈进入英语圈，实现了早期“出圈”传播。

二是关注国际信息传播格局中的非核心圈群。

经过短短几年发展，半岛电视台已经和美国广播电视新闻网等媒体齐名，在国际信息传播格局中占有一席之地。半岛电视台并不仅仅是“唱唱反调”，或是一味发出相反的声音，而是关注美国以外的世界，这不仅包括阿拉伯语世界，也包括英语世界。

2006年英语频道开播后，24小时播放滚动新闻、深度新闻和访谈节目。英语节目并不仅仅是将阿拉伯语节目进行英文翻译，或只关注英美等国家的英语新闻，半岛电视台调动其设置在全球的27个记者站进行采访编辑，节目则来自其位于吉隆坡、多哈、伦敦和华盛顿的四个演播室。[③] 通过四个演播室的轮播，半岛电视台的英语频道实现了对英语世界不同视角的描绘，进而关注了非核心圈群，发出属于非核心圈群的声音。

三是依托卡塔尔社会结构特征，挖掘多元文化优势。

---

① 胡正荣、关娟娟：《世界主要媒体的国际传播战略》，中国传媒大学出版社2011年版，第139—140页。

② 王星白：《透析“半岛卫视”的异军突起》，国际新闻界2003年第1期。

③ 胡正荣、关娟娟：《世界主要媒体的国际传播战略》，中国传媒大学出版社2011年版，第139—144页。

卡塔尔仅有276万人口，其中卡塔尔公民也仅有30万左右，其余均为外籍人口，外籍人口主要来自印度、巴基斯坦等东南亚国家和埃及等阿拉伯国家。阿拉伯语为官方语言，通用英语。① 这样的人口结构决定了卡塔尔文化本身的多样性，为半岛电视台的多样性奠定了基础。

图9－1呈现的是半岛电视台网站的主要受众来源，从表中数据可以看出，卡塔尔本国受众占比为14.5%，其余受众来自阿尔及利亚、中国、美国、利比亚、土耳其、德国、摩洛哥、沙特阿拉伯、科威特、叙利亚、伊拉克等。这些传播受众国既有沙特阿拉伯等阿拉伯国家，也有美国、德国等发达国家，还有中国。这与卡塔尔本国人口结构和文化结构的多元性有着深刻的内在关联，正是多元性的文化氛围为半岛电视台成为国际传播媒体提供了内在的先决条件。

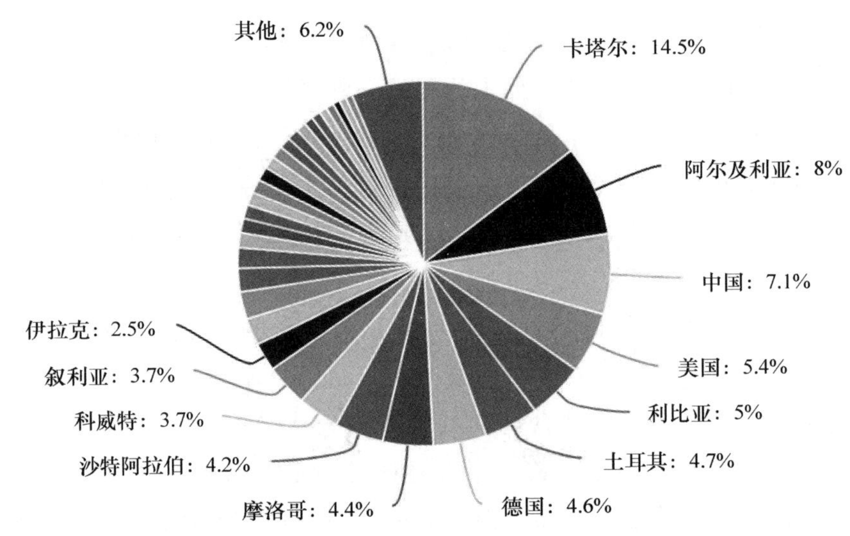

图9－1 半岛电视台网站受众分布

（三）半核心/半边缘国家对核心国家的依赖

虽然卡塔尔成立半岛电视台的初衷是发出区别于西方媒体的、属于阿

① 中华人民共和国驻卡塔尔大使馆：《卡塔尔国家概况》，2019年7月15日，http：//qa. china-embassy. gov. cn/zl/zjkte/201505/t20150521_ 1651586. htm

拉伯国家自己的声音，但是不可否认，在信息生产、传播等环节，半核心/半边缘国家仍旧不可避免地存在对核心国家的依赖。

尤其进入互联网时代，半岛电视台对大型平台的依赖同样不可忽视。半岛电视台在优兔、推特上拥有大量受众，较大程度依赖这些大型平台的引流作用。

此外，2021 年，半岛电视台筹办名为 Reyada 的财经新闻数字平台。该平台信息内容以《纽约时报》授权内容为主，平台原创为辅，主要是将《纽约时报》内容翻译为阿拉伯语进行传播。平台在半岛电视台位于华盛顿和多哈两地的总部运营。① 从这一点也可以看出，半岛电视台对世界新闻的报道，一定程度上要依赖掌握着大量信源和话语权的核心国家媒体。

尽管如此，不可否认的是，半岛电视台作为最早崛起的非西方话语圈群的国际传播媒体，在打造差异化声音、构建自有传播圈群方面为后发媒体提供了较好的范例，为国际信息传播秩序的均衡发展贡献了一定力量。

第四节　半核心/半边缘国家参与国际信息传播秩序的行为机制与特点

本章从半核心/半边缘国家的视角回答以下问题，即处于世界体系中半核心/半边缘的国家在后冷战时期如何参与国际信息传播秩序的构建，以及权力要素、技术要素、制度要素、规范要素、政策要素如何起作用。

第一，主权国家的行动实践机制体现在半核心国家，可以归纳为桥梁纽带作用的发挥。半核心/半边缘国家的信息流存在明显的双向流动，即同时与核心国家和边缘国家发生信息往来，信息流动活跃。一方面，几乎所有半核心/半边缘国家都在渠道上依赖大型跨国公司和平台，并从美国的媒体和网站获取信息，只有俄罗斯、中国等个别国家拥有自己完整的搜索引擎、电商、云服务等传播体系，而这些完整的传媒生态为半核心国家扩大信息主权影响力提供了可能，当然也在一定程度上限制了其信息边界的延伸。另一方面，半核心/半边缘国家的影响边界相较于核心国家仍旧

① 辜晓进：《新闻媒体斗得过科技巨头吗?》，《青年记者》2021 年第 5 期。

有限，往往是在区域内形成辐射中心，并不能形成全球的绝对优势布局。

第二，地缘政治、地缘文化的影响机制更为复杂。部分经济上处于核心地位的国家（如 G7），由于信息传播全球化、互联网和媒体跨国公司的运作，其与作为核心国家的美国紧密联系，虽然也形成了自己的传播圈群，但这些圈群主要依托的是历史延续、地缘文化等因素的影响，例如英国在英联邦国家的影响，法国在法语圈国家的影响等。而德国由于并不具备语言文化上的地缘优势，因此其依托区域性国际组织欧盟，积极打造有利于本国的传播圈群。

第三，半核心/半边缘国家在全球传播格局中的位置变迁往往影响巨大，可谓牵一发而动全身。部分半核心/半边缘国家本身具有较强影响力，又掌握着先进的传播技术，尝试对核心国家建构的传播秩序进行反抗。卡塔尔的半岛电视台、俄罗斯的今日俄罗斯均是此类“反框架”和“反叙事”的代表。当然，内容层面的反抗依托的并不仅仅是新闻生产能力和技术，更多依靠的是地缘政治的影响力，以及信息传播渠道的传输力，对互联网时代半核心国家的跃升提出了更高要求。

第十章　边缘国家参与国际信息传播秩序行为及作用机制

早在1965年，学者在研究全球新闻流动时就曾将世界喻为一个巨型广播站，每一个国家相当于一个站点，每个站点都可以发出自己的信号，这些信号能否被记录，与经济发展程度、意识形态差异、中心边缘地区有着紧密关系。① 例如，“西方通讯社曾经在200年间都在新闻全球化中扮演着领头羊的角色”②，殖民时期，美国本地的报纸就经常从法国、英国的报纸上搜集信息③；而一个位于非核心区的贫困国家，新闻价值却很低，只有当这些地区出现强烈、意外、负面新闻的时候，才可能引起主流新闻场的关注。

时间推移半个世纪，互联网将越来越多的国家带入网络社会之中，即使是极端贫困的国家和地区也同样经历着互联网带来的改变。但是国际传播场中的话语权仍旧掌握在核心国家和部分半核心国家手中，边缘国家由于基础资源相对落后，媒介素养相对偏低，媒体议题控制力相对薄弱，其对国际信息传播的影响力并不明显，更多是处于被影响、被塑造的地位。本章将聚焦国际信息传播秩序中的边缘国家，探讨这类国家在国际信息传播场中的地位、作用和影响。

---

① Galtung, J. & M. H. Ruge, “The Structure of Foreign News the Presentation of the Congo, Cuba and Cyprus Crises in Four Norwegian Newspapers”, *Journal of Peace Research*, Vol. 2, No. 1, 1965, pp. 64 – 90.

② Hellmueller, L., “Gatekeeping Beyond Geographical Borders: Developing an Analytical Model of Transnational Journalism Cultures”, *International Communication Gazette*, Vol. 79, No. 1, 2017, pp. 3 – 25.

③ Waisbord, S., *Reinventing Professionalism: Journalism and News in Global Perspective*, Cambridge, UK: Polity, 2013, p. 179.

第一节 边缘国家在国际信息传播秩序中的总体特点

在第七章网站流量中，记录了世界主要国家和地区的用户访问情况，还有一些国家和地区，由于用户体量较小，网络技术发展水平落后，其流量被忽略而计入了“其他”。这些被忽略的国家和地区以及被计算的国家和地区中绝对流量较小的单位个体，均被认为位于信息传播秩序中的边缘地带。纵观这些边缘国家，分布在非洲、拉丁美洲、中东、南亚等多个地区，它们各自面临的地缘政治、文化传统、现实挑战均有不同。无论是因复杂的地缘政治而陷入战乱的国家，还是由于历史的、自然的原因而导致贫困的地区，具体到国际信息传播领域，都具有一个共同点，即信息流动总体不活跃、传播力较弱。

历史的经验表明，主权国家在获得民族独立和人民解放后，往往会优先建立本国的新闻机构，提升对内和对外的信息传播力。但部分边缘国家受战乱、政治不稳定、经济落后、科技水平制约，本国新闻服务体系和通信体系发展并不完善。由国际电信联盟（ITU）和联合国教科文组织可持续发展宽带委员会共同发布的《2019 年宽带状况：宽带作为可持续发展的基础》最新报告显示，全球仍有接近一半的人口无法享受互联网服务。[①]相关数据显示，海底电缆和宽带往往密布于经济发达、人口稠密地区，如美国东西海岸、西欧、我国东南沿海地区。而非洲、拉丁美洲部分地区由于经济落后，基础设施薄弱，网络传输相对较少。需要补充的是，这里所说的“宽带”是指网络连接速度达到 256kbps 的宽带服务，但以这种速度联网的用户无法享受到发达国家网络用户享受到的完整网络体验（100Mbps 及以上的速度）。

受到“硬件”条件的制约，落后国家和地区传播体系的“软件”配套也同样存在发展不充分的现象。所谓“配套软件”发展不充分是指该国政

① 联合国教科文组织：《全球宽带接入最新报告显示一半地区仍未联网》，2019 年 9 月 23 日，https：//zh. unesco. org/news/quan-qiu-kuan-dai-jie-ru-zui-xin-bao-gao-tu-xian-yi-ban-di-qu-reng-wei-lian-wang.

治不稳定以及教育水平低，进而影响了媒体行业的发展。正如教科文组织总干事奥德蕾·阿祖莱（Audrey Azoulay）在可持续发展宽带委员会上提出的“阻碍发展中国家人口使用移动互联网的主要因素并非经济因素，而是低下的识字和数字技能”①，这实际上也概括了国际信息传播格局中边缘国家的特点，教育程度和通信基础设施的欠发达限制了这些国家参与国际信息交互，而信息交流的匮乏进一步加剧了这些地区的贫困。

国际信息传播秩序中的边缘国家主要具有以下特点：

第一，基本拥有相对完善的本国网络传播体系。虽然根据世界银行和电信联盟的数据显示，边缘国家的网络接入情况大幅度落后于核心和半边缘国家，但这并不意味着它们被排除在互联网世界之外。从外部原因看，可拓展性是全球网络扩大权力体系的基本需求，因此，不断将边缘国家纳入工业、经济、文化和传播网络体系之中符合核心国家的利益和发展需要；从内部原因看，由于媒体行业的重要性和成本相对低的特征，传媒业成为边缘国家优先发展和完善的行业之一。以也门为例，排名前三位的网站分别是谷歌、优兔和脸书，而排名第四、第五、第六位的网站则均为其本国门户类和信息服务类网站，例如其门户网站 yemen. net. ye，Alexa 预估其单日用户量仅为 822 个，单个用户访问时长为 3 分 11 秒。此外，白俄罗斯、尼泊尔、委内瑞拉等国情况也均类似——白俄罗斯在搜索引擎和社交媒体上依赖美国和俄罗斯，谷歌白俄版、VK、优兔、俄罗斯搜索引擎 Yandex 是白俄罗斯国内 Alexa 排名前四的网站②，但该国的最重要新闻网站和门户网站 tut. by 却是本国的，tut 网站是总部位于明斯克的一个独立的新闻网站，是白俄罗斯最受欢迎的 5 个俄语网站之一，Alexa 数据显示该国所有互联网用户中的 62. 58% 都浏览了该网站③；而尼泊尔位列前四位的网站则是优兔、谷歌尼泊尔版和英语版、脸书，其本国新闻网站则位列第五和第六位。

第二，在传播渠道方面高度依赖大型互联网平台。在国内信息传播和国际信息传播方面均高度依赖社交平台和搜索引擎。正如前文所说，欠发

① 联合国教科文组织：《全球宽带接入最新报告显示一半地区仍未联网》，2019 年 9 月 23 日，https：//zh. unesco. org/news/quan-qiu-kuan-dai-jie-ru-zui-xin-bao-gao-tu-xian-yi-ban-di-qu-reng-wei-lian-wang.

② 于 2021 年 1 月 4 日检索自 https：//alexa. chinaz. com/Country/index_ BY. html。

③ 于 2021 年 1 月 4 日检索自 https：//www. alexa. com/siteinfo/yemen. net. ye。

达国家和地区虽然拥有本国的新闻媒体网站，但信息获取、网站引流等都依赖于谷歌、脸书、优兔等大型跨国平台。以也门的门户网站为例，由谷歌引流至该网站的流量占总流量的比例为34.5%，优兔、脸书分别占比10.3%和1.86%，而该网站反向对谷歌、优兔、脸书引流比例则为33.9%、10.7%和8.1%。尼泊尔和委内瑞拉的媒体网站也存在类似情况，尼泊尔最重要的媒体网站之一的28.5%流量由脸书和谷歌引流①，而委内瑞拉国内排名第六的媒体网站lapatilla.com，依靠谷歌、推特、脸书和优兔引流流量占总流量的35.06%。②

第三，边缘国家之间缺乏联系，边缘国家往往同核心国家、半核心国家发生信息交互，在传播网络中受到地缘政治、地缘文化、历史的深刻影响。如前所述，边缘国家的日常新闻并不会被关注，而当边缘国家发生突发性、灾难性事件时，就会成为新闻的焦点；而对于蒙古国、哈萨克斯坦、塔吉克斯坦等并未发生大规模动乱的国家，则由于所处地缘政治单一，加之国家体量较小，未能获得国际新闻网络的关注，因此也位于国际新闻信息传播场域的边缘地带。由此可见，边缘国家往往是同核心节点进行信息交互，而边缘国家之间的交互性较弱，这就会导致信息流动不对称。因而，交互频繁的中心节点在网络中的控制力就会更强，而节点数量较多的边缘国家由于交互性弱，相对距离远，也更依赖于核心节点。

第二节　边缘国家在国际信息传播秩序中的参与机制

从边缘国家和核心、半核心/半边缘国家的关系来看，边缘国家或位于核心国家的辐射区，或位于半核心/半边缘国家的辐射区，在信息交互中主要依赖于其所在圈群的核心节点。而其对国际传播秩序的影响，与其说是主动的“作用”，不如说是“参与”，具体可以归纳为对外的被动“参与”和对内的主动“把关”。

① 于2021年1月13日检索自https：//www.alexa.com/siteinfo/ekantipur.com。
② 于2021年1月13日检索自https：//www.alexa.com/siteinfo/lapatilla.com。

一　边缘国家在国际信息传播场中的“周边”地位

所谓“周边”具有的显著特点，一是对全球传播网络塑造力低；二是媒体曝光度总体偏低。

具体到新闻内容方面，如前所述，根据国际新闻传播中的内容和题材特点，新闻场被分为四个区域，即新闻中心，在报道中频繁出现的国家，例如美国就是各国的新闻中心；新闻邻国，即外国新闻报道中经常出现的国家，虽然同样具有较高的话题性，但持续时间较短；专题新闻邻国，各国偏向采集和报道与本国地理上接近、经济上有联系的国家，这就形成了某些特定的专题邻国，例如，加拿大、挪威等国虽然是发达国家，但在国际新闻秩序中影响力有限，在公共外交话题建构中就各自的侧重点来建构本国专题，加拿大侧重于人类安全和对外援助，而挪威强调和平和国际调解①；新闻周边地带，即位于这些位置的国家被报道较少，而且这些报道议题往往集中在事故和灾难上，话题差异性小。②

本章所说的边缘国家，基本集中于新闻周边地带。

边缘国家通常情况下并不会成为大众媒体的报道对象，而只有当这些地区出现突发性事件时，才会成为新闻中心。例如，2010 年海地地震，几乎全世界媒体都聚焦海地报道这一突发事件；又如，2020 年白俄罗斯对总统选举的争议以及 2021 年缅甸国务资政昂山素季、总统温敏及其他执政党高级官员突然“被军方扣押”③，这些国家无论是在地缘政治还是全球格局中影响力都比较有限，唯有爆发了突发性事件，才有可能成为新闻邻国。当然，这种热度呈现话题性和短暂性的特点，一般受到核心国家或区域性核心国家议题建构的影响。

这一特点不仅体现在传统大众媒体对边缘国家的报道上，还体现在社

① Gilboa, E., “Searching for a Theory of Public Diplomacy”, *The ANNALS of the American Academy of Political and Social Science*, Vol. 616, No. 1, 2008, pp. 55 – 77.

② Weber, P., “No News from the East? Predicting Patterns of Coverage of Eastern Europe in Selected German Newspapers”, *International Communication Gazette*, Vol. 72, No. 6, 2010, pp. 465 – 485.

③ 点苍居士：《昂山素季突遭扣押，缅甸到底怎么了》，https://m.gmw.cn/baijia/2021-02/02/1302086472.html，《光明网》2021 年 2 月 2 日。

交媒体的曝光度上。Alexa 数据库流量分析显示，委内瑞拉的“南方电视台”网站的总体曝光度仅为 7，而同期美国有线电视新闻网的曝光度为 643，今日俄罗斯的曝光度为 182，也就意味着南方电视台发布的一条新闻被谷歌新闻引流或被转载在社交新闻上的概率仅为有线电视新闻网的约百分之一。

正如前文中所分析，非核心国家会尝试通过议程设置、信息索引、公关等多种手段打破核心国家的议题框架，进而形成有利于本国的“反框架”，这种反框架效应往往在突发事件中最为显著。虽然区域核心节点通过反框架获得了一定的话语权，但对于处于突发事件中的边缘国家而言，其反框架却并不明显，换言之，边缘国家的突发事件报道仍旧主要依托半核心国家或核心国家，其议题的自主建构能力有限。

以委内瑞拉主导的国际传播媒体“南方电视台”为例，该媒体的推特账号、优兔账号所发布的日常报道以资讯和中性色彩的报道为主，并没有体现委内瑞拉鲜明的反西方话语特点。其推特账号（@ teleSURtv）于 2009 年 6 月启用，截至 2021 年 1 月拥有 195. 76 万名关注者，发布推文 131. 16 万篇。从推文形式上看，新闻内容以转发 telesurtv. net 官网新闻为主，全部推文内容为西班牙语，其报道具有鲜明的国际视角；从传播效果来看，推文以转发和点赞为主，评论较少，近一年来基本没有超过 2 条评论的推文。以 2020 年 12 月到 2021 年 1 月期间的新闻为例，南方电视台账号报道了美国总统大选、新冠肺炎疫情（包含古巴、法国等多个国家的措施）、印度尼西亚地震、阿根廷《自愿终端妊娠法案》、鼠年和农历新年、墨西哥示威等内容。从情感态度上看，推文主要以短平快的通讯叙事为主，基本不涉及情感态度判断，以一篇关于“美国新当选总统乔·拜登宣布将实施 1. 9 万亿美元的一揽子经济刺激计划”为例，提及了“将在任期的头 100 天内拨款 4160 亿美元用于疫苗接种”以及“拜登未提及冲击国会事件”① 等，未涉及评论性话语。媒体议题建构的能力在常规事件中有可能影响受众认知，而在冲突性事件中，即使受众接受了媒体给出的叙事框架，在

① “Joe Biden Anuncia Plan de Estímuloeconómico Para EE. UU”, January 15, 2021, https://www.telesurtv.net/news/joe-biden-plan-estimulo-economico-20210115-0004.html.

具体决策时，仍旧会按照原本的认知框架，而短期认知的形成并不足以影响长期认同时，就暴露出边缘国家在议题建构能力方面的疲软。

从信源看，边缘国家高度依赖于核心国家或半核心国家的交互节点。

正如第七章的流量分析显示，边缘国家的信息流入和流出在链路数量上普遍较少，既有的信息交互主要发生在与核心国家、半核心国家以及一些地缘和文化接近的国家，这也就意味着边缘国家主要作为信息接收者，而非信息传播节点或中间节点。

以拉丁美洲的部分媒体为例，南方电视台是委内瑞拉主导、拉丁美洲多国联合推出的国际传播媒体，由于委内瑞拉近年来国民经济、社会治安不断下降，加之拉美特殊的地缘政治，委内瑞拉逐渐从半边缘国家下滑至边缘国家。表 10 - 1 展示的是利用 Alexa 流量分析获取的网站重叠度分析，在对该媒体的相似度分析中，笔者发现，南方电视台同委内瑞拉、古巴等国家的媒体相似度普遍处于较低水平，这说明委内瑞拉、古巴作为地理距离接近的边缘国家，两国间媒体信息的交流和交互水平却较低，用户重叠度不高。

表 10 - 1 **南方电视台相似网站**

媒体网站	网站重叠度①	所属国	Alexa 排名	备注
vtv. gob. ve（委内瑞拉电视广播公司）	17. 4	委内瑞拉	33611	委内瑞拉国有电视台
prensa-latina. cu（拉丁美洲通讯社）	15. 8	古巴	3424	古巴国家通讯社
efe. com（埃菲社）	14. 5	西班牙	12602	西班牙官方通讯社
diariolasamericas. com（美洲西班牙语报）	14. 2	古巴	50934	在南佛罗里达州创办的第一份西班牙语报纸，在洛杉矶是美国第二古老的西班牙语报纸
voanoticias. com（美国之音西班牙语版）	14	美国	32605	美国外宣媒体西班牙语版

① 备注：本网站与同类网站之间受众重叠的相对水平。受众重合度得分是通过对常见访问者和/或搜索关键词的分析计算出来的。得分较高的网站比得分较低的网站有更高的受众重合度。

由此可见，边缘国家无论是信源选取，还是信息交互和传播链路，主要依赖于核心国家及其所属的区域核心国家，受到权力控制、地缘政治和地缘文化等要素的制约。

二 边缘国家在国际信息传播场中的“把关保护”

虽然边缘国家无论是在新闻生产还是信息传播等方面都处于周边地带，但无论是第一次世界大战之后欧洲国家建立自由的通讯社，还是第二次世界大战后新兴民族民主国家的新秩序之争，历史和现实的经验都表明，在主权独立后或争取主权独立的过程中，新闻传播往往是这些边缘国家最先尝试独立的领域之一。一方面，这同新闻行业的功能性有关，正如俄国十月革命期间，列宁通过创办《火星报》等报刊，强调并践行了马克思主义政党报刊的群众性、战斗性和组织动员性，新闻媒体被当作斗争和动员的重要工具；另一方面，这也和新闻文本的可复制性相关，在一定的传播网络中，内容一旦被生产，传播越广泛，边际成本也就越低，到了互联网时代的今天，信息经济愈加普及，新闻传播业仍旧保持着这一特点。

边缘国家尝试获得新闻传播行业的独立地位，抑或称之为传播话语权的最常见手段就是对自己的“把关保护”。所谓“把关保护”，就是我们通常所说的把关人作用。把关人理论最早缘起于卢因关于食物选择的渠道理论（channel theory），即人们以自购或自种的方式获取食物，而食物从生产到端上餐桌的过程就涉及在渠道中进行选择的过程。沃尔特·李普曼（Walter Lippmann）于1947年提出，“世界上所有的记者，不可能募集世界上发生的所有事……即便记者们做到了这一点，也需要人们筛选、过滤他们的报道，这便是所谓的把关人”；同年，库尔特·勒温（Kurt Lewin）在《群体生活的渠道》中提出，群体传播过程中存在着“把关人”，他们负责把符合群体规范或“把关人”价值标准的信息内容放入传播渠道。1950年，D. M. 怀特（David Manning White）将“把关人”概念引入新闻研究领域，在大众媒介环境下研究“把关人”作用，提出新闻筛选、稿件编辑都存在把关模式，大众传媒的新闻报道不可能“有闻必录”，传媒组织形成了一道“关口”。

20世纪80年代，丹尼斯·麦奎尔在《大众传播理论》中将把关作用概括为政治、经济、法律、教育等要素通过直接控制内容生产环节或影响媒介体制来实现对内容的把关。当然，正如麦奎尔所指出的[①]：

> 这种前后相继的把关可能会导致重复过滤，即在每个把关环节中，把关者可能都在运用相同的标准来筛选，在这一过程中，新闻报道内容或形式中蕴含的偏见或特定趋势会被不断强化，而新闻的多元性、独特性与不可预测性则被不断弱化。这里所谓的偏见，不过是对那些易于采写与编辑的、满足市场标准的新闻内容的强调。

进入互联网时代，把关作用的发挥在传统的选择过程基础上，增加了"再阐释"的过程。[②] 尤其是进入大众自我传播时期，受众对大众媒体的信息选择自主权更大，大众传媒进行新闻报道时，经历了个人层面、常规层面、组织层面、社会制度层面和社会体系层面五个层级的把关。[③] 其中，个人层面表现为记者的行为受文化规范和角色规范的规约；常规和组织层面则表现为记者对信源的选择、采访行为和同受众的互动方式；社会制度和社会体系层面，表现为新闻生产者所处的经济、政治、法律体系。[④] 跨境新闻信息流动中，新闻内容至少在一个层面上受到境外的把关过程影响。而随着全球化的发展，全球化对新闻信息传播把关作用的影响也是全方位的。

回到边缘国家，边缘国家的跨境信息传播由于受到自身新闻生产能力的制约，"再阐释"的能力相对较弱，把关作用主要体现在社会制度和社会体系层面，即通过国家政治控制力的作用，控制渠道并运用规则对新闻报道内容作出选择。[⑤]

第一，针对新闻内容的把关。

---

① ［荷］雅普通·梵·吉内肯：《理解国际新闻：批判性导论》，李红涛译，中国传媒大学出版社 2016 年版，第 80—81 页。

② ［荷］雅普通·梵·吉内肯：《理解国际新闻：批判性导论》，李红涛译，中国传媒大学出版社 2016 年版，第 81 页。

③ Shoemaker，P. J.，T. P. Vos，*Gatekeeping Theory*，New York：Routledge，2009，p. 3.

④ Hellmueller，L.，"Gatekeeping Beyond Geographical Borders：Developing an Analytical Model of Transnational Journalism Cultures"，*International Communication Gazette*，Vol. 79，No. 1，2017，pp. 3 –25.

⑤ ［荷］雅普通·梵·吉内肯：《理解国际新闻：批判性导论》，李红涛译，中国传媒大学出版社 2016 年版，第 80—81 页。

对于边缘国家来说，由于控制力的限制，其把关作用的最主要和直接体现就是对内容生产的选择和规约。例如，阿富汗的巴赫塔通讯社就是由国家建立并管理，它是阿富汗几乎所有媒体的主要新闻来源；叙利亚的国家通讯社阿拉伯叙利亚通讯社同样是政府机构，负责国内国际供稿；缅甸广播电视台、蒙古国通讯社等也都是政府机构，缅甸广播电视台归其本国宣传部门管理，而蒙古国通讯社归国家新闻、广播和电视委员会领导。此外，乌兹别克斯坦、塔吉克斯坦等独联体国家的一系列重要电视台，也同样是国家控股。表 10－2 展示的是部分边缘国家主要媒体的传播渠道、归属和受众情况。

表 10－2　　部分边缘国家主要媒体情况

媒体名称	传播渠道	覆盖人群	主办方
哈萨克斯坦国家电视广播公司（QAZAQSTAN）	3 个电视频道和 4 个广播电台，还包括 15 个地方电视频道以及官方网站	电视和广播节目覆盖率达到 100%	国家控股
乌兹别克斯坦国家电视广播公司	全国的新闻综合频道 OPbekiston、青年 WiJIYo'hlar、体育频道 Sport、乌兹别克斯坦唯一高清频道 UzHD、社区频道 Mahalla、文化与启蒙频道 MadaniyatvaMaTal、宝贝频道 Bolajon（该频道是乌兹别克斯坦唯一每天休台的频道）、环球频道 DunyoBLylab、影院频道 Kinoteatr、音乐频道 Navo、家庭频道 Oilaviy 以及面向塔什干的新闻综合频道 Toshkent 共 12 个全国性频道。此外，乌兹别克斯坦国家广播电视公司还在两个州和卡拉卡尔帕克斯坦共和国设有分台	覆盖全国	国家建立并管理
塔吉克斯坦国家电视台（TVT）	6 个电视频道，优兔，脸书，推特	观众可以在塔吉克斯坦全境收看到该频道节目，其他国家的观众则可以通过有线电视和互联网访问该频道，收看 TVT1 的观众约为 2000 万人。	国家建立并管理

续表

媒体名称	传播渠道	覆盖人群	主办方
土库曼斯坦国家电视台	7 个公共电视频道，分别是： ☆ AltynAsyr（黄金世纪，原 TMT-1） ☆ YajlykC（青年，原 TMT-2） ☆ Miras（意见，原 TMT-3） ☆ Turkmenistan Sport ☆ Turkmen Owazy（土库曼之声） ☆ AshgabatC（阿什哈巴德）：面向首都的电视频道 ☆ Turkmenistan（原 TMT4）：国际频道	覆盖全国	国家建立并管理
巴赫塔通讯社（阿富汗）	供稿渠道，官方网站	阿富汗所有媒体的主要新闻来源。	国家建立并管理
阿塞拜疆国家电视台	主频道，体育频道，文化频道，官方网站	截至 2014 年，99.96% 的居民可以接收到该电视台的节目	政府是唯一股东
伊拉克国家电视台	电视台，官网，优兔，脸书，推特，谷歌 +，照片墙	阿拉伯语节目服务伊拉克 85% 的人口	国有企业
阿拉伯叙利亚通讯社	官网，脸书，推特，优兔，照片墙	覆盖全国，为国际供稿	政府机构
缅甸广播电视台	三个电视频道，官网，脸书，优兔	覆盖全境，通过卫星可向 127 个国家传输信号	缅甸宣传部下属机构
蒙古国通讯社	官方网站，脸书，推特，优兔，领英，应用商店可下载移动程序	覆盖全国，为国际供稿	官方通讯社，归国家新闻、广播和电视委员会领导。
尼日尔通讯社	官网，脸书，推特，优兔，谷歌 +	在全国设有 5 个记者站，无驻外记者，主要接收法新社和泛非通讯社的电讯	国有机构

虽然这些媒体机构、通讯社在运营管理上归政府管理，但是在传播渠道上，除了官方网站外，往往依托脸书、优兔等公共社交平台。对于边缘国家而言，它们的信息传播渠道很大一部分依托于谷歌等大型互联网公司，而信息内容服务则依托于跨国媒介集团，大型公司对信息流动渠道进行控制乃至形成垄断性影响；此外，出于语言文化的相近性和地缘政治的

需要，部分边缘国家也可能选择非核心国家的网络传播渠道（例如，许多俄语圈国家选择俄罗斯的搜索引擎 yandex 和即时通信工具 ok），但依旧并非边缘国家所自有的。一方面，依赖公开的社交平台有助于这些媒体声音的传播；另一方面，这也意味着其把关作用范围是在内容层面而非渠道层面。

第二，对渠道把关的争夺。

如果说内容层面的把关是边缘国家的自我保护，那么对渠道的把关则属于紧急状态下的保护举措。在紧急状态下，当传播权力边界小于主权边界，主权国家就会将把关控制争夺下移到传播的更底层环节——通信基础设施。

以白俄罗斯 2020 年 8 月 9 日总统大选为例，根据该国中央选举委员会的数据，现任总统卢卡申科获得 80.08% 的选票，结果公布当晚，在白俄罗斯数座城市爆发未经批准的大规模抗议活动。[①] 与此同时，白俄罗斯出现网络中断现象，根据俄罗斯卫星通讯社的报道[②]：

> 8 月 17 日，明斯克再次断网。大约 11 时后宽带和 4G 网络都无法正常连接。自 8 月 9 日白俄罗斯举行总统选举起，明斯克的互联网开始出现问题。8 月 10 日和 11 日出现互联网的严重中断，而 12 日有极大改善，可以发送和搜索消息，优兔平台也恢复访问。根据白俄罗斯通信与信息化部的报告，8 月 9 日至 11 日期间，白俄电信运营商的基础设施以及国家机关和组织的网站遭到大量网络攻击。

白俄罗斯的反对派和欧洲网络专家提出质疑，认为“外部攻击导致一个国家断网在操作上难度非常大。就算实现，也无法长时间让整个国家持续断网”，因而他们推测“网路为政府切断”[③]。暂且不论白俄罗斯此次断

① 《立陶宛外长：白俄选举结果令人怀疑 难以承认》，俄罗斯卫星通讯社 2020 年 8 月 12 日，http：//sputniknews. cn/politics/202008121031953962/.

② 《专家：白俄罗斯断网 10 分钟令经济损失 39 万美元》，俄罗斯卫星通讯社 2020 年 8 月 17 日，http：//sputniknews. cn/politics/202008171031978405/.

③ 《全国断网反对派竞选人逃亡：白俄大选余波持续》，界面新闻 2020 年 8 月 12 日，htps：//news. sina. com. cn/w/2020 - 08 - 12/doc-iivhuipn8272132. shtml，2020 - 08 - 12.

网原因何在，但从这一事件本身不难看出，在冲突事件中，对传播渠道的把关控制为各主权国家所关注。

其他相关的事件还有 2006—2010 年间“震网”（Stuxnet）病毒攻击伊朗核反应设施，乌克兰电网遭遇攻击停电事件，以及 2019 年委内瑞拉大规模停电事件。这些事件有攻击所致，也有原因不明，但无论是设施老旧，还是外部国家恶意控制，这些“控制”手段也都有可能在极端情况下出现，边缘国家由于技术、基础设施相对薄弱，也是最易受到影响的。

“把关”作用并非边缘国家所专有，无论是发达国家和地区，还是发展中国家，都会运用行政、法律、技术手段实行把关。“把关”政策更像信息洼地对信息高地的某种抵抗。但是，需要补充的是，边缘国家的“把关”作用主要局限于对国内的“把关”，对外的渠道缺失、集体认同难以在地缘政治中延伸，也造成了这些国家的对外“把关”很难实现，这也就是我们常说的“话语权”缺失的一个关键原因。

这就引出了一个持续性的讨论，“内宣”和“外宣”的边界在哪里？究竟是“内外一体”还是“内外有别”？这不仅是边缘国家所面临的问题，即使是作为核心国家的美国，对“美国之音”的设计在最初也是强调只能进行国际传播而不能在国内传播。但互联网对时空重构的本质又与边界问题相矛盾，从技术角度讲，20 世纪 70—80 年代关于世界新闻新秩序的争论，本质上是对信息的控制边界和控制力归属权的争论。因此，对于美国这样的核心国家而言，“国外受众和国内受众之间的区别更多在于美国政府的意图，而不是信息传播的做法”①，而对于边缘国家而言，对信息的控制力却只能局限于对本国渠道和内容的“把关”。

需要补充的是，如果以单一国家为主体思考传播边界问题，“把关”本质上就是国家权力对信息的控制，但无论是从全球化还是区域全球化的角度来看，跨境信息流动的国际治理都关乎跨境信息治理的法规、标准、新闻管理体制、国家的话语权等多方面内容。从这一点来看，边缘国家对

① Winseck, D., “Information Operations' Blowback: Communication, Propaganda and Surveillance in the Global War on Terrorism”, *The International Communication Gazette*, Vol. 70, No. 6, 2008, pp. 419 - 441.

国际传播秩序的构建更多体现在“参与”，而非主动“作用”。

第三节　基于委内瑞拉“南方电视台”等媒体的案例分析

为了进一步详细论证边缘国家参与国际传播的行为特点及其对国际信息传播秩序的影响，本书将以委内瑞拉为例，展开详细论述。之所以选取委内瑞拉为案例，主要考虑如下：一是由于委内瑞拉作为昔日的产油大国，曾经在拉丁美洲发挥着举足轻重的作用，为推动拉丁美洲一体化认同发挥了作用。名噪一时的南方电视台就是委内瑞拉推动建立的，直到现在，南方电视台依旧是拉美重要的国际传播媒体之一。二是委内瑞拉由于历史和文化因素，同西班牙语国家有着天然的文化距离优势；而近年来出于国际政治和意识形态的考虑，又同俄罗斯、伊朗、古巴、白俄罗斯等国家保持信任距离优势，文化信息和经济信息、产品的流动差异说明其极具代表性。三是在全球经济秩序方面，委内瑞拉从半边缘国家滑落至边缘国家，2019 年委内瑞拉国内生产总值增长率为 -23%，在拉美和加勒比地区国家中排名倒数第一，通货膨胀率达 39113.8%，极端贫困人口占拉美贫困人口的比例已经达到33%；贫困加剧了社会治理混乱，委内瑞拉仍然是全球暴力活动最严重的国家之一，根据“委内瑞拉暴力观察”组织统计，2019 年 1 月至 11 月，委内瑞拉至少有 16506 人死于凶杀犯罪或抗议活动引发的暴力活动，死亡率高达 60.3/100000。[①] 半边缘国家和边缘国家的权力关系通常是稳定的，变化主要依赖于边缘国家的变动，因此从变动国家着手分析，对论证边缘国家对秩序的影响具有较高的说明度。

一　作为拉丁美洲“斗争武器”的南方电视台

第二次世界大战后，由于同美国特殊的地缘政治关系，以及美苏冷战

---

① 王鹏：《委内瑞拉：政治对抗再升级》，载袁东振、刘维广《拉丁美洲和加勒比发展报告（2019—2020）》，社会科学文献出版社 2020 年版，第 190—197 页。

在拉美的争夺，美国着力优先在拉丁美洲推广大众传播项目。尤其是1959年古巴革命战争胜利，建立拉丁美洲第一个摆脱帝国主义统治的社会主义国家，美国更加重视专业化新闻模式和大众传播理念的推广。拉丁美洲对美国大众传播的抵抗也是与美国发展传播理念的推广相伴相生的。早在20世纪60年代，拉丁美洲学者就提出依附理论（Dependency Theory），认为在世界经济领域中，存在着中心—外围层次，发达资本主义国家构成世界经济的中心，发展中国家处于世界经济的外围，受发达国家的剥削与控制，发展中国家与发达国家之间是一种依附与被依附、被剥削与剥削的关系。此外，作为对“大众传播”概念的抵抗，起源于天主教会的“社会传播”（communicatio socialis）理念被推行。到1980年，拉丁美洲163个传播教育中心中，有65个在名称中采用了社会传播。[①] 在80年代的世界新闻新秩序（NWICO）论争中，拉丁美洲也同样是重要力量。

第二次世界大战后，经过半个世纪的发展，虽然拉丁美洲的新闻实务、新闻传播理论和媒介技术都有了较大发展，但到了20世纪末，拉丁美洲电视节目市场的70%依赖进口，而其中62%来自美国。[②]

半岛电视台的成功为所有非核心国家提升国际信息传播场的话语权提供了“范本”。受半岛电视台启发，在2004年第十二届“南南磋商与合作首脑级集团”峰会上，委内瑞拉总统查韦斯建议联合建立以西班牙语为主的国际传播媒体南方电视台（La Nueva Televisión del Sur，TeleSUR）。

南方电视台于2005年7月24日拉美独立运动领袖西蒙·玻利瓦尔诞辰222周年纪念日正式播出。在启动仪式上，南方电视台总裁安德烈斯·伊萨拉（Andrés Lzarra）宣布，电视台的目的是阐释区域多样性，讨论高额外债以及贫困之下拉丁美洲的发展之路。电视台创始人阿拉姆·阿哈罗尼安（Aram Aharonian）概括性地归纳了南方电视台的宗旨[③]：

---

① Simonson, P., J. Morooka, B. Xiong & N. Bedsole, “The Beginnings of Mass Communication: A Transnational History”, *Journal of Communication*, Vol. 69, No. 5, 2019, pp. 513 – 538.

② Burch, Sally, “Telesur and the New Agenda for Latin America Integration”, *Global Media and Communication*, Vol. 3, No. 2, 2007, pp. 227 – 232.

③ Burch, Sally, “Telesur and the New Agenda for Latin America Integration”, *Global Media and Communication*, Vol. 3, No. 2, 2007, pp. 227 – 232.

> 制定和实施具有全球影响力的电视通信战略，以促进和巩固区域一体化进程，以此作为反对全球化霸权进程中意识形态斗争的武器。

南方电视台从启动之初的运营就体现出了跨国合作和一体化的特点，该电视台启动资金250万美元，最初由委内瑞拉、阿根廷、古巴、乌拉圭四国联合投资，其中，委内瑞拉占比51%、阿根廷20%、古巴19%、乌拉圭10%。[①] 委内瑞拉国家石油公司的子公司委内瑞拉石油公司（Corporacion Venezolanadel Petroleo，CVP）投入超过1000万美元用于购买技术装备，巴西也提供部分技术支持。随后，玻利维亚、厄瓜多尔、尼加拉瓜等国也注资该电视台。[②]

电视台总部在委内瑞拉首都加拉加斯，初期发展较快。2006年，南方电视台与卡塔尔半岛电视台签署信息和技术互换协议[③]，到2013年，拥有来自各国的职业记者160人，在拉丁美洲9个城市设立新闻办事处，可以通过卫星向大部分拉丁美洲国家传输信息，全球共有500个有线电视公司和60个地面频道转播该电视台的节目。[④]

二　委内瑞拉国际传播媒体的议题建构特点

Alexa对南方电视台网站的流量分析显示，南方电视台网站（telesurtv.net）全球排名第19615名[⑤]，委内瑞拉国内排名第221名。

从近一年来在搜索引擎、社交媒体、其他媒体网站上传播较广的热门新闻看，南方电视台网站上传播的热门内容主要涉及新冠肺炎疫情和国际政治，如表10-3所示。

---

① Burch, Sally, "Telesur and the New Agenda for Latin America Integration", *Global Media and Communication*, Vol. 3, No. 2, 2007, pp. 227-232.

② 张志华：《拉美南方电视：别样的国际传播》，《新闻大学》2013年第3期。

③ 陈力丹：《委内瑞拉民营新闻传播业与另类媒体的发展史》，《新闻界》2015年第3期。

④ 张建中：《拉美的声音：从战略传播视角看南方电视台的崛起》，《中国电视》2013年第1期。

⑤ 于2021年1月16日检索自https://www.alexa.com/siteinfo/telesurtv.net。

表 10－3　　南方电视台网站热门文章传播情况

题目	翻译	热度	分享
1. 383 Personas Han Sido Detenidas Durante Protestas en EE. UU.	在美国的抗议活动中，有 1383 人被捕	89	59
¿Cuándoestaránddisponibles las vacunas contra el coronavirus?	何时提供新冠病毒疫苗？	71	1
Evo Morales Calls Israel a Terrorist State	埃沃·莫拉莱斯（Evo Morales）称以色列是恐怖主义国家	60	26
Inicia la Trigésima Reunión Interseccional de la Caricom	第三十届加勒比共同体国家元首跨界会议召开	46	54

以 2020 年该网站传播最广的一则新闻为例，该新闻是委内瑞拉关于美国骚乱的报道：

> 关于乔治·弗洛伊德（George Floyd）被谋杀的抗议活动仍在美国几个城市继续。据美联社报道，周四全国抗议活动爆发以来，至少有 17 个美国城市的警察拘留了至少 1383 人。周一发生的乔治·弗洛伊德被捕的录像传播后，（人们被）动员起来。录像显示一位白人警官将非裔美国人压跪在地上数分钟。他去世后，在明尼阿波利斯、圣保罗和周围其他社区以及美国其他地区爆发了示威游行。本周六的示威游行中，两辆巡逻车撞向一大批抗议者①，纽约市长比尔·德·布拉西奥（Bill de Blasio）拒绝对此进行评论。

从报道内容上看，报道集中对美国种族歧视、暴力执法进行批驳，该文引用了美联社的报道及其对纽约市长的采访。众所周知，拉美裔是美国移民的重要组成部分，关于少数族裔的报道类似于美国新闻的延伸，并未体现出明显的“拉美视角”。

其余几篇热门新闻报道也属类似情况，例如，在对新冠病毒疫苗的报

① “1. 383 Personas Han Sido Detenidas Durante Protestas en EE. UU”, May 31, 2020, https: // www. telesurtv. net/news/Human-Rights-Abuser-Israel-Trains-US-Police-Report-20200531-0005. html.

道中，叙述了中国、美国等国家的疫苗，并简要描述了疫苗进展，以及关于新冠肺炎诊疗药物的情况，并无其他深入报道。

从传播效果看，南方电视台主要在拉丁美洲几个国家传播，并未实现真正意义上的“国际传播”。如表 10－4 所示，对于南方电视台网站访问量最高的仍旧是委内瑞拉，其次为墨西哥（16.1%）和古巴（12.2%）。

表 10－4　**南方电视台网站流量分析**

国家/地区	网站访问比例（%）	页面浏览比例（%）
委内瑞拉	43.40	61.50
墨西哥	16.10	10.10
古巴	12.20	7.30
阿根廷	6.00	4.60
尼加拉瓜	5.00	5.90
哥伦比亚	3.00	1.80
美国	2.70	2.10
危地马拉	1.80	0.90
多米尼加	1.60	0.80
厄瓜多尔	1.40	1.00
其他	6.80	4.00

此外，即使是拉丁美洲国家对南方电视台的态度也参差不齐，电视台创始人阿拉姆·阿哈罗尼安（Aram Aharonian）2013 年辞职时表示，南方电视台未能“实现拉丁美洲化，仍旧是委内瑞拉的媒体”。

三　委内瑞拉对国际媒体信源的“把关”选择与南方电视台的传播困境

恩特曼（Robert M. Entman）在《框架：对一个破碎范式的澄清》中将框架（framing）定义为“选择和强调事件或问题的某些方面，并在它们之间建立联系，以促进特定的解释、评价和解决方案”的过程。[①] 正是框

① Entman, Robert M., *Projections of Power: Framing News, Public Opinion, and US Foreign Policy*, Chicago: University of Chicago Press, 2004, p. 5.

架将媒体叙事结构与人类的脑神经网络联系在一起，无论框架或主动、或被动、或无意、或设计，其本质是信息发出者的选择行为，是一种思维模式和行动模式。①

由于边缘国家位于信息接收的地位，如何选取信源直接关系到其如何建构叙事框架，因此，在这一部分中，本书将聚焦委内瑞拉最大的媒体网站（lapatilla. com）的信源选取，通过分析该网站对不同媒体信源的引用频次和议题结构，重新审视委内瑞拉传播战略的落地效果。

本书通过必应搜索引擎在 lapatilla 网站上搜索各主要通讯社的出现频次，如表 10. 5 所示，其中，引用埃菲社（EFE）的返回结果为 19 万条；“拉丁美洲通讯社”（Prensa Latina）为 3. 75 万条；引用 VOA 西班牙语版为 5690 条；引用今日俄罗斯西班牙语版（RT enEspañol）为 1. 2 万条；引用南方电视台为 1. 1 万条；而对中国新兴网络公司 TikTok 的引用，返回结果达 2. 17 万条，甚至略高于对今日俄罗斯西班牙语版的引用。

表 10. 5 展示的是 2020 年该网站对不同信源的引用率，该网站引用频次最高的媒体包括西班牙《世界报》、今日俄罗斯、TikTok、福克斯新闻、有线广播电视新闻网等。值得指出的是，2020 年并未发现该网站对南方电视台的引用。

表 10 – 5　　**委内瑞拉媒体高引用信源**

媒体	引用频次
西班牙《世界报》	387
抖音国际版（TikTok）	303
有线广播电视新闻网	254
《今日俄罗斯》西班牙语版	165
福克斯新闻	154
南方电视台	无

① Castells, M, *Communication Power*, Oxford: Oxford University Press, 2009, p. 158.

由此可见，边缘国家的信源选取具体呈现如下特点：

首先，西班牙媒体为最大信源，这与语言文化有直接关系。

在境外媒体信源中，lapatilla 引用量最高的是西班牙《世界报》，报道内容涵盖面广，涉及委内瑞拉国内政治、经济、社会、文化娱乐等各方面内容。例如，2020 年 9 月 28 日关于“委内瑞拉的贫困现象绝对在上升，在祖里亚州的贫民窟，资源匮乏的公民选择了蔬菜充饥”的报道；2020 年 10 月 19 日关于“由于缺乏服务器维护和管理不善，委内瑞拉存在低质量的互联网连接，不仅影响学生……”的报道；以及“麦当娜的长女重返模特舞台”“巴塞罗那动物园的四头狮子被病毒感染”等内容。

语言的作用不仅是传递信息，更是在实际生活中塑造了人们对客观现实的感知，语言结构影响思维方式，进而影响该语言的使用者观察和感知社会的方式。[①] 具体在跨文化交流中，语言的语音、语义、词汇、句法、语用都会影响表达和沟通，委内瑞拉作为西班牙语国家，语言距离与西班牙最为接近。尤其是当本国信息生产能力有限的情况下，纵使西班牙与委内瑞拉早已脱离了殖民与被殖民关系，但对西班牙语信源的引用也侧面说明历史文化传统和语言距离的存在是持久而相对稳定的。

其次，俄语信源虽然数量有限，但议题相对重要，说明今日俄罗斯议题建构能力具有一定优势。

对 2020 年以来 lapatilla 引用俄语信源分析发现，该网站对《今日俄罗斯》西班牙语信源的引用为 165 条[②]，超过对福克斯新闻的引用。

相较于有线电视新闻网、福克斯新闻的引用主要涉及美国国内的话题，今日俄罗斯则显示出较为显著的国际新闻议题建构优势。对今日俄罗斯的引用议题涉及“一架飞机在巴西瓜比鲁巴市繁忙的街道上坠毁”“一位医生在莫斯科接种卫星疫苗”“克里斯蒂亚诺·罗纳尔多打破莱昂内尔·梅西的西甲纪录”“伊朗石油化工厂的强烈爆炸”多个角度的议题。

今日俄罗斯西班牙语频道呈现出高度的国际议题建构能力，甚至可以

---

① 关世杰：《跨文化交流学——提高涉外交流能力的学问》，北京大学出版社 2006 年版，第 223 页。

② 通过表达式“RT enEspañol site：lapatilla. com”检索。

说在西班牙媒体和美国话题外，今日俄罗斯占据了绝对优势。这与委内瑞拉与俄罗斯之间的地缘政治有一定关系，从两国关系上看，委内瑞拉视俄罗斯为盟友，俄罗斯也将拉美的左翼视为重要合作对象，今日俄罗斯早年间将美国影响不到的国家和地区确定为重点传播受众，频繁的经贸和政治往来一定程度上缩短了两国间的物理距离和文化距离。

然而，不可否认，委内瑞拉意图建立南方电视台以突破重围，进而寻求建立拉丁美洲自己的话语优势，但在实际落地过程中，却只能选择美国、俄罗斯的信源作为新闻生产的“原材料”，这也说明边缘国家的议题建构能力与本国地位、周边关系密不可分。

再次，边缘国家媒体的信息生产同样关注新闻中心地带。

新闻生产中，核心区域和半核心区域国家新闻价值较高，同样成为边缘国家的关注重点之一。2020 年该网站引用最多的美国信源是有线电视新闻网，达 254 次，这也侧面说明了核心国家的议题建构能力。这是与一国的政治影响力、经济影响力密不可分的。例如，2020 年的美国总统大选成为各国媒体纷纷报道的内容，在这些议题上，lapatilla 优先选择了有线电视新闻网作为信源，如“根据美国有线电视新闻网和美国全国广播公司网络的报道，特朗普在俄克拉荷马州赢得了与 2016 年选举相同的胜利，这为他赢得了 7 票选票，另外在其他州已经赢得了 24 票。要赢得美国总统职位，必须获得 270 个选举团投票”①。

最后，中国官方信源缺位，新型跨国网络公司异军突起。

通过对 2020 年该网站对中国信源的对比分析可见，引用新华社的信息为 15 条，而引用 TikTok（抖音国际版）的信息为 303 条，是引用新华社信息的近 20 倍。中国官方信源缺位，但新型跨国网络公司异军突起值得关注。

从内容上看，对新华社的信源引用主要涉及中国政治、经济活动和重大科研事件，如②：

---

① “Trump se impusoen Oklahoma, Alabama, Tennessee y Missouri, segúnmedios de EEUU”, November 3, 2020, https://www.lapatilla.com/2020/11/03/trump-se-impuso-en-oklahoma-alabama-tennessee-y-missouri-segun-medios-de-eeuu/.

② 备注：原文为西班牙语，使用谷歌翻译自动翻译为中文。

2020年5月15日，来自新华社四川分社周四报道，援引该市考古与文物研究所的资料，他们在……西南部发现了6000多座古墓。

2020年5月25日，据国家通讯社新华社报道，武汉进行了超过650万次核酸测试。

2020年8月8日，三天内中国至少有两人死于鼠疫……国家通讯社新华社详细介绍了患者情况，死者的七个亲密接触者仍处于隔离状态。

2020年11月23日，中国准备向月球发射探测器，以探访月球——根据国家通讯社新华社的报道，这是亚洲国家去年面临的“最复杂、最具挑战性的太空任务之一”。

2020年12月5日，中国至少有18名矿工因天然气泄漏而丧生……。据来自新华社的官方消息，2013年3月该矿山已经发生事故，造成三人死亡。

涉及中国的报道以新华社官方媒体信源为主，这说明对新华社信源的引用主要是政府间信息交换。然而，中国官方信源在国际事件中的话语缺失，也侧面说明官方信源的议题建构能力仍有进一步拓展空间。相较于官方媒体的缺位，TikTok异军突起，不仅TikTok事件本身引起委内瑞拉媒体的关注，关于“在特朗普政府的批准下，微软正在推进购买中国应用程序TikTok的谈判”的报道，而且TikTok也和推特、脸书一样，成为被引流的关键平台之一。lapatilla网站多次引用TikTok视频内容，在报道中，TikTok的渠道身份被强化，而内容生产和国家背景则被淡化。

第四节 边缘国家参与国际信息传播秩序的行为机制与特点

本章从边缘国家的视角回答了如下问题，即处于国际传播体系边缘位置的国家在后冷战阶段如何参与国际信息传播秩序的构建。

第一，边缘国家在基础设施和传播渠道上高度依赖核心国家和半核心国家。在基础设施方面，基础设施薄弱，宽带接入比例低，网速慢，很大程度上限制了其信息获取和扩散能力，并且高度依赖核心国家和半核心国家所提供的网络服务。在信息获取方面，由于新闻信息具有意义传播、低成本、可复制等特点，新闻传播业往往也是边缘国家较早发展起来的独立产业之一。但在渠道、信源和索引方面，边缘国家高度依赖谷歌等大型互联网平台，本国仅仅拥有独立的新闻媒体。

第二，由于控制力有限，边缘国家的把关作用往往体现在对内进行新闻内容的把关，对渠道的把关能力有限，因此，边缘国家的传播边界远小于核心国家和半核心国家。这就涉及边缘国家在信息传播格局中的主权边界问题，少数边缘国家能够维持其信息主权与地理边界的基本一致，在主权边界范围内行使信息控制力；但更多的边缘国家由于网络基础设施、信息传播渠道等都高度依赖核心国家，因此其信息主权边界甚至小于疆域主权的范围。这实际也反映出对信息的本质属性的界定问题，当信息和信息服务被界定为公共产品，其自由流动的属性并不与主权边界冲突；而当信息传播渠道的疆域属性优先于公共产品属性，就意味着网络治理所遵从的主权原则和安全原则优先，这也就解释了不同边缘国家所采取的把关措施的力度和范围的差异。

第三，一个国家在信息传播格局中的地位和对核心国家依赖程度与其本国的信息诉求相关。而边缘国家由于战乱、经济欠发达、教育程度低等原因，往往伴生着信息素养相对低下的客观事实，这些无疑限制了边缘国家参与构建国际信息传播秩序的能力。此外，边缘国家之间联系松散，信息的传递依靠核心、半核心/半边缘国家的中介作用，这就决定了边缘国家在国际传播秩序中处于周边地位，信息诉求不足以完整表达和满足，不得不采取不同程度的妥协机制来参与国际信息传播秩序的构建和运行。

第四部分

中国参与互联网国际信息传播秩序构建的成就与作为

第十一章　国际信息传播秩序变迁规律及主权国家作用机制

在前十个章节，本书以国际信息传播秩序为研究对象，采用世界体系的理论视角，考察了国际传播场域中不同实力的主权国家在国际信息传播秩序变迁过程中的行为方式和作用机制。本章将对全书的研究结论进行总结，并对中国如何参与国际信息传播秩序建构提出思考。

第一节　周期变迁机制：国际信息传播秩序的权力更迭

沃勒斯坦在世界体系理论中指出，世界体系中，权力是存在周期变化规律的，具体而言，周期分为两种，一种是平均长度 50—60 年的康德拉季耶夫周期，另一种是长达 200—300 年的长周期。

就本书考察的现代国际传播肇始以来的不到 200 年历史而言，总的来说这一阶段处于一个长周期范畴内。其中的康德拉季耶夫短周期可以划分为 18 世纪末到 19 世纪中期、19 世纪中期到 19 世纪末、19 世纪末到 20 世纪中期以及 20 世纪中期以后四个阶段，对应到国际信息传播秩序，映射为以下三次变迁。

第一次变迁基于电报技术和英国海底电缆垄断的传播格局，形成了欧洲中心的“三社四边”关系，这是欧洲传统的“均势”思想在传播领域的表现。英国、法国、德国三分天下，美国作为半核心国家尝试在“拥抱”欧洲中分得一杯羹，通讯社的黄金时代由此而来。这一周期中，由于军事、工业力量的对比变化，传播控制中心由法国转向英国，德国、美国先后尝试突破英国的垄断地位，最终到第二次世界大战，国际信息传播秩序的“欧洲时代”走向终结。

第二次变迁基于美国在第二次世界大战中积累的军事优势、经济优势和战略通信优势，美国快速跃升到国际信息传播场域的核心地位，形成了美国“自由主义世界秩序”主导下的信息传播秩序。根据其现代性理念，美国将“大众传播”理论写入联合国教科文组织章程并向全球推行发展传播学理念。大量处于边缘和半边缘地区的国家的无线电和卫星广播基础设施得到发展，加之经济危机下美国将劳动密集型产业外移，为满足经济全球化的需求，信息传播基础设施进一步实现了全球扩张。大量第三世界国家关于世界信息传播新秩序（NWICO）的抗争也由此产生，然而新秩序的抗争随着苏联解体，美英退出联合国教科文组织而无果而终。

第三次变迁基于互联网时代的发展，美国将其国防部高级研究计划署开发的阿帕网进行广泛商用和民用，进而将全球带入了互联网信息化时代。再一次，通过技术和基础设施的先导优势，美国在秩序构建中获得先机，并依此展开标准制定、战略设计、媒介控制和议程设置，换言之，互联网的早期发展某种意义上是美国技术优势的全球扩张。随着互联网不断向全球扩张，各国的网络基础设施和媒介中端都得到了长足发展，但国家间的差距仍客观存在甚至进一步拉大，全球网络传播秩序呈现中心集聚和多中心化的双重特点，互联网时代的传播秩序仍在构建之中。

第二节　权力控制机制：信息技术与国家主权的耦合性

历史的变迁为我们呈现了周期迭代的宏大画卷，也为未来的发展提供了可能的经验。秩序周期变化的背后，本质上是参与主体权力对比的变迁，更进一步说是对信息传播核心控制力的变化。

如前所述，技术权力的发展与国际政治权力更迭并不同步。

在报纸、广播、电视时期，媒介技术虽然对于传播活动本身影响重大，但并不是国际秩序的核心控制力。例如，无论是可视化无线电设备还是海底电缆，信息的传递都依赖基础设施物理上的联通；对于卫星电视亦是如此，早期的国际传播媒体为了在对象国落地，也需要租用对象国的卫星，这就意味着国家的物理边界与信息主权边界某种意义上的重合。因此，早期国际秩序的核心控制力更多体现在军事力量、工业力量、金融力量，传播秩序更多是政治、经济秩序的延伸。

而到了互联网时期，主权国家控制力与技术发展的耦合性不断增强。信息科技和跨国传播中心本身成为国家权力的核心资源①，传播技术成为塑造国际秩序的核心控制力之一。处于互联网核心位置的国家所生产的信息的通达性更强，而信息所能通达的节点越多，就意味着其对网络的控制力越强。从这个角度来看，信息网络的控制力和信息传播力是一个相互增益的过程，因而，核心国家的控制力会更为集中，而边缘国家参与到传播网络的代价正是对信息主权的置换。

需要指出的是，信息技术的控制力与信息本体特征有着密切关联。信息的内涵是“意义”，而信息的外延则包括符号、载体和含义三个方面，其中载体即指承载意义的媒介载体，符号是文字、图像等意义的表征，意义是信息本身②，信息的跨境流动问题并不是符号的流动或载体的变化，而是其本质上的意义的流动。因此，网络的发展和人工智能应用的进步，以及多媒体等信息加工手段的发展本质上都是对载体和符号的丰富，而非对意义本身的增益，对意义本身的控制力来源于整体网络的底层以及群体之间的价值认同，这也是造成目前知识鸿沟和认同差异的重要原因之一。

第三节　国家行为机制：主权国家意志及其对秩序的建构

主权国家意志是影响主权国家参与国际传播和传播秩序构建的根本要素。在国际信息传播秩序中，位于权力网络核心位置的国家尝试主导秩序，通过制定本国国家对外战略和传播战略，参与制定国际组织规则，开

---

① Nye, Joseph S., “The Changing Nature of World Power”, *Political Science Quarterly*, Vol. 105, No. 2, 1990, pp. 177 – 192.

② 杨学山：《论信息》，电子工业出版社 2016 年版，第 11—13 页。

展国际合作等方式，推行其国家意志；位于边缘位置的国家则处于被主导地位，或自愿或被动地被纳入体系之中，信息主权边界与物理主权边界的范围出现较为严重的偏差。而位于二者中间的国家，或将自身置于核心国家的圈群之下，或与其他半边缘国家、边缘国家构成自己的区域化圈群网络并扮演区域核心的位置，这些国家的国家意志的实现和主权边界与其圈群影响力有着直接关系。

综上，主权国家参与国际信息传播秩序的构建及其意志的实现，与其技术实力、基础设施完备程度、信息生产能力、渠道控制力等多方面有着深刻关系。具体包括：

一是信息技术的控制力。如前所述，信息技术的发展与权力秩序的更迭并不同步，在前两次变迁中，信息传播技术对于国际秩序和国际传播秩序并不起到决定性作用；到了第三次科技革命，尤其是互联网时代，信息技术成为传播网络的核心控制力。国家的信息生产与其国家意志、价值观构建等都有着直接关联，当信息生产后，核心国家依托网络通达性，信息传播的边际成本不断降低，传播力也相应不断增强。

二是地缘政治的影响。地缘政治的影响在国际信息传播秩序中直接而显性，地缘政治直接关系到国家利益和国家的对外战略，是国家意志的最直接体现。而地缘政治对意志的影响中，包括历史和现实两部分，例如，西班牙、法国依托早期远洋航运时期遗留下来的殖民优势，至今仍旧保留着在拉丁美洲和非洲的传播圈群，这是旧有地缘政治要素的延后性影响；俄罗斯除了在周边俄语圈具有影响力外，还依托现实地缘政治，在伊朗、古巴等国家打造了区域传播网络圈群。历史的地缘政治要素间接影响国家意志，而现实的地缘政治要素对信息发出国和信息接收国都有直接的影响。

三是语言文化的影响。语言文化既塑造着一国沟通交往的方式，又于潜移默化中影响国家意志的“性格”。英语作为使用范围最广的语言之一，无疑为美国的信息传播提供了更大的空间。当然，英语语言的集中性也一定程度上给英国、印度、澳大利亚、新西兰等英语语种国家的对外传播造成无形的障碍，这在第七章的通联情况和中心化程度的介绍中已有论证。此外，法语圈、西班牙语圈、阿拉伯语圈和俄语圈自然而然地形成了跨越物理距离和政治距离的传播圈群，这些圈群的形成和语言、思维习惯、认知方式、社会结构都有着深刻的关联。需要补充的是，中文虽然没有自己的语言圈群，但由于华人的全球分布，也形成了特殊的语言文化影响圈群，在国际传播秩序构建中发挥着重要作用。

四是历史的延续。新闻信息传播秩序从来不仅是新闻本身的传播秩序，而且是新闻作为知识的传播脉络，从这个角度说，新闻传播能力和信任距离、集体认同、民族心理有着密切的关系。而国家意志还体现在对信息的把关作用，国家的把关作用能够帮助该国民众或自愿或被动地进行集体选择。互联网的特殊之处正在于可以直接与用户发生关联，和用户发生关联并非意味着用户个体的理性选择对信息分发起决定作用，而是意味着同一国家不同用户群体的集体记忆、信任距离共同决定了信息内容的传播效果，这在当前半边缘国家和边缘国家中已相对明显，部分国家用户对新闻的选择就体现出群体认同的历史延续性。此外，中华文化的历史影响也形成了影响深远的中华文化圈群，这一点将在下一节中详细论述。

五是基于国际治理的认同构建。如前所述，国际秩序的建立以国际准则为纽带和依据，无论是国际秩序中的控制和调节机制，还是权力压制机制，抑或学习内化机制，其基本功能的实现都依赖于行为体间对制度化原则程序的认同。进入互联网时代，各主体对“利益攸关方”共同治理的原则达成了基本共识，主权国家在这一合法化机制中仍扮演着至关重要的角色，通过制度化安排实现认同构建，进而实现自身意志。需要补充的是，跨国技术公司在秩序构建中发挥越来越重要的作用，但这需放置在信息全球化的总体背景中考量，而非简单同主权国家行为意志相等同。

第十二章　中国在国际信息传播秩序构建中的作为

自1994年中国全功能接入国际互联网，成为国际互联网中的第77个成员，至今已有28年。中国互联网经历了从无到有、从弱到强、从边缘迈向中心的发展过程，成绩和作为是有目共睹的。然而，也必须意识到，流量大国和传播话语权的构建、信息传播的落地效果与参与秩序构建和治理效能之间仍旧有诸多硬实力和软实力方面的挑战，需要我们一一应对。本章将回归中国视野，探讨中国在当前国际信息传播秩序构建中的机遇与作为。

第一节　中国在国际信息传播秩序中的地位

一　中国互联网快速发展

中国自1994年正式与互联网全功能网络连接至今不到三十年，在互联网世界可谓异军突起，占据了“半壁江山”。根据《第47次中国互联网络发展状况统计报告》①，截至2020年12月，中国网民规模达9.89亿，手机网民规模达9.86亿，即时通信用户规模达9.81亿，网络新闻用户规模达7.43亿，网络视频用户规模达9.27亿，网络购物用户规模达7.82亿，网络支付用户规模达8.54亿。互联网基础资源方面，中国IPv4地址

① 中共中央网络安全和信息化委员会办公室，中华人民共和国国家互联网信息办公室，中国互联网信息中心：《第47次中国互联网络发展状况统计报告》，2021年2月，http：//www.cac.gov.cn/2021－02/03/c_1613923423079314.htm.

数量为 3.8923 亿个，IPv6 地址数量为 57634 块/32；域名总数为 4198 万个；国际出入口带宽为 1151.1397 万 Mbps。

网络基础设施的快速发展为网民提供了良好的网络体验，截至 2020 年 12 月，中国 100Mbps 及以上宽带用户占比达到 89.9%，该比例是 2017 年的 2.3 倍，这为中国网民享受更为丰富的商业、娱乐、信息等方面的服务提供了更多便利和可能。

此外，从全球流量排名前十位的网站（如表 12－1 所示）可以看出，中国在互联网全球传播格局中不断向中心区域迈进。美国互联网网站占据五位，中国互联网公司占据五位，天猫、百度、QQ、搜狐、淘宝均榜上有名，其中和新闻信息传播相关的网站则有百度、QQ 和搜狐。

表 12－1　　Alexa 排名前十位网站情况

网站	国别	所属公司	三月平均 PV 流量
google. com（谷歌）	美国	谷歌	33365148000
youtube. com（优兔）	美国	谷歌	10196160000
tmall. com（天猫）	中国	阿里	1414963000
baidu. com（百度）	中国	百度	1281232000
qq. com（腾讯 QQ）	中国	腾讯	1089152000
sohu. com（ 搜狐）	中国	搜狐	1065875000
facebook. com（脸书）	美国	脸书	1705576000
taobao. com（淘宝）	中国	阿里	777600000
amazon. com（亚马逊）	美国	亚马逊	1502506000

以本书所聚焦的信息资讯服务为例，在对国际传播媒体的流量统计中，无论是本国网站的信息服务流量，还是本国网民的信息获取流量，中国均毫无疑问位于第一，超过美国、英国、俄罗斯等国际传播力较强的国家，也超过印度、巴西等人口大国。此外，部分新闻信息服务网站的流量中，中国的中心度、传播力、流量排名均位列前四，某些指标超过了传统的对外宣传大国。

以上所呈现的数据客观上说明中国媒体抓住了互联网发展的契机，得到了较快发展。以前文所提及的2000年开展的流量分析为例，网络传播体系中的核心国家仍旧是美国和其他G7国家，中国并未位列其中。而短短20多年间，中国的网络传播技术和网络传播媒体都得到了快速发展。这些都与网民数量巨大、互联网快速发展、网络基础设施完善有关，同时也和融媒体建设和网络媒体的快速发展有着密切关系。

二　流量大国与“传播圈群”的缺失

当然，网络传播秩序的形成、解体和重构不仅遵循权力和技术发展的一般规律，也受信息传播的自有规律的影响，呈现更为复杂的特性。不可忽视的是，中国的传播圈群以及传播力并不完全与绝对流量相匹配，在国际新闻生产的信源选取和传播渠道的选择上，优势也并不明显。

相较于政治秩序、军事秩序，信息传播是意义的跨国传递，信息传播的双向互动性决定了国际信息传播秩序的发展和变化受到历史、文化、政治、技术等多重因素的影响。尤其是历史文化的要素，影响更为持久，作用方式更为复杂。诚然，中国在中华文化圈中拥有悠久的历史和影响力，而这一优势近期也在中国对东南亚国家的国际传播成绩中有了直接体现。然而，放眼中华文化圈之外，中国并未能形成自己的稳定的传播圈群，究其原因，主要在于前两次信息传播秩序的形成和变迁中，中国或处于半殖民地状态，或被迫处于相对隔绝状态，并未形成稳定的积累。

除了政治传播之外，国际传播另一个特性是以国家为主体的跨文化交流活动，跨文化交流不可能脱离语言的编码和解码，语言和思维的双向影响意味着语言本身就是构成地缘文化的基本要素之一。正如拉丁美洲诸国将西班牙媒体作为重要信源，独联体国家将俄罗斯媒体当作重要信源，中文在这方面并不具有天然优势，这不仅指语言使用方面，同时也包括了语言对思维的深层次影响，这一影响在日本、韩国等国家中也同样存在。而中国虽然与“一带一路”的参与国在信息交互和传播上有天然优势，但这其中的部分国家仍旧优先选择俄罗斯或西班牙等国的国际传播媒体信源，这与地缘政治的接近性、语言的接近性有着深刻的关联。

以上诸多因素都决定了中国作为互联网流量大国和基础设施大国，在传播圈群的构建方面并不具备绝对意义上的优势。当然，不可否认，我国作为人口大国，华人、华侨的跨国流动本身就是我国天然的、散发性的圈群优势，抓住这一群体将成为国际传播秩序构建的契机所在。

三　发展瓶颈与技术窗口

近三十年来，中国的网络基础设施、网民规模、网络技术应用、互联网产业发展等方面都发生了巨大的发展和变化。与高速发展相伴，作为从国际信息传播秩序中的边缘国家跃升至半边缘国家、半核心国家，甚至在绝对流量上超过核心国家的信息传播大国，中国在国际传播网络中的权力拓展势必受到既有政治、经济、文化等权力分配的制约，这不仅体现在参与国际互联网治理的活动上，也体现在对外传播行动之中。

以本章表 12－1 中所提及的流量排名前十位网站中的百度为例，其近 95% 的流量来源于本国，海外流量仅占 5% 且以华人世界为主，腾讯旗下网站也存在类似的情况。此外，我们还应看到，在网络空间格局的传播力方面，仍旧与对外传播大国存在差距。以目前流量排名前十位的网站为例，美国的 5 个网站流量是中国 5 个网站流量的 8 倍；而具体到新闻信息传播网站中，美国有近 62% 的流量为全球其他国家用户的访问量，中国的网站中这一数值仅为不到 3% 。

从国际传播媒体的影响力和传播效果看，虽然美国的国际传播能力已不复冷战后初期，但是从美国的实力看，有学者指出，美国目前“研发的整体支出世界第一，大学排名世界第一，诺贝尔奖得奖数量世界第一，企业指数世界第一……到 2050 年，美国的人口数量预计还能增长超过 1 亿，劳动力数量增长 40% ，这将使其享有人口增速优势”①。而企业、高校、科研等因素都与信息传播技术的发展以及国际传播能力构建息息相关，这也正是约瑟夫·奈所提出的绝对衰落和相对衰落的周期变化。因而，在未来一段时间，美国仍将在国际信息传播秩序构建中发挥举足轻重的作用。

这既对中国参与国际信息传播秩序构建形成挑战，但同时也是我们信息传播技术和应用发展的机遇与窗口。中国的发展速度、发展潜力等方面

---

① ［美］阿米塔·阿查亚：《美国世界秩序的终结》，袁正清等译，上海人民出版社 2017 年版，第 38—39 页。

的优势都是不容忽视的，如何抓住全球技术革新的关口，打破当前互联网公司人口红利的“舒适圈”，在竞争中获得新的发展动能，也是国际传播新兴大国在信息传播能力建设中应当考虑的重要命题。

第二节　中国在国际信息传播秩序构建中面临的挑战

一　主权边界与控制边界的固有矛盾

互联网作为新兴产物，为世界带来了无限机遇，也带来了诸多挑战。然而，在互联网信息传播秩序的构建方面，电报时代、卫星时代所争议的传播秩序不平等的问题，到了互联网时代依旧存在。自 21 世纪之初，作为主权国家共同治理的补充而出现的利益攸关方机制看似调解了这对矛盾，让主权国家、国际组织、互联网企业乃至个人都参与其中，但实际上，这一问题并未解决，反而随着互联网的进一步普及而更加凸显，各国关于利益攸关方的权责划分、主权国家责任义务的争论从未停止。这归而总之仍旧是信息主权与信息自由流动的基本矛盾，更为深层次的是国家核心控制力之争。

全球网络空间是否如美国电话和电报公司（AT&T）的口号“四海一家是我们的目标，远程通信是我们的手段”① 所勾勒的乌托邦图景？如果说信息传播技术得以消弭时间和空间距离，那么是不是意味着传播的权力边界越大，则数字空间控制疆域的边界也越大？

随着互联网技术的不断发展，各国参与网络传播不断深入，无论是个体、族群还是主权国家的权力意识都不断觉醒，各国对数字权力边界的保护诉求也不断提高。其中，主权国家在互联网治理中的权责也得到国际组织和相关国际法规的认可，这也就意味着，主权国家在信息主权维护和数字空间边界的让渡中面临着不可调和的矛盾。

那么这一矛盾就涉及另一个问题，国家控制力的边界在哪里？网络传

---

① ［美］约翰·杜翰姆·彼得斯：《对空言说：传播的观念史》，邓建国译，上海译文出版社 2020 年版，第 43 页。

播技术与主权国家控制力的耦合性空前增强，这也就意味着，主权国家可以依托其技术优势，在网络空间扩大其控制力和影响力。由此可见，在网络空间，主权国家的控制边界，尤其是处于传播权力网络中的边缘国家，其信息传播权力势必受到影响和削弱，或多或少地依附于核心国家或半核心国家。

如前所述，依托技术发展的先发优势，美国在国际信息传播秩序中掌握着核心控制力。目前位于第二梯队的国家中，中国、法国、俄罗斯、印度、德国、澳大利亚、日本等，只有中国拥有本国完整的信息搜索、信息服务、社交网络渠道，这与中国的制度优势和文化优势有着紧密关联。

二　安全框架与治理愿景之间的客观矛盾

关于网络安全和国家安全的争论已经在互联网国际治理相关会议上持续多年，随着人工智能、区块链等新技术的发展应用，这一问题的讨论日益激烈。第二次世界大战以后建立的国际秩序的两个重要前提是全球公共产品供给和集体安全构建，当互联网作为重要的公共产品之一遇到安全威胁，这对矛盾将会被进一步放大。正如亨利·基辛格在《世界秩序》中预言：

> 互联网超越了战略学说，对于能力没有共同的解释，甚至没有共同的理解，也缺少或明或暗的约束……这种状况即便暂时对发达国家有利，也不可能无限期持续下去，通向世界秩序的道路也许漫长坎坷，但如果一个极为普遍的问题被排除在严肃对话之外，那么国际社会不会获得有意义的进展。所有各方，尤其是那些受不同文化影响的国家，不可能殊途同归，就这种侵入能力的本质和使用达成同样的结论。……没有这种认识，各方将继续各行其是……在虚拟网络世界采取的行动会对现实世界采取的对策产生压力，而且它们造成的潜在破坏在本质上与以往的军事袭击相当。如果不作出明确限制，不就相互克制的规则达成协议，危机很可能爆发……国际秩序本身可能面临越来越大的压力。①

① ［美］亨利·基辛格：《世界秩序》，胡利平等译，中信出版集团2016年版，第452—453页。

就目前的情况看，由于网络社会的直接参与者越来越多元，国家之间对信息传播的控制能力差异很大，各国的利益呈现主权国家间、地缘文化间、地缘政治间、宗教种群间等多个维度的交织。因此，无论是关于网络安全的维护权责划分，还是关于网络信息传播秩序的认同，都不可能完全通过旧有的机制去解释，而是应在综合信息跨境流动、国际治理法规、主权国家利益等多方面考量后，面向未来的共同价值取向，尝试建构出新的认同基础，这并不是单一的安全框架或发展框架所能解决的。

三　普遍参与权与分裂之间的新发矛盾

纵观互联网和网络信息传播技术的飞速发展，随着信息技术的知识转化率不断提高，知识社会和信息社会发展日益成熟，信息在满足社会生活基本需求的同时，也不断唤起人们的权利意识，但在特殊情况下，也会加剧意见分化和网络空间的割裂。

网络空间的割裂体现在以下几个方面。

一是民粹主义兴起。民粹主义的本质是极端的民族主义和极端的现实主义的结合[①]，总的来看，民粹主义的兴起体现在权力政治的回潮[②]，冷战后人们在国际战略范式下思考的软实力问题，重新被对军事等物质性实力的崇拜所取代，而这又加剧了国家中心主义和极端民族主义的回潮。极端民族主义追求的去多元化、逆全球化，在互联网上被进一步放大。尤其是在信息传播技术与主权国家、平台企业的控制力耦合性空前增强的当下，极端主义势必对当前信息传播秩序乃至国际秩序产生深刻影响。

二是假新闻泛滥与信任危机出现。近年来，“假新闻”逐渐成为社交媒体的热门词汇，无论是曾经的主流媒体，抑或自媒体，在舆论冲突中都有可能被冠以“假新闻”的标签。从这一系列变化不难看出，互联网时代的信息传播一方面确实扩大了信息传播的普遍参与权，大众媒体作为新闻生产方的权力出现扁平化趋势，在“自我”传播环节，受众对信息传播和再加工的参与不断增强；另一方面，权利意识和参与意识的觉醒也可能导

① 秦亚青：《全球治理，多元世界的秩序重建》，《世界知识》2019 年第 14 期。

② 秦亚青：《世界秩序刍议》，《世界经济与政治》2017 年第 6 期。

致网络意见分裂的加剧，信息传播秩序的构建任重而道远。

第三节　中国在国际信息传播秩序构建中的作为

探讨中国在国际信息传播秩序中的作为，往往与拓展国际话语权是联系在一起的。国际话语权是国家权力在国际政治领域中的体现，它反映了各个国家在国际社会权力结构中的地位与影响[①]，由信息传播力、议题构建能力、话语阐释能力、知识传播能力、文化塑造能力共同塑造，既是一种文化软实力，也是制度性话语权的体现。

就目前的情况看，中国作为信息传播流量大国，却并非国际传播真正的强国。中国目前信息服务流量大的国际新闻媒体大多以官方背景为主，内容生产底层逻辑的同质化形成了客观的信息熵减，亦即信息的差异化越少，则信息本身所表征的意义越少，多样化减少并不利于信息的跨文化、跨圈层传播，这也客观上解释了为什么即使对中国意识形态和国家利益上亲近友好的国家，在引用信源时，也仅是在报道涉华议题上引用新华社信源，在国际议题上并未引用中国信源。此外，除了官方媒体，中国的一部分新兴媒体平台虽然在全球化中崭露头角，但如何与对外传播能力实现有机对接、取得双赢，仍需探索。那么，中国的国际信息传播话语权建构路在何方？

如何参与国际信息传播，并在其秩序构建中有所作为，既是“此学”也是“彼学”，更是一门“关系学”。将中国作为国际信息传播秩序中的一个节点，放眼整个传播网络，不难发现我们既有的优势和成绩。

第一个优势是人际传播红利仍有挖掘空间。作为人口大国，除了庞大的海外华人群体，人口的跨境流动也同样是一笔重要传播红利。文化和旅游部2019年数据显示，中国一年出入境旅游人数达3亿人次（其中入境1.45亿人次，出境1.55亿人次）。[②] 地理空间上的人员位移，直接带动了

---

① 程曼丽：《论国际传播的底气与自信》，《新闻与写作》2020年第6期。

② 艾媒网：《2019年中国入出境旅游总人数达3.0亿人次，中国出境游行业面临风险分析》，2020年3月11日，https：//www.iimedia.cn/c1020/69755.html。

信息的跨国流动，无论是企业的海外投资、社会组织的国际交流，还是个人的商务、旅游出行，这些人际传播的红利都为我国的国际信息交流与传播提供了巨大的发展空间，对打破网络空间中的传播控制屏障、文化版图中的刻板印象壁垒具有积极作用。

第二个优势是文化产品的对外出口链条日益完善。以腾讯为例，腾讯通过传播链条的深度融合促进了文化产品内容生产、产品制作、产品分发和衍生产品等方面的整合。腾讯的对外频道 WeTV 在优兔上的越南语频道订阅量为 198 万、印尼语频道为 209 万、泰语频道为 146 万，明显高于西班牙语频道（88.3 万）和阿拉伯语频道（75.1 万），这也侧面说明，文化的亲缘性在亚洲市场更容易被接受。

第三个优势是作为社会主义市场经济体制国家的制度优势。自改革开放以来，中国在经济、社会、文化、科技等各方面取得了举世瞩目的成绩。尤其是科技领域，1978 年 3 月 18 日，邓小平同志在全国科学大会上提出“科学技术是生产力”“四个现代化，关键是科学技术的现代化”等重要论断，为科技发展奠定了坚实基础。近年来，中国新兴科技公司可谓“后来居上”，借助制度优势一定程度上打破了美国在网络传播市场上的垄断，发展了自身相对完善的传播网络。中国互联网公司的国际化水平有目共睹，以 TikTok（抖音短视频国际版）为例，TikTok 是字节跳动公司专门针对海外受众打造的抖音全球化产品，由于在短视频市场优先布局，TikTok 的海外市场拓展成绩显著，在日本、泰国、菲律宾、马来西亚、柬埔寨等多个国家都登顶过苹果应用商店（App Store）和谷歌应用商店（Google Play）的榜首。根据《日本经济新闻》报道，对 100 名日本路人进行问卷调查，结果有 24 人表示正在使用 TikTok。此外，微信等即时通信工具也在华人圈群中发挥着重要作用，是中国国际传播的重要渠道。

需要指出的是，虽然中国在国际传播拓展方面有着诸多优势，但这些总的来说都是基于个体的传播。正如前文所述，对单一事件甚至文化的传播虽然有效果，但对于冲突性、关键性问题，个体认同往往会依赖于集体认同，而集体认同的构建同历史文化、意识形态等因素联系更为紧密，并不会因为某一文化产品和传播渠道的盛行而出现长期的改变。为了解决这一难题，仍旧有三个关键问题需要解决。

其一，技术实力方面，话语权构建和传播力提升的本质在于如何在新一代网络技术发展方面抢占先机。历史的经验表明，国际信息传播秩序的更迭或与战争有关，或与关键技术的革新有关。从目前的情况看，当今世界正处于百年未有之大变局，而技术的革新迫在眉睫。2019 年美国发布的《国家人工智能安全委员会报告》也提出，人工智能可能重塑全球力量对比。因此，如何在技术创新中抢占先机，是扩大传播网络中传播权力的关键。

其二，制度塑造方面，通过拓展网络国际治理方面的参与度和能力，提升制度性话语权。国际秩序的建立以国际准则为纽带和依据，无论是国际秩序中的控制和调节机制，还是权力压制机制，抑或学习内化机制，其基本功能都是使行为体的国际行为规范化，这依赖于行为体间对制度化原则程序的认同。互联网空间是国家主权、信息主权的杂糅产物，这意味着其不仅是主权疆域内的法治对象，同样也是跨国治理的对象。在真正互联互通的网络结构中，信息的生产、传播、阐释、落地都依赖跨境治理的法律和机制规约。因此，认识到当前在地缘政治、地缘文化、网络基础结构中面临的机遇挑战，在构建人类命运共同体的基石之上，扩大网络国际治理的话语权，将是构建信息传播新秩序的重要一步。

其三，文化阐释方面，提升文化软实力，形成符号、话语、文化的对外传播有机体。无论是和平还是冲突话语中，文化软实力都是国际传播秩序格局的重要塑造要素之一，与技术实力、制度影响力共同构成了国家主体参与国际秩序构建的作用方式。而相较于技术实力和制度塑造力，文化软实力更与语言符号的跨文化转化、国家形象的塑造和文化圈群的潜在影响力息息相关。如前所述，中国在历史文化传统方面具有较强优势，中华文化圈群的全球分布为我国文化软实力的提升提供了更多可能。因此，要把握既有文化优势，挖掘潜在优势，形成持续性、稳定性的软实力，进而提升国际传播的话语阐释力。

参考文献

中文文献

艾媒网：《2019 年中国人出境旅游总人数达 3.0 亿人次，中国出境游行业面临风险分析》，2020 年 3 月 11 日，https：//www. iimedia. cn/c1020/69755. html。

《报告：全球网民数量达 46.6 亿 中国人每天上网 5 小时 22 分》，2021 年 1 月 27 日，https://finance. sina. com. cn/tech/2021 - 01 - 27/doc-ikftpnny2352791. shtml。

陈力丹、王辰瑶：《外国新闻传播史纲要》，中国人民大学出版社 2014 年版。

陈力丹、张佳乐：《委内瑞拉民营新闻传播业与另类媒体的发展史》，《新闻界》2015 年第 3 期。

程曼丽：《俄罗斯的民族特性及其媒体沿革》，《国际新闻界》2017 年第 9 期。

程曼丽：《国际传播学教程》，北京大学出版社 2016 年版。

程曼丽：《论国际传播的底气与自信》，《新闻与写作》2020 年第 6 期。

程曼丽：《如何进入国际传播的主阵地——以“今日俄罗斯（RT）”电视台为例》，《新闻与写作》2013 年第 6 期。

程曼丽：《谈战略传播视角下的议题设置——以美国涉外舆论为例》，《对外传播》2016 年第 8 期。

程曼丽：《外国新闻传播史导论》，复旦大学出版 2011 年版。

程曼丽、赵晓航：《美国国家战略传播理论与实践的历史沿革》，《新闻与写作》2020 年第 2 期。

程群：《互联网名称与数字地址分配机构和互联网国际治理未来走向分析》，《国际论坛》2015 年第 1 期。

程雪峰：《媒介垄断与文化渗透：冷战后美国传播霸权研究》，博士学位论文，吉林大学，2005 年。

仇喜雪：《浅析国际信息传播新秩序：问题与思考》，《现代传播》（中国传媒大学学报）2015 年第 1 期。

崔保国、孙平：《从世界信息与传播旧格局到网络空间新秩序》，《新闻与传播研究》2015 年第 6 期。

点苍居士：《昂山素季突遭扣押，缅甸到底怎么了》，光明网，2021 年 2 月 2 日，https：//m. gmw. cn/baijia/2021 – 02/02/1302086472. html。

樊勇明：《西方国际政治经济学》，上海人民出版社 2017 年版。

方滨兴：《论网络空间主权》，科学出版社 2020 年版。

方汉奇：《中国新闻传播史》，中国人民大学出版社 2016 年版。

顾潜：《对世界新闻传播秩序的审视》，《复旦学报》（社会科学版）2004 年第 5 期。

关世杰：《国际传播学》，北京大学出版社 2004 年版。

关世杰：《跨文化交流学——提高涉外交流能力的学问》，北京大学出版社 2006 年版。

郭庆光：《传播学教程》，人民大学出版社 2011 年版。

郭镇之：《席勒——传播政治经济学的批判领袖》，《国际新闻界》2002 年第 1 期。

国际电联：《1865 年：国际电联的诞生》，巴黎：国际电信联盟出版社 2015 年版，第 10 页，http：//search. itu. int/history/HistoryDigitalCollectionDocLibrary/12. 36. 72. zh. 500. pdf。

国际交流问题研究委员会：《多种声音，一个世界：交流与社会·现状和展望》，中国对外翻译出版公司第二编译室译，中国对外翻译出版公司 1981 年版。

胡凌：《网络传播中的秩序、谣言与治理》，《文化纵横》2013 年第 5 期。

胡献红：《世界信息社会峰会和全球互联网治理论坛十年回顾与未来展

望》,《汕头大学学报》(人文社会科学版)2016 年第 6 期。

胡智锋、刘俊:《主体·诉求·渠道·类型:四重维度论如何提高中国传媒的国际传播力》,《新闻与传播研究》2013 年第 4 期。

黄浩然:《论联合国在网络空间国际治理体系中的法律地位》,硕士学位论文,北京邮电大学,2018 年。

姜安:《展示人类新理想新实践的世纪理论——列宁“帝国主义论”的时代价值》,《中国社会科学报》2016 年 3 月 31 日第 1 版。

金兼斌:《社会性媒体传播秩序问题探析》,《新闻实践》2011 年第 9 期。

李强:《全球化、主权国家与世界政治秩序》,《战略与管理》2001 年第 2 期。

李少军:《国际社会学概论》,上海人民出版社 2005 年版。

《立陶宛外长:白俄选举结果令人怀疑 难以承认》,俄罗斯卫星通讯社,2020 年 8 月 12 日,http://sputniknews.cn/politics/202008121031953962/。

联合国教科文组织:《全球宽带接入最新报告显示一半地区仍未联网》,2019 年 9 月 23 日,https://zh.unesco.org/news/quan-qiu-kuan-dai-jie-ru-zui-xin-bao-gao-tu-xian-yi-ban-di-qu-reng-wei-lian-wang。

梁守德、洪银娴:《国际政治学理论》,北京大学出版社 2008 年版。

林珊:《建立世界新闻新秩序的潮流不可阻挡》,《国际新闻界》1981 年第 4 期。

刘闯:《联合国世界信息峰会后续行动计划前沿领域研究——我国科技基础条件平台建设国际合作新机遇》,《中国科技资源导刊》2008 年第 2 期。

刘丰:《国际礼仪格局调整与国际秩序转型》,《外交评论》2015 年第 5 期。

刘海龙:《宣传:观念、话语及其正当化》,中国大百科全书出版社 2020 年版。

刘禾:《世界秩序与文明等级:全球史研究的新路径》,生活·读书·新知三联书店 2016 年版。

刘继南:《大众传播与国际关系》,北京广播学院出版社 1999 年版。

刘军:《整体网分析讲义——UCINET 软件应用》,格致出版社 2009 年版。

刘鸣：《以世界体系理论与全球化理论解读国际体系转型》，《现代国际关系》2009 年第 1 期。

刘笑盈、何兰：《国际传播史》，中国传媒大学出版社 2011 年版。

刘中伟：《遏制战略的起源、流变与衍生——评〈遏制战略：战后美国国家安全政策评析〉》，《国际政治科学》2006 年第 4 期。

《马克思恩格斯全集》第 35 卷，人民出版社 2013 年版。

潘忠岐：《世界秩序：机构、机制与模式》，上海人民出版社 2006 年版。

祁怀高：《中国抗战与东亚国际秩序的演变研究》，复旦大学出版社 2010 年版。

钱乘旦：《把握中国现代化的历史方位》，《人民日报》2018 年 1 月 5 日第 7 版。

秦亚青：《关于世界秩序与全球治理的几点阐释》，《东北亚学刊》2018 年第 2 期。

秦亚青：《国际体系、国际秩序与国家的战略选择》，《现代国际关系》2014 年第 7 期。

秦亚青：《全球治理，多元世界的秩序重建》，《世界知识》2019 年第 14 期。

秦亚青：《世界秩序刍议》，《世界经济与政治》2017 年第 6 期。

曲艺：《世界体系的马克思主义理论研究》，博士学位论文，武汉大学，2017 年。

《全国断网反对派竞选人逃亡：白俄大选余波持续》，界面新闻 2020 年 8 月 12 日，https：//news. sina. com. cn/w/2020 – 08 – 12/doc-iivhuipn8272132. shtml。

阮建平：《话语权与国际秩序的建构》，《现代国际关系》2003 年第 5 期。

沈国麟：《国际传播理论范式更替和全球传播秩序——与斯巴克斯教授的对话》，《新闻记者》2013 年第 9 期。

时殷弘：《现当代国际关系史：从 16 世纪到 20 世纪末》，中国人民大学出版社 2006 年版。

史安斌、张耀钟：《构建全球传播新秩序：解析“中国方案”的历史溯源和现实考量》，《新闻爱好者》2016 年第 5 期。

史仲文、胡晓林：《新编世界政治史》，中国国际广播出版社 1996 年版。
宋树理：《马克思国际不平等交换思想的动态博弈新解》，《当代经济研究》2013 年第 5 期。
宋伟：《世界政治变迁的根本动力与作用机制》，《中国人民大学学报》2021 年第 1 期。
王立新：《美国外交政策：以 20 世纪美国对华政策为个案的研究》，北京大学出版 2007 年版。
王荣：《美国国家安全战略报告研究》，时事出版社 2014 年版。
王维佳：《网络与霸权：信息通讯的地缘政治学》，《读书》2018 年第 7 期。
王维佳：《重新理解“宣传模式”理论：一种方法论视角》，《国际新闻界》2009 年第 3 期。
韦路、谢点：《全球数字鸿沟变迁及其影响因素研究——基于 1990—2010 世界宏观数据的实证分析》，《新闻与传播研究》2015 年第 9 期。
希斯·哈姆林壳、李银波：《全球化、主权与国际传播》，《现代传播》2002 年第 5 期。
谢点：《社交媒体空间的国际传播格局及其影响因素——基于国家、媒介、个体的多层面实证分析》，博士学位论文，浙江大学，2017 年。
《新华词典》，商务印书馆 2001 年版。
《新英汉词典》，上海译文出版社 2006 年版。
信息社会世界峰会：《信息社会突尼斯议程》，2021 年 12 月 17 日，https：//www. un. org/chinese/events/wsis/agenda. htm#note1。
信息社会世界峰会：《原则宣言：建设信息社会：新千年的全球性挑战》，2003 年 12 月 12 日，https：//www. un. org/chinese/events/wsis/decl. pdf。
《行动计划》，WSIS-03/GENEVA/DOC/5-C，December 12，2003，https：//www. un. org/chinese/events/wsis/plan. pdf。
徐培喜：《全球传播政策——从传统媒介到互联网》，清华大学出版社 2018 年版。
许祎玥、陈帅、方兴东：《信息社会世界峰会的演进历程及发展现状》，

《汕头大学学报》（人文社会科学版）2017 年第 7 期。

杨双梅：《制度地位、“退出外交”与美国的国际制度选择》，《外交评论》2020 年第 4 期。

杨学山：《论信息》，电子工业出版社 2016 年版。

仪名海：《［国际传播组织 ABC］连载之九 国际通信卫星组织》，《对外大传播》2006 年第 6 期。

《悠悠往事：国际电联 150 周年重要事件回顾》，《通信世界》2015 年第 13 期。

余晓阳、盘石军：《网络论坛传播秩序研究——基于哈耶克自生自发秩序理论的视角》，《东南传播》2012 年第 6 期。

袁东振、刘维广：《拉丁美洲和加勒比发展报告（2019—2020）》，社会科学文献出版社 2020 年版。

袁勤俭、黄奇、朱庆华：《全球数字鸿沟现状分析》，《情报理论与实践》2004 年第 5 期。

袁伟华：《权力转移：国家意志与国际秩序变迁》，博士学位论文，南开大学，2014 年。

《原则宣言：建设信息社会：新千年的全球性挑战》，WSIS-03/GENEVA/DOC/4-C，2003 年 12 月 12 日，https：//www. un. org/chinese/events/wsis/decl. pdf。

张建中：《拉美的声音：从战略传播视角看南方电视台的崛起》，《中国电视》2013 年第 1 期。

张志华：《拉美南方电视：别样的国际传播》，《新闻大学》2013 年第 3 期。

赵晓航：《国际舆论场黑马“今日俄罗斯”的成功之道》，2015 年 8 月 3 日，http：//www. globalview. cn/html/strategy/info_ 4923. html。

赵晓航：《“今日俄罗斯”国际传播策略研究》，硕士学位论文，北京大学，2015 年。

赵月枝：《跨文化传播政治经济研究中的“跨文化”涵义》，《全球传媒学刊》2019 年第 1 期。

赵云泽：《论网络传播对国际传播秩序均衡化影响》，《国际新闻界》2003

年第 3 期。

甄有理：《那些年，美国退出的“群”》（https：//opinion. huanqiu. com/article/3yyRK7IxSiM）。

中国互联网络信息中心：《第 47 次〈中国互联网络发展状况统计报告〉》，2021 年 2 月，http：//www. cac. gov. cn/2021 –02/03/c_ 1613923423079314. htm。

周旺生：《法理学》，北京大学出版社 2006 年版。

《专家：白俄罗斯断网 10 分钟令经济损失 39 万美》，俄罗斯卫星通讯社，2020 年 8 月 17 日，http：//sputniknews. cn/politics/202008171031978405/。

［澳］克里斯蒂安·罗伊 – 斯密特、［英］邓肯·斯尼达尔：《牛津国际关系手册》，方芳等译，译林出版社 2020 年版。

［德］G. 克劳斯：《从哲学看控制论》，中国社会科学出版社 1981 年版。

［德］路德维希·德约：《脆弱的平衡：四个世纪的欧洲权势斗争》，时殷弘译，人民出版社 2016 年版。

［法］阿芒·马特拉：《世界传播与文化霸权：思想与战略的历史》，陈卫星译，中央编译出版社 2001 年版。

［荷］雅普通·梵·吉内肯：《理解国际新闻：批判性导论》，李红涛译，中国传媒大学出版社 2016 年版。

［荷］托马斯·麦克费尔：《全球传播：理论、利益相关者和趋势》，张丽萍译，中国传媒大学出版社 2016 年版。

［荷］伊恩·布鲁玛：《零年：1945 现代世界诞生的时刻》，倪韬译，广西师范大学出版社 2015 年版。

《列宁全集》第 39 卷，人民出版社 2017 年版。

［美］阿米塔·阿查亚：《美国世界秩序的终结》，袁正清等译，上海人民出版社 2017 年版。

［美］埃姆·格里芬：《初始传播学——在信息社会里正确认知自我、他人及世界》，北京联合出版公司 2016 年版。

［美］安妮·雅各布森：《五角大楼之脑：美国国防部高级研究计划局不为人知的历史》，李文婕等译，中信出版集团 2017 年版。

［美］巴里·波森：《克制：美国大战略的新基础》，曲丹译，社会科学文献出版社 2016 年版。

［美］丹·席勒：《数学化衰退：信息技术与经济危机》，吴畅畅译，中国传媒大学出版社 2017 年版。

［美］蒂姆·毛瑞尔：《联合国网络规范的出现：联合国网络安全活动分析》，曲甜等译，第 20 页（https：//carnegieendowment. org/files/full_piece_ . pdf）。

［美］汉斯·摩根索：《国家间政治：权力斗争与和平》，徐昕等译，北京大学出版社 2012 年版。

［美］亨利·基辛格：《世界秩序》，胡利平等译，中信出版集团 2016 年版。

［美］霍华德·斯波德克：《全球通史：从公元前 500 万年至今天》，陈德民等译，上海社会科学院出版社 2020 年版。

［美］杰里·本特利、赫伯特·齐格勒、希瑟·斯特里兹：《简明新全球史》，魏凤莲译，北京大学出版社 2018 年版。

［美］卡尔·施密特：《陆地与海洋：古今之“法”变》，林国基等译，华东师范大学出版社 2006 年版。

［美］拉里·A. 萨默瓦、理查德·E. 波特、艾德温·R. 麦克丹尼尔：《跨文化传播》，闵惠泉等译，中国人民大学出版社 2013 年版。

［美］拉里·A. 萨默瓦、理查德·E. 波特、艾德温·R. 麦克丹尼尔：《跨文化传播》，闵惠泉等译，中国人民大学出版社 2013 年版。

［美］理查德·哈斯，《失序时代：全球旧秩序的崩溃与新秩序的塑造》，黄锦桂译，中信出版集团 2017 年版。

［美］迈克尔·埃默里、艾德温·埃默里、南希·L. 罗伯茨：《美国新闻史：大众传播媒介解释史》，展江译，中国人民大学出版社 2016 年版。

［美］曼纽尔·卡斯特：《认同的力量》，夏铸九等译，社会科学文献出版社 2003 年版。

［美］曼纽尔·卡斯特：《网络社会的崛起》，夏铸九等译，社会科学文献出版社 2001 年版。

［美］萨缪尔·亨廷顿：《文明的冲突与世界秩序的重建》，伊犁人民出版社 2004 年版。

［美］特伦斯·K. 霍普金斯、伊曼纽尔·沃勒斯坦：《转型时代——世界

体系的发展轨迹 1945—2025》，吴英译，高等教育出版社 2002 年版。

［美］托马斯·L. 麦克费尔：《全球传播：理论、利益相关者和趋势》，张丽萍译，中国传媒大学出版社 2016 年版。

［美］威尔伯·施拉姆、威廉·波特：《传播学概论》，何道宽译，中国人民大学出版社 2010 年版。

［美］伊曼纽尔·沃勒斯坦：《沃勒斯坦精粹》，黄光耀等译，南京大学出版社 2003 年版。

［美］伊曼纽尔·沃勒斯坦：《现代世界体系（第二卷）：重商主义与欧洲世界经济体的巩固：1600—1750》，郭方等译，社会科学文献出版社 2020 年版。

［美］伊曼纽尔·沃勒斯坦：《现代世界体系（第一卷）——16 世纪的资本主义农业和欧洲世界经济的起源》，郭方等译，社会科学文献出版社 2013 年版。

［美］约翰·杜翰姆·彼得斯：《对空言说：传播的观念史》，邓建国译，上海译文出版社 2020 年版。

［美］约翰·罗尔克：《世界舞台上的国际政治》，北京大学出版社 2005 年版。

［美］约翰·斯科特、彼得·J. 卡林顿：《社会网络分析手册（上册）》，刘军等译，重庆大学出版社 2018 年版。

［美］约翰·伊肯伯里：《自由主义利维坦美利坚世界秩序的起源、危机和转型》，赵明昊译，上海人民出版社 2013 年版。

［美］约瑟夫·斯特劳巴哈、罗伯特·拉罗斯：《今日媒介：信息时代的传播媒介》，熊澄宇译，清华大学出版社 2002 年版。

［英］A. J. P. 泰勒：《第二次世界大战的起源》，潘人杰等译，华东师范大学出版社 1991 年版。

［英］达雅·屠苏：《国际传播：延续与变革》，董关鹏译，新华出版社 2004 年版。

［英］尼古拉斯·盖恩、戴维·比尔：《新媒介：关键概念》，刘君译，复旦大学出版社 2015 年版。

［英］佩里·安德森：《美国外交政策及其智囊》，李岩译，金城出版社

2017 年版。

外文文献

"1. 383 Personas Han Sido Detenidas Durante Protestas en EE. UU", May 31, 2020, https://www.telesurtv.net/news/Human-Rights-Abuser-Israel-Trains-US-Police-Report-20200531-0005.html.

"About Rossotrudnichestvo", https://www.rs.gov.ru/en/about.

"Agreement for the Dissemination and Distribution of News", 16 November 1921, UKNA: TS 21/77.

Artz, L., "Commentary: Transnational Capitalism and the New Political Economy of Transnational Media", *The Political Economy of Communication*, Vol. 5, No. 2, 2017.

Baker, R. S, *Woodrow Wilson and World Settlement*, Doubleday: Page & Company, 1922.

Baraclough, Groffrey, *An Introduction to Contemporary History*, Baltimore: Penguin Books, 1967.

Barnett, G. A. and H. W. Park, "The Structure of International Internet Hyperlinks and Bilateral Bandwidth", *The Annales des Telecommunications*, Vol. 60, No. 9 - 10, 2005.

Barnett, G. A. and E. Sung, "Culture and the Structure of the International Hyperlink Network", *Journal of Computer-Mediated Communication*, Vol. 11, No. 1, 2006.

Barnett, G. A. and Y. Choi, "Physical Distance and Language as Determinants of the International Telecommunication Network", *International Political Science Review*, Vol. 16, No. 3, 1995.

Barnett, G. A., B. S. Chon and D. Rosen., "The Structure of International Internet Flows in Cyberspace", *NETCOM (Network and Communication Studies)*, Vol. 15, No. 1 - 2, 2001.

Barnett, G. A., J. B. Ruiz & H. W. Park, "Globalization or Decentralization of

Hyperlinked Content Among Websites: An Examination of Website Co-citations", Paper Presented at the 2015 48th Hawaii International Conference on System Sciences, January, 2015.

Barnett, G. A. & J. G. T. Salisbury, "Communication and Globalization: A Longitudinal Analysis of the International Telecommunication Network", *Journal of World System Research*, Vol. 2, No. 16, 1996.

Barrett, O., "Media Imperialism Reformulated", in Thussu, DK. eds., *Electronic Empires: Global Media and Local Resistance*, London/New York: Arnold, 1998.

Blank, Stephen, "Russian Information Warfare as Domestic Counterinsurgency", *American Foreign Policy Interests*, Vol. 35, No. 1, 2013.

Borg, Lindsey J., Communicating With Internet: The Department of Defense and Strategic Communication, April 2007, https://www.airuniversity.af.edu/Portals/10/AFCSLC/resources/borg.pdf.

Bull, Hedley, *The Anarchical Society: A Study of Order in World Politics*, New York: Columbia University Press, 1995.

Burch, Sally, "Telesur and the New Agenda for Latin America Integration", *Global Media and Communication*, Vol. 3, No. 2, 2007.

Buzan, Barry & Richard Little, "Why International Relations has Failed as an Intellectual Project and What to do About it", *Millennium*, Vol. 30, No. 1, 2001.

Carlson, Brian E., *The Militarization of US Foreign Policy*, Georgetown: Georgetown University Press, 2014.

Carlsson, U., "The Rise and Fall of NWICO", *Nordicom Review*, Vol. 24, No. 2, 2003.

Casey, C. A., "Deglobalization and the Disintegration of the European News System, 1918 – 34", *Journal of Contemporary History*, Vol. 53, No. 2, 2018.

Chang, T. K., P. J. Shoemaker & N. Brendlinger, "Determinants of International News Coverage in the US Media", *Communication Research*, Vol. 14, No. 4, 1987.

Chase-Dunn, C., Y. Kawano & B. D. Brewer, "Trade Globalization Since 1795: Waves of Integration in the World-system", *American Sociological Review*, Vol. 65, No. 1, 2000.

Chong, D. & J. N. Druckman, "Counterframing Effects", *The Journal of Politics*, Vol. 75, No. 1, 2013.

Clinton, William J., *Presidential Decision Directive* 68 *-International Public Information*, Washington: The White House, 1999.

Communication and Society: A Documentary History of a New World Information and Communication Order Seen as an Evolving and Continuous Process 1975 – 1986, 1988, https://unesdoc.unesco.org/in/document Viewer.xhtml? v = 2.1.196&id = p:: usmarcdef_ 0000080202&file =/in/rest/annotationSVC/DownloadWatermarkedAttachment/attach_ import_ 4193cc10 – 414b-4274 – a6a5 – 9f5117f0ed9c% 3F _ % 3D080202engb.pdf&locale = en&multi = true&ark =/ark: /48223/pf0000080202/PDF/080202engb.pdf#% 5B% 7B% 22num% 22% 3A226% 2C% 22gen% 22% 3A0% 7D% 2C% 7B% 22name% 22% 3A% 22XYZ% 22% 7D% 2Cnull% 2Cnull% 2C0% 5D.

"Complete Coverage: Assault on Chechnya", September 1994-December 2020, https://archive.nytimes.com/www.nytimes.com/library/world/europe/russia-chechnya-index.html

CSIS., "Unpacking Russia's New National Security Strategy", January 7, 2016, https://www.csis.org/analysis/unpacking-russias-new-national-security-strategy. Cybersecurity/Documents/National_Strategies_Repository/Russia_2000.pdf.

Desmond, Robert W, "Crisis and Conflict: World News Reporting Between Two Wars, 1920 – 1940", *The American Historical Review*, Vol. 88, No. 5, 1983.

Doria, Avri, and Kleinwächter, Wolfgang, *Internet Governance Forum* (*IGF*): *The First Two Years*, 2006, https://www.intgovforum.org/multilingual/filedepot_ download/3367/5.

Entman, Robert M., *Projections of Power*: *Framing News*, *Public Opinion*, *and US Foreign Policy*, Chicago: University of Chicago Press, 2004.

Fedor, J. & R. Fredheim, "We Need More Clips About Putin, and Lots of Them: Russia's State-Commissioned Online Visual Culture", *Nationalities Papers*, Vol. 45, No. 2, 2017.

Frank, A. G. , Development of Underdevelopment or Underdevelopment of Development in China, *Modern China*, Vol. 4, No. 3, 1978.

Frau-Meigs, et al. , *From UNESCO to WSIS: 30 Years of Communication Geopolitics: Actors and Flows, Structures and Divides*, Bristol & Chicago: Intellect Ltd, 2012.

Fuchs, C. , "New Imperialism: Information and Media Imperialism? ", *Global Media and Communication*, Vol. 6, No. 1, 2010.

Galtung, J. , "A Structural Theory of Imperialism", *Journal of Peace Research*, Vol. 8, No. 2, 1971.

Galtung, J. & M. H. Ruge, "The Structure of Foreign News the Presentation of the Congo, Cuba and Cyprus Crises in Four Norwegian Newspapers", *Journal of Peace Research*, Vol. 2, No. 1, 1965.

Gerbner, G. & G. Marvanyi, "The Many Worlds of the World's Press", *Journal of Communication*, Vol. 27, No. 1, March 1977.

Giffard, C. A. , "Inter Press Service: News from the Third World", *Journal of Communication*, Vol. 34, No. 4, 1984.

Giffard, C. A. , *UNESCO and the Media*, New York: Longman, 1989.

Gilboa, E. , "Searching for a Theory of Public Diplomacy", *The ANNALS of the American Academy of Political and Social Science*, Vol. 616, No. 1, 2008.

Golan, Guy J. & Itai Himelboim, "Can World System Theory Predict News Flow on Twitter? The Case of Government-sponsored Broadcasting, Information", *Communication & Society*, Vol. 19, No. 8, 2016.

Goldfrank, Walter L. , "Paradigm Regained? The Rules of Wallerstein's World-System Method", *Journal of World-System Resarch*, Vol. 6, No. 2, 2015.

Grasland, C. , "International News Flow Theory Revisited Through a Space-time Interaction Model: Application to a Sample of 320, 000 International News Stories Published Through RSS Flows by 31 Daily Newspapers in 2015", *Inter-*

national Communication Gazette, Vol. 82, No. 3, 2020.

Gunther, "Funneling the European News", 638, 转引自 Casey, C. A., "Deglobalization and the Disintegration of the European News System, 1918 – 34", *Journal of Contemporary History*, Vol. 53, No. 2, 2018。

Guterres, UN Secretary-General Remarks to the IGF 2019, July 8, 2020, https: //www. intgovforum. org/multilingual/content/un-secretary-general-remarks-to-the-igf-2019.

Hallin, D. C. & Mancini, P., *Comparing Media Systems: Three Models of Media and Politics*, Cambridge: Cambridge University Press, 2004.

Hameiri, S., L. Jones, "China Challenges Global Governance? Chinese International Development Finance and the AIIB", *International Affairs* (*London*), Vol. 94, No. 3, 2008.

Hannah, Mark, "Free Flow Versus Fair Flow: Revisiting the New World Information and Communication Order Debates in the Global Era", *Journalism*, Vol. 22, No. 1, 2018.

Hellmueller, L., "Gatekeeping Beyond Geographical Borders: Developing an Analytical Model of Transnational Journalism Cultures", *International Communication Gazette*, Vol. 79, No. 1, 2017.

Hester, A., "Theoretical Considerations in Predicting Volume and Direction of International Information Flow", *International Communication Gazette*, Vol. 19, No. 4, 1973.

H. G. Kariel & L. A. Rosenvall, "Factors Influencing International News Flow", *Journalism and Mass Communication Quarterly*, Vol. 61, No. 3, 1984.

Hoffman, Stanley, *Primacy or World Order: American Foreign Policy since the Cold War*, New York: McGraw Hall Book Company, 1978.

"How to Be Successful In Russia", December 20, 2020, https: //forward-pmx. com/events/roundtable/how-to-be-sucessful-in-russia.

ICANN, *ICANN's Historical Relationship with the U. S. Government*, https: //www. icann. org/en/history/icann-usg.

Ikenberry, G. John, *Liberal Leviathan: The Origins, and Transformation of the*

American World Order, Princeton: Princeton University Press, 2011.

Information Security Doctrine of the Russian Federation, 2000, https: // www. itu. int/en/ITUD/.

Intergovernmental Bureau for Informatics, Intergovernmental Bureau for Informatics, https: //atom. archives. unesco. org/bureau-intergouvernemental-pour-linformatique-ibi.

Iordache, C., Van L. Audenhove & J. Loisen, "Global Media Flows: A Qualitative Review of Research Methods in Audio-visual Flow Studies", *International Communication Gazette*, Vol. 81, No. 6 – 8, 2019.

ITU/UNESCO Broadband Commission for Sustainable Development, *The State of Broadband* 2019: *Broadband as a Foundation for Sustainable Development*, 2020, https: //www. itu. int/dms_ pub/itu-s/opb/pol/S-POL-BROADBAND. 20-2019-PDF-E. pdf, 2020.

"Joe Biden Anuncia Plan De Estímulo Econômico Para EE. UU", January 15, 2021, https: //www. telesurtv. net/news/joe-biden-plan-estimulo-economico-20210115-0004. html.

Jordan, Tim, *Cyberpower: The Culture and Politics of Cyberspace and the Internet*, London: Routledge, 1999.

Kariel, H. G. & L. A. Rosenvall, "Factors Influencing International News Flow", *Journalism and Mass Communication Quarterly*, Vol. 61, No. 3, 1984.

Kennedy, P. M., "Imperial Cable Communications and Strategy, 1870 – 1914", *The English Historical Review*, Vol. 86, No. 341, 1971.

Kenney, M., "The Growth and Development of the Internet in the United States", *The Global Internet Economy*, 2007, https: //kenney. faculty. ucdavis. edu/wp-content/uploads/sites/332/2018/03/Growth-and-Development-of-the-Internet-in-the-United-States. pdf.

Keohane, Robert, *International Institutions and State Power: Essays in International Relations Theory*, Boulder, CO: Westview Press, 1989.

Kim, K. & G. A. Barnett, "The Determinants of International News Flow: A Network Analysis", *Communication Research*, Vol. 23, No. 3, 1996.

Klitsounova, E. , "Russia's Response: Sovereign Democracy Strikes Back", in Emerson, M. & R. Youngs eds. , *Democracy's Plight in the European Neighbourhood: Struggling Transitions and Proliferating Dynasties*, Brussels: Centre for European Policy Studies, 2009.

Kolakowski, Mark, " Bloomberg vs. Reuters: What's the Difference?", https: //www. investopedia. com/articles/investing/052815/financial-news-comparison-bloomberg-vs-reuters. asp.

Kragh, M. & S. Åsberg, "Russia's Strategy for Influence Through Public Diplomacy and Active Measures: The Swedish Case", *Journal of Strategic Studies*, Vol. 40, No. 6, 2017.

Lee, C. -C. , "The Politics of International Communication: Changing the Rules of the Game", *Gazette*, Vol. 44, No. 2, 1989.

Lippmann, W. , *Liberty and the News*, 2020, https: //library. oapen. org/bitstream/handle/20. 500. 12657/45896/9781951399030. pdf.

Logan, Robert K. , "What is Information? Why is it Relativistic and What is its Relationsipto Materiality", *Meaning and Organization*, *Information*, No. 3, 2012.

MacLeish, Archibald, 9th Librarian of Congress 1939 – 1944, https: //www. loc. gov/item/n80015459/archibald-macleish-1892-1982-2/.

Malone, Gifford, "Managing Public Diplomacy", *Washington Quarterly*, Vol. 8, No. 3, 1985.

Manheim, "Strategic Public Diplomacy: Managing Kuwait's Image During the Gulf Conflict", Bennet, W. Lance. & David. Paletz, *Taken by Storm: The Media, Public Opinion, and U. S. Foreign Policy in the Gulf War*, Chicago: University of Chicago Press, 1994.

Manuel, Castells, *Communication Power*, Oxford: Oxford University Press, 2009.

Маргарита Симоньян, "Смертельное Оружие В Зфире: Войну Упаковали в Мини-Серии и Показывали в Прайм-тайм", July 3, 2013, https: //rg. ru/2013/07/03/simonian. html.

Mattingly, Garrett, *Renaissance Diplomacy*, New York: Dover Publications, 1955.

Mearsheimer, John J. , "Bound to Fail: The Rise and Fall of the Liberal International Order", *International Security*, Vol. 43, No. 4, 2019.

Müller, S. M. & H. J. S. Tworek, " 'The Telegraph and the Bank': On the Interdependence of Global Communications and Capitalism, 1866 – 1914", *Journal of Global History*, No. 10, 2015.

Mowlama, H., *Global Information and World Communication*, London: Biddles Ltd. Guildford, Surrey, 1997.

Nalbach, A. S., '*The Ring Combination*': *Information*, *Power*, *and the World News Agency Cartel*, *1856 – 1914*, Chicago: University of Chicago, 1999.

Nerone, J., "Introduction: The History of Paper and Public Space", *Media History*, Vol. 21, No. 1, 2015.

Nye, Joseph S., *Bound to Lead*: *The Changing Nature of American Power*, New York: Basic Books, 1990.

Nye, Joseph S., "In Mideast, the Goal is 'Smart Power'", *The Boston Globe*, August 19, 2006.

Nye, Joseph S., "The Changing Nature of World Power", *Political Science Quarterly*, Vol. 105, No. 2, 1990.

Nye, Joseph S., "The Rise and Fall of American Hegemony from Wilson to Trump", *International Affairs* (*London*), Vol. 95, No. 1, 2019.

Orttung, R. W. & E. Nelson, "Russia Today's Strategy and Effectiveness on YouTube", *Post-Soviet Affairs*, Vol. 35, No. 2, 2018.

Östgaard, E., "Factors Influencing the Flow of News", *Journal of Peace Research*, Vol. 2, No. 1, 1965.

Park, H. W., George A. Barnett & Chung J. Chung, "Structural Changes in the 2003 – 2009 Global Hyperlink Network", *Global Networks*, Vol. 11, No. 4, October 2011.

Pickard, V., "Neoliberal Visions and Revisions in Global Communications Policy from NWICO to WSIS", *Journal of Communication Inquiry*, Vol. 31, No. 2, 2007.

Ravault, R. J., "Information Flow: Which Way is the Wrong Way?", *Journal of Communication*, Vol. 31, No. 4, 1981.

Report of the Group of Governmental Experts On Developments in the Field of Information and Telecommunications in the Context of International Security, http: //dar. aucegypt. edu/bitstream/handle/10526/4616/GGE% 20Report% 20as% 20adopted% 2026% 20June% 202015. pdf? sequence =2.

Riley, Charles, "Twitter CEO Jack Dorsey: Trump Ban was Right but Sets a 'Dangerous' Precedent", https: //edition. cnn. com/2021/01/14/tech/twitter-jack-dorsey-trump/index. html.

Roscher, Max, "Ü ber das Wesen und die Bedingungen des internationalen Nachrichtenverkehrs", *Weltwirtschaftliches Archiv*, Vol. 3, No. 1, 1914.

Ruggie, John, *Constructing the World Policy: Essays on International Institution*, New Yokr: Routledge, 1998.

Saari, Sinikukka, "Russia's Post-Orange Revolution Strategies to Increase its Influence in Former Soviet Republics: Public Diplomacy Porusskii", *Europe-Asia Studies*, Vol. 66, No. 1, 2014.

Schiller, Herbert I., *Mass Communications and American Empire*, Boston: Beacon Press, 1969.

Schiller, Herbert I., *Communication and Cultural Domination*, White Plains: International Arts and Sciences Press, 1976.

Semi-periphery Countries-Examples, https: //www. liquisearch. com/semi-periphery_ countries/examples.

Shannon, Claude Elwood, "A Mathematical Theory of Communication", *Bell Labs Technical Journal*, Vol. 27, No. 4, 1948.

Shoemaker, P. J., "News and Newsworthiness: A Commentary", *Communications*, Vol. 31, No. 1, 2006.

Shoemaker, P. J., T. P. Vos, *Gatekeeping Theory*, New York: Routledge, 2009.

Simonson, P., J. Morooka, B. Xiong & N. Bedsole, "The Beginnings of Mass Communication: A Transnational History", *Journal of Communication*, Vol. 69, No. 5, 2019.

Simonyan, M., "'Smertel' noe Oruzhie v Efire", *Rossiiskaiagazeta*, July 3, 2013, http: //www. rg. ru/2013/07/03/simonian. html.

Smythe, D. W. , *Dependency Road: Communications, Capitalism, Consciousness, and Canada*, Norwood: Ablex, 1981.

Sparkes, V. M. & G. J. Robinson, "International news in the Canadian and American Press: A Comparative News Flow Study", *Gazette*, Vol. 22, No. 23, 1976.

Taneja, H. & J. G. Webster, "How Do Global Audiences Take Shape? The Role of Institutions and Culture in Patterns of Web Use", *Journal of Communication*, Vol. 66, No. 1, 2016.

The Eighth Meeting of the Internet Governance Forum, IGF 2013— 'Building Bridges-Enhancing Multistakeholder Cooperation for Growth and Sustainable Development', October 22 - 25, 2013, https://www.intgovforum.org/multilingual/filedepot_download/3367/11.

The Fifth Meeting of the Internet Governance Forum, IGF 2010-Developing the Future Together The Fifth Meeting of the Internet Governance Forum, September 14 - 17, 2010, https://www.intgovforum.org/multilingual/filedepot_download/3367/8.

The Sixth Meeting of the Internet Governance Forum, IGF 2011 - "Internet as a Catalyst for Change: Access, Development, Freedoms and Innovation", September 27 - 30, 2011, https://www.intgovforum.org/multilingual/filedepot_download/3367/9.

The White House, *Update to Congress on National Framework for Strategic Communication, Washington: The White House*, 2009, https://fas.org/man/eprint/pubdip.pdf.

Tolokonnikova, A. V. & D. O. Budakova, "The Role of RT Television Channel in Forming Russia's Global Image", *Vestnik Moskovskogo Universiteta. Seriya* 10. *Zhuarnalistika*, No. 5, 2019.

"Trump se impusoen Oklahoma, Alabama, Tennessee y Missouri, segûn medios de EEUU", November 3, 2020, https://www.lapatilla.com/2020/11/03/trump-se-impuso-en-oklahoma-alabama-tennessee-y-missouri-segun-medios-de-eeuu/.

Tunstall, Jeremy, *The Media are American*, New York: Columbia University

Press, 1977.

UNESCO and WSIS, Media (C9), 2005, https://webarchive.unesco.org/20170129215204/http://www.unesco.org/new/en/communication-and-information/unesco-and-wsis/implementation-and-follow-up/unesco-and-wsis-action-lines/c9-media/.

UNESCO, Conference Presented at the Conference for the Establishment of the United Nations Educational, Scientific and Cultural Organization, November 1945b, 1945.

UNESCO, Declaration on Fundamental Principles Concerning the Contribution of the Mass Media to Strengthening Peace and International Understanding, to the Promotion of Human Rights and to Countering Racialism, Apartheid and Incitement to War, November 28, 1978, http://portal.unesco.org/en/ev.php-URL_ ID = 13176&URL_ DO = DO_ TOPIC&URL_ SECTION = 201.html.

UNESCO, *Many Voices, One World: Towards a New More Just and More Efficient World Information and Communication Order*, 1980, https://www.scribd.com/doc/52132938/Many-Voices-One-World-The-MacBride-Report-1980.

UNESCO, Meeting of Governmental Experts on International Arrangements in the Space Communication Field, UNESCO House, Paris, 2 – 9 December 1969: final report, COM/MD/15, December2, 1969, https://unesdoc.unesco.org/ark:/48223/pf0000000610? posInSet = 7&queryId = 2cee44ce-6f5e-4e8c-9029-56b48a3313a7.

UNESCO, *News Agencies: Their Structure and Operation*, 1953, Paris: Georges Lang, 1953, https://unesdoc.unesco.org/ark:/48223/pf0000073446.

UNESCO Preparatory Commission, Conference for the Establishment of the United Nations Educational, Scientific and Cultural Organization, held at the Institute of Civil Engineers, London, from the 1st to the 16th November, 1945.

UNESCO, Towards Knowledge Societies: UNESCO world report (chi), 2005, https://unesdoc.unesco.org/ark:/48223/pf0000141843_ chi.

UNESCO, UNESCO Constitution. November 16, 1945, http: //portal. unesco. org/en/ev. php-URL_ ID = 15244&URL_ DO = DO_ TOPIC&URL_ SECTION = 201. html.

United Nation General Assembly (6th special sess. : 1974), Declaration on the Establishment of a New International Economic Order, A/RES/3201 (S-VI), 1974, https: //digitallibrary. un. org/record/218450? ln = en.

United Nation General Assembly, 5th Summit Conference of Heads of State or Government of the Non-Aligned Movement, A/31/197, September 8, 1976, http: //cns. miis. edu/nam/documents/Official_ Document/5th_ Summit_ FD_ Sri_ Lanka_ Declaration_ 1976_ Whole. pdf.

United Nation, Resolution Adopted by the General Assembly 56/183, World Summit on the Information Society, UN, January 31, 2002, http: //www. itu. int/net/wsis/docs/background/resolutions/56_ 183_ unga_ 2002. pdf.

U. S. Agency for Global Media, USAGM Budget Request Supports Modernization and Strategic Priorities, March 18, 2019, https: //www. usagm. gov/2019/03/18/usagm-budget-request-supports-modernization-and-strategic-priorities/.

Wallerstein, Immanuel, "Dependence in an Interdependent World: The Limited Possibilities of Transformation within the Capitalist World Economy", *African Studies Review*, Vol. 17, No. 1, 1974.

Wallerstein, Immanuel, *The Modern World-system: Capitalist Agriculture and the Origins of the European World-economy in the Sixteenth Century*, New York: Academic Press, 1974.

Wallerstein, Immanuel, "The Rise and Future Demise of the World Capitalist System: Concepts for Comparative Analysis", *Comparative Studies in Society and History*, Vol. 16, No. 4, 1974.

Wallerstein, Immanuel, "The Three Instances of Hegemony in the History of the Capitalist World-economy", *International Journal of Comparative Sociology*, Vol. 24, No. 1 – 2, 1983.

Wallerstein, Immanuel, "World-systems analysis", in Giddens, A. & J. Turner eds., *Social Theory Today*, Stanford, CA: Stanford University Press, 1987.

WARC-79：World Administrative Radio Conference（Geneva，1979），September 24-December 6，1979，https：//www. itu. int/en/history/Pages/RadioConferences. aspx? conf = 4. 101，2021 – 12 – 12.

Weber，P.，“No News from the East? Predicting Patterns of Coverage of Eastern Europe in Selected German Newspapers”，*International Communication Gazette*，Vol. 72，No. 6，2010.

Weisbord，S.，*Reinventing Professionalism：Journalism and News in Global Perspective*，Cambridge，UK：Polity，2013.

Wenzlhuemer，R.，“Globalization，Communication and the Concept of Space in Global History”，*Historical Social Research*（*Köln*），Vol. 35，No. 131，2010.

Wiener，Norbert，*Cybernetics：or the Control and Communication in the Animal and the Machin*，Beijing：Communication University of China Press，2013.

Wilson，Woodrow，and Ray Stannard Baker，*Woodrow Wilson and World Settlement Written from His Unpublished and Personal Material*，Vol. 1，New York：Doubleday，Page & Company，1922.

Winseck，D.，“Information Operations' Blowback：Communication，Propaganda and Surveillance in the Global War on Terrorism”，*The International Communication Gazette*，Vol. 70，No. 6，2008.

World Systems Theory-Definition，Immanuel Wallerstein，2020 – 12 – 01，https：//studyqueries. com/world-systems-theory/#Peripheral_ Nations.

Wu，H. D.，“Systemic Determinants of International News Coverage：A Comparison of 38 Countries”，*Journal of Communication*，Vol. 50，No. 2，2000.

Yablokov，I.，“Conspiracy Theories as a Russian Public Diplomacy Tool：The Case of Russia Today（RT）”，*Politics*（Manchester，England），Vol. 35，No. 3 – 4，2015.

Zurkowski，P. G.，“The Information Service Environment Relationships and Priorities Related Paper”，No. 5，November，1974，https：//files. eric. ed. gov/fulltext/ED100391. pdf.

后　记

对国际信息传播秩序最初的兴趣萌芽于多年前硕士研究阶段的一个未结之题。

本科攻读北京大学英语和国际政治双学位，硕士、博士在新闻与传播学院师从程曼丽教授攻读国际传播方向的研究生。出于跨学科背景和个人兴趣，早在硕士期间，我便将研究方向锁定于国际传播媒体的舆论战问题。那时的研究对象还集中在新闻网站中的文本，那时的研究视角还热衷于国别比较，那时采用的研究方法还是 SPSS，那时“短视频”也还没有出现，社交媒体还在探讨“借船出海”，那时得出的结论之一是短视频更容易吸引跨国用户的兴趣……至今还记得许多年前燕园的初夏，拿着满满当当的数据、多语种文本分析的论文，颇有少年不识愁滋味的意味，满心欢喜地期待着自己的“研究成果”可以解决几多问题。

此后，从事互联网治理与网络舆情研究领域的工作。当象牙塔中所学内容与实践相遇，不禁给了我更多思考的空间。我也始终在思索硕士期间毕业论文所留下的疑问如何解答——影响各国参与舆论战及其行为表现的根本要素有哪些？舆论战有无“赢家”之说？在舆论战的“技艺”之外，其“正当性”的底层逻辑以及“优越性”的影响要素究竟是什么？这些问题成为一种鞭策，指引我继续求索。

于是，工作两年后，我继续在北京大学新闻与传播学院攻读博士学位。记得最初阐述研究计划，我说我博士阶段要继续深入舆论战、信息战方面的研究。短短几年过去，国际局势风云变幻，媒介环境也发生了深刻变化，随着理论结构和知识体系的进一步完善，我逐渐认识到，战争作为国际格局变迁的极端态，并不能够或者说也不应该成为研究的起点和终点，而权力分配与共识构建的角力则引出了一个更深层次的问题——秩序，最终我将目光锁定到了国际信息传播秩序的研究。

在国际政治的语境下探讨国际传播秩序问题，信息流动的控制就成为了一个不可能规避的话题。那么，无论是常态，还是极端态之下，主权国家作为国际传播的重要参与主体之一，其在传播场域中的权力位置就无疑成为影响其行为的最根本的要素之一。然而，国际信息传播秩序一方面是国际政治、经济秩序在传播领域的延伸；另一方面也有着作为信息流的自为特点和规律，在政治要素考量之外，国家传播权力与技术不断深化的耦合性，与历史文化不可分割的关联性，都使得信息控制的话题超越了控制体系本身，变得更为复杂，也更为有趣。

从电报到卫星到互联网，国际信息传播秩序一方面沿着线性发展的轨道，为各国的权力运作与行为方式提供某种框架；另一方面又随着互联网的指数级发展，不断跳出原有的设计框架，促成新现象、引出新问题。尤其是随着新型冠状病毒肺炎疫情全球爆发，国际关系瞬息万变，技术权力的边界不断扩展，全球媒体和信息环境发生深刻改变。目睹国际舆论场上的各种“礼崩乐坏”，对于一个国际传播领域研究人员来说，只能用震惊来形容。不禁在想，最初我们热衷于比较研究，希望能够从对比中寻求提高之道；之后我们热衷于批判研究，希望能够从反思中有所建树——这些年国内国外国际传播研究无不伴随着知识分子主体性的增强和自我意识的觉醒，但是面对假新闻、面对情绪的分裂、面对技术的滥用、面对冲突的升级，很多人试图分析各类怪象，很多人感慨理论分析的局限，却都无法阻止这一情况的发生发展。

虽功力不足一二，却也期望能够从历史的脉络中梳理出一条线，能够直击互联网时代传播秩序的深层逻辑，进而由点到面地探索国际信息流动所依赖的控制体系和运作机制。互联网流量的背后，是信息生产、传递、阻隔等过程对信息流作用后的抽象表达，是政治、经济、文化各方要素的一个数字呈现。因此，本书写作中，我将每个网民网络访问行为所产生的流量都纳入到对国际信息流的考察中，最终，网民和平台共同构成了一个国家国际传播能力计量的基础。

本书成稿的几年间，国际局势风云激变，我仿佛身处局外，又时有

“云深不知处”之感。随着我对于国际信息传播秩序的理解和认知不断深化，不禁再次审视书名，“秩序”本身就是一个值得玩味的存在。在中文语境中，“秩，常也；秩序，常度也”，其中暗含着规则、稳定、条理的意味，与“失序”相对。而在英文语境下，“秩序”是一个体系、状态，其他的含义则包含次序、命令、安排，这其中本身就暗含着权力安排的意味。如果说语言决定思维，那么在联合国教科文组织、国际电信联盟等国际组织上，各国探讨信息传播秩序，逻辑起点和思维模式是怎样的差异和多元？遑论夹杂在国家意志、技术实力、制度话语权等一系列作用要素背后的目标终点。

我希望以此书作为我学术生涯第一个研究议题的回答，不仅呈现给我自己，同时也献给这个信息传播技术快速发展、信息传播格局风云激变的时代，这其中包含着一个国际传播青年研究人员的彷徨、探索和努力。

感谢我的硕士和博士导师北京大学新闻与传播学院程曼丽教授以及诸位老师多年来的传道授业，感谢工业和信息化部杨学山副部长关于网络传播和信息结构方面的启发解惑，感谢本书责编中国社会科学出版社田文主任的精心编校。最后，还要感谢我的父亲母亲，你们的呵护、信任、指引和鼓励，让我认真生活、爱我所爱。

希望这本书，是一个阶段性的总结，也是一个故事的序章，为了对国际传播研究的热爱，为了不切实际的关于美好的向往，为了生活在这个时代的使命担当，将继续努力求索。

赵晓航

2022 年 5 月